ずっとこの雑誌のことを書こうと思っていた。

鏡明

フリースタイル

マンハント

1958年11月号

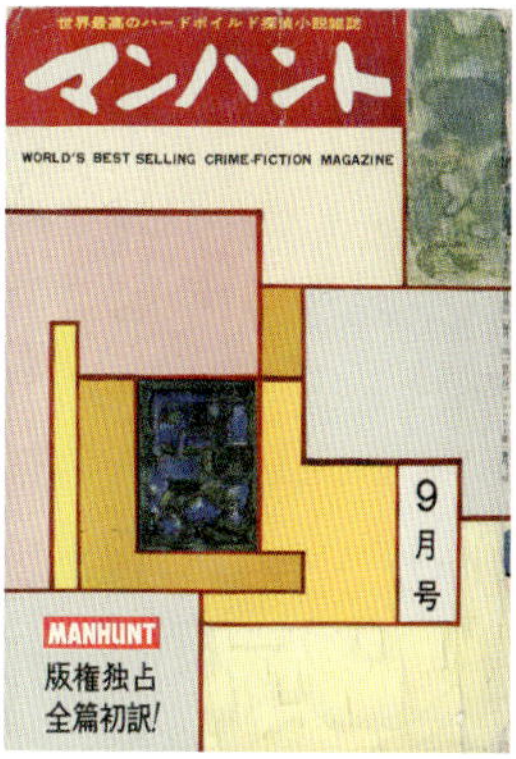

1958年9月号

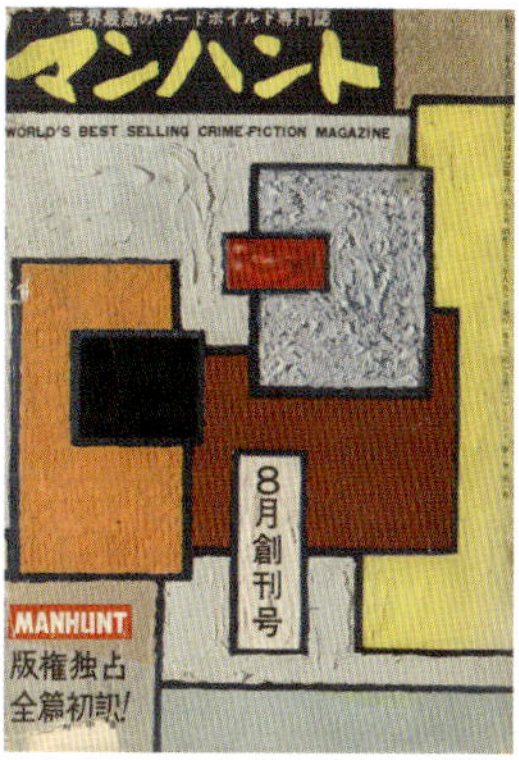

創刊号（1958年8月号）

1960年7月号

1960年5月号

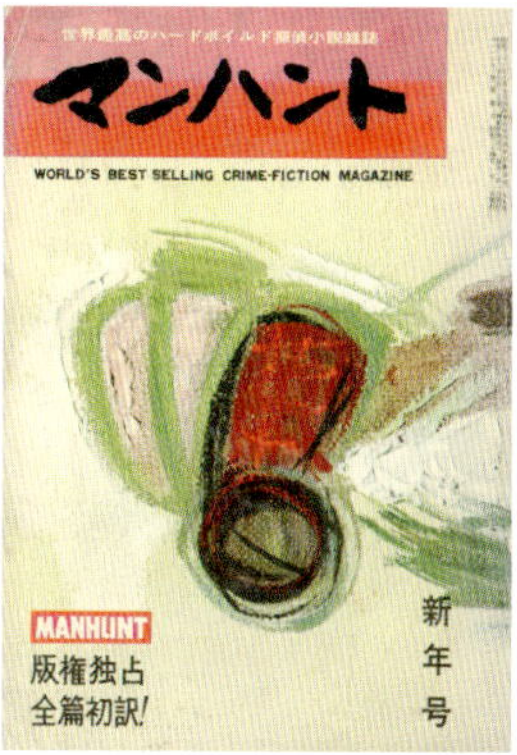

1959年1月号

1961年9月号

1961年6月号

1961年3月号

1962年4月号

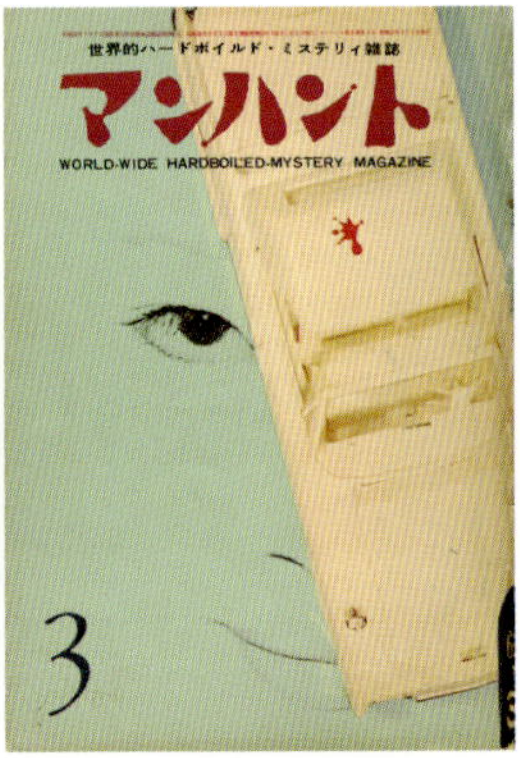

1962年3月号

1962年1月号

1962年9月号

1962年8月号

1962年5月号

終刊号（1963年7月号）

1963年6月号

1963年5月号

マンハントに綴じられていたカラーヌードピンナップ

1960年7月号より

1960年2月号より

マンハントに初めて載ったヌード写真。
当初はピンナップではなかった。（1959年2月号より）

1961年3月号より

「ALL MAN」(1959)

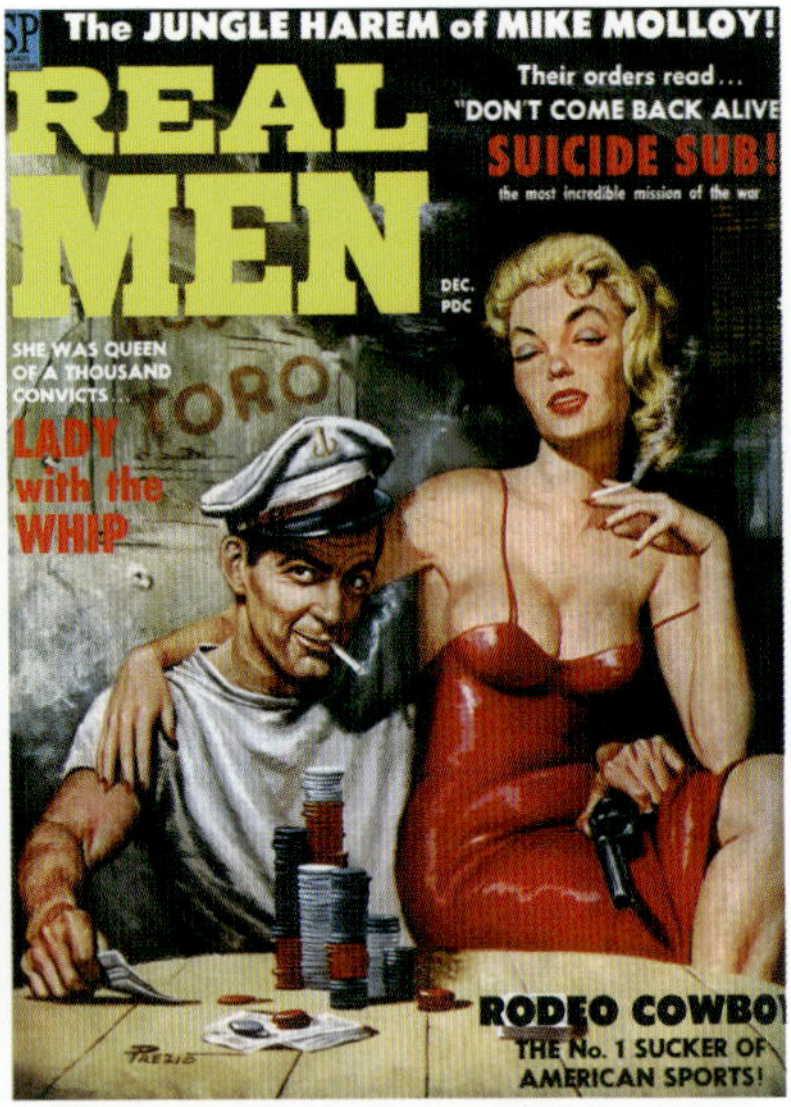

「REAL MEN」(1958)

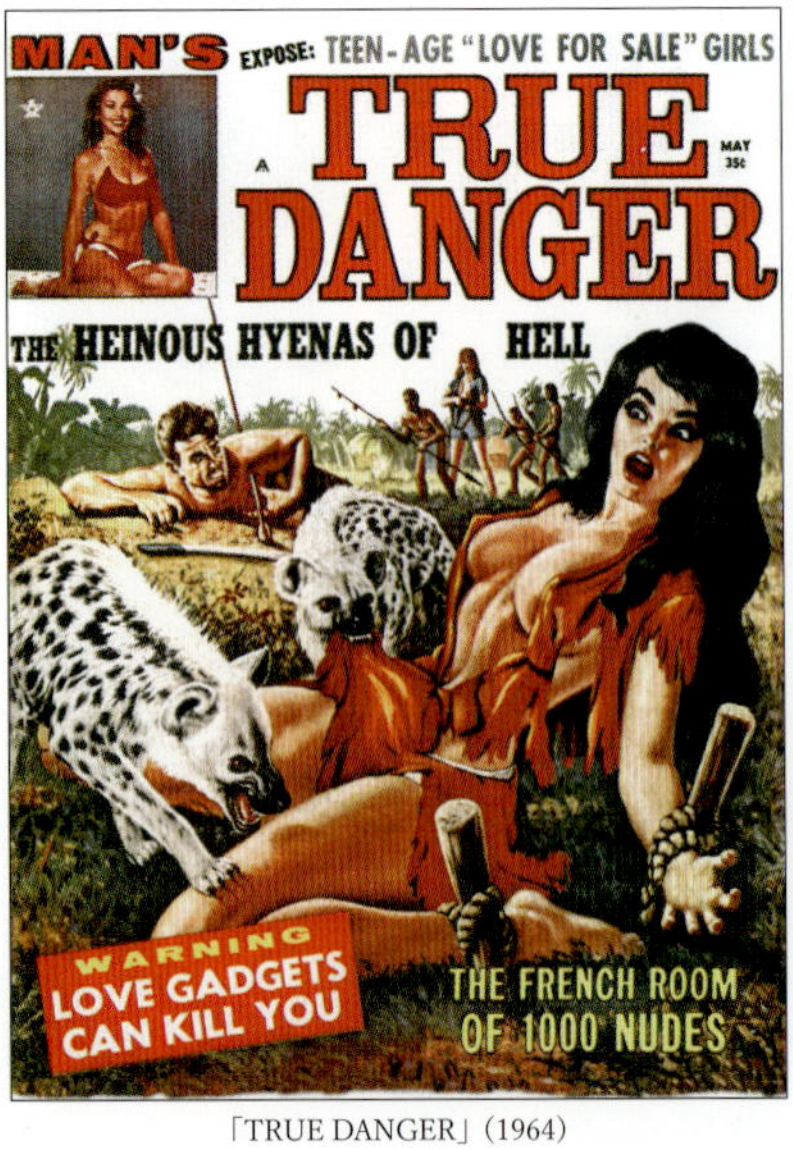

「TRUE DANGER」(1964)

「TRUE MEN」(1963)

100万人のよる

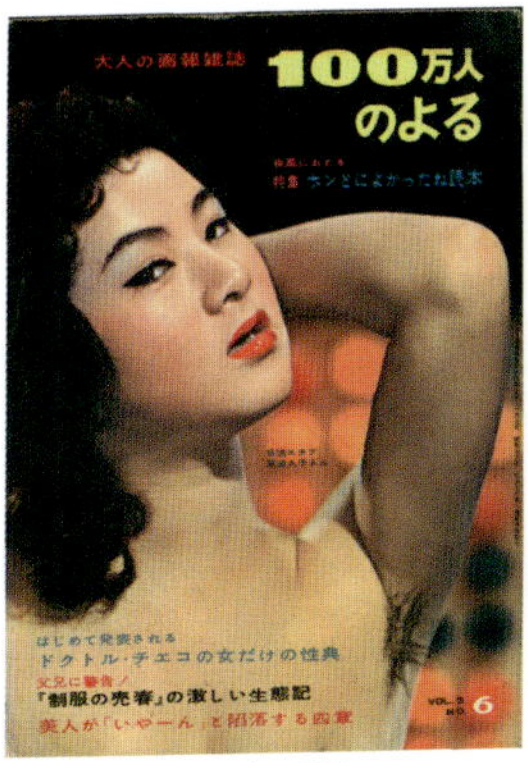

1960年6月号

1959年3月号

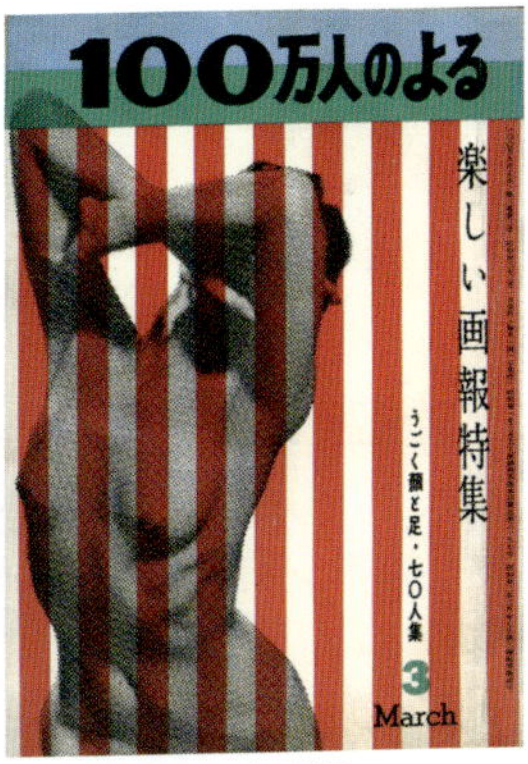

1958年3月号

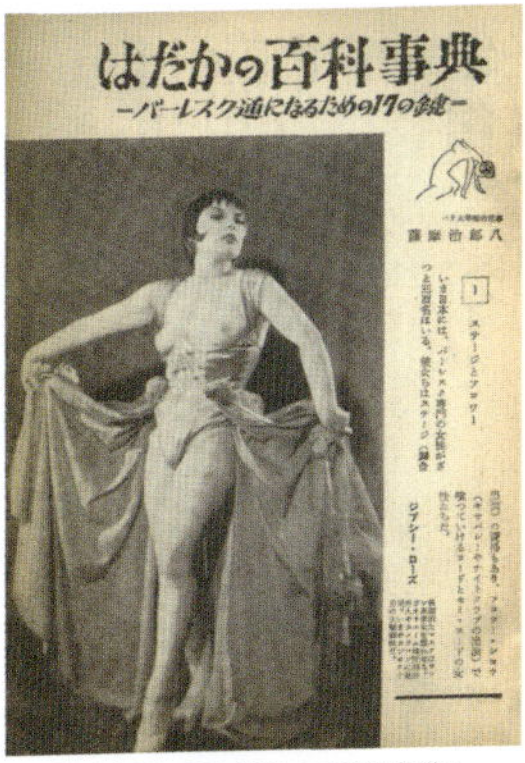

薩摩治郎八「はだかの百科事典」
(1958年3月号より)

1962年11月号

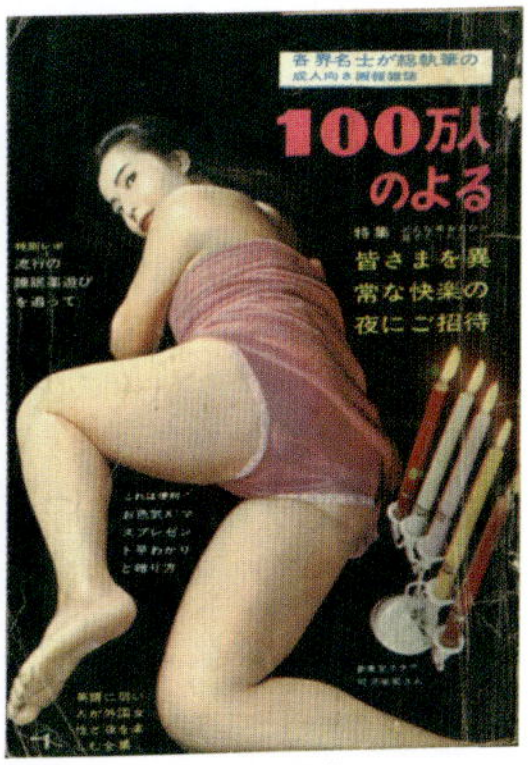

1962年1月号

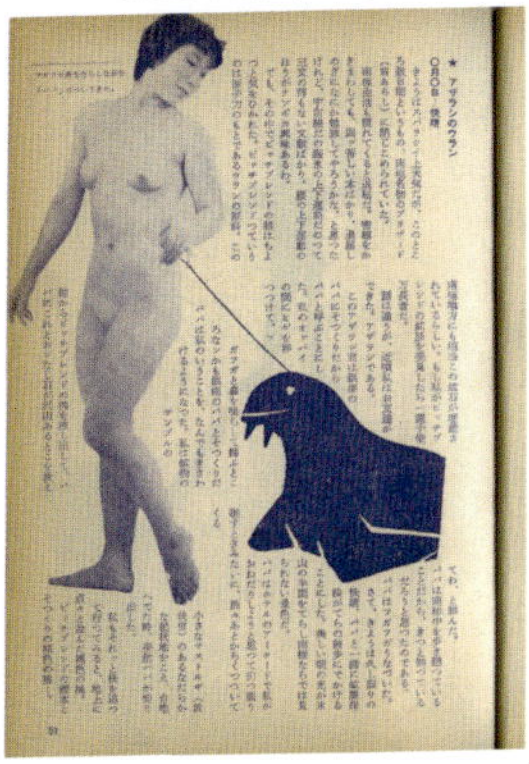

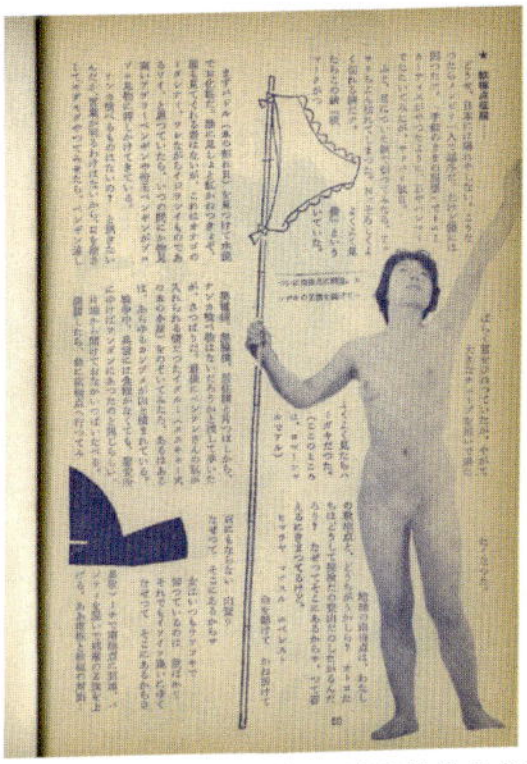

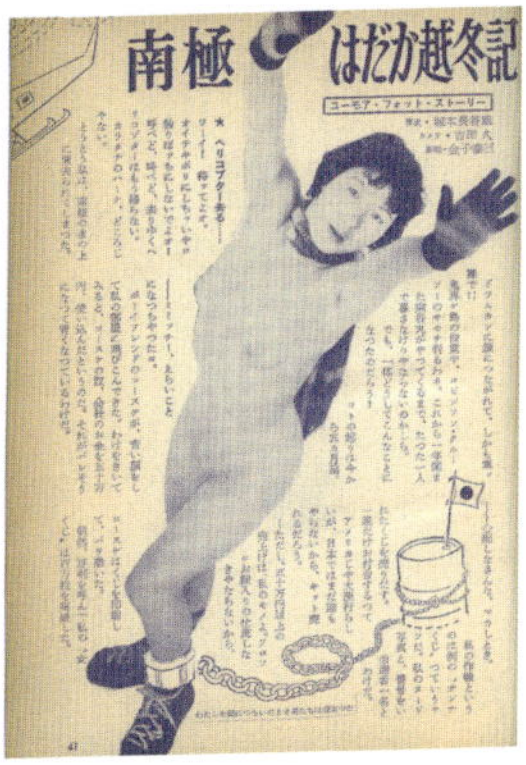

「南極はだか越冬記」(1959年3月号より)

1959年4月号

1957年12月号

1963年3月号

1960年6月号

漫画讀本

1959年新年号

1958年6月号

1956年7月号

1966年11月号

1964年3月号

1963年9月号

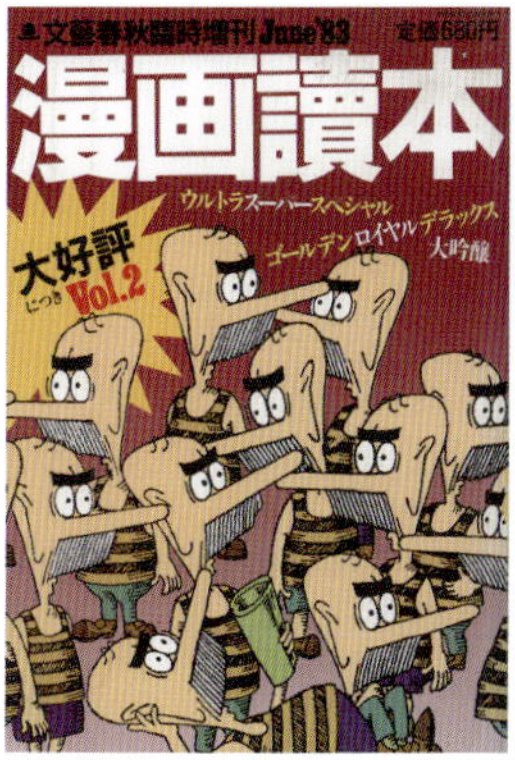

文藝春秋臨時増刊号（1983年）

1968年9月号

1968年5月号

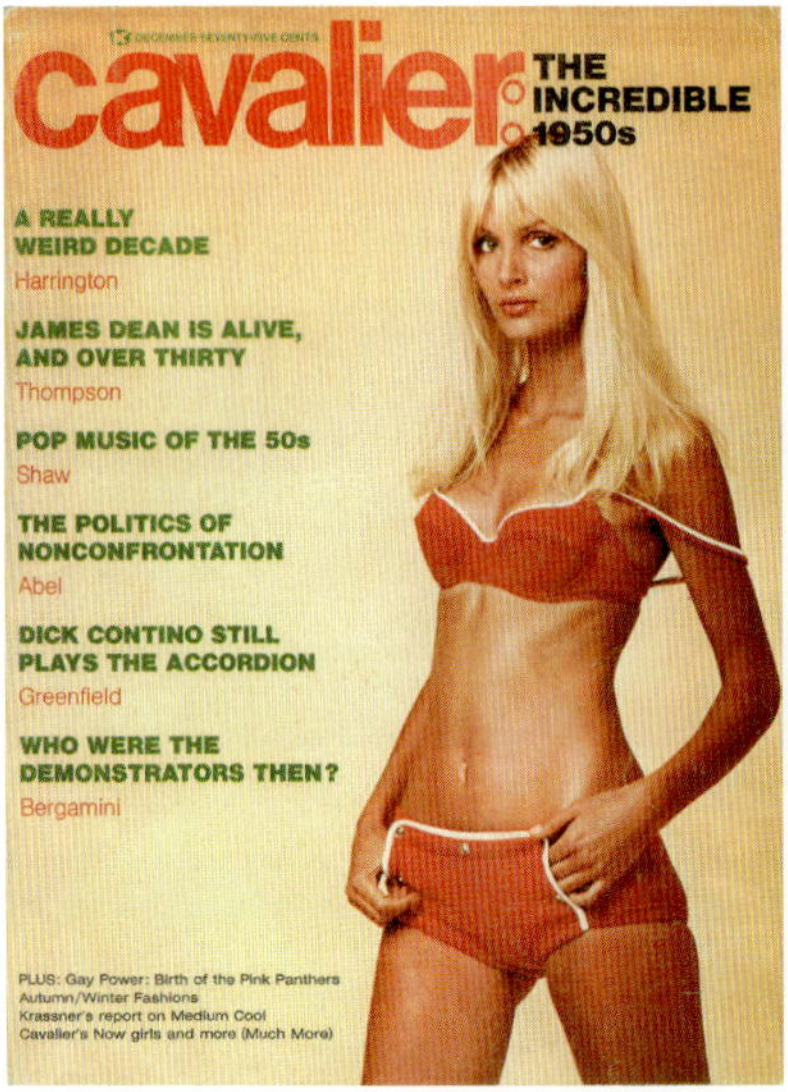

「CAVALIER」1969年12月号

「ESCAPADE」1968年5月号

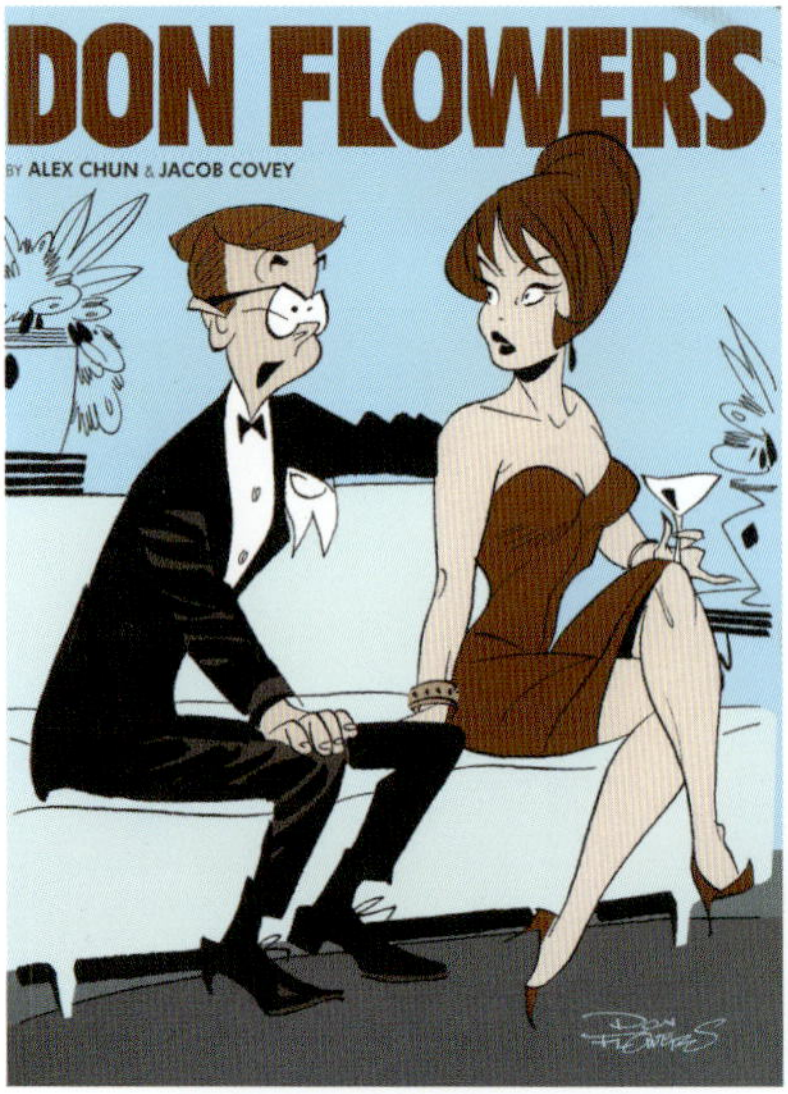

『The Glamor Girls of Don Flowers』
(FANTAGRAPHS BOOK)

「KNIGHT」1971年1月号

ヒッチコック・マガジン

1960年1月号

1959年10月号

創刊号（1959年8月号）

1960年9月号

1960年3月号

1960年2月号

終刊号（1963年7月号）

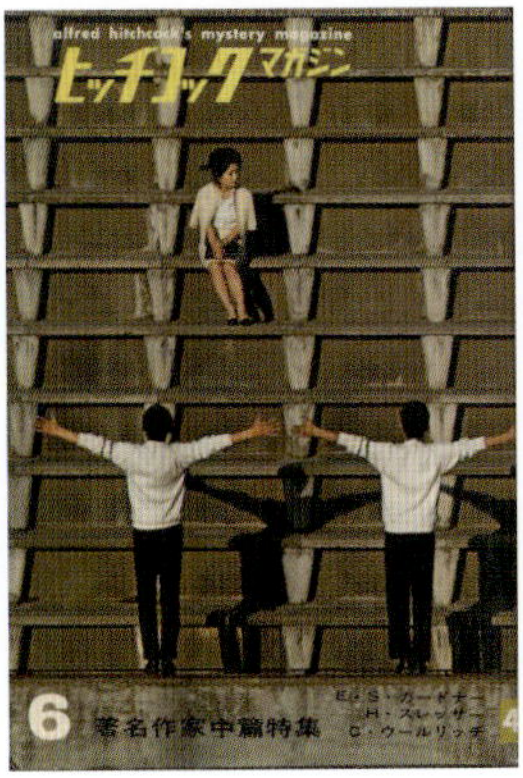

1963年6月号

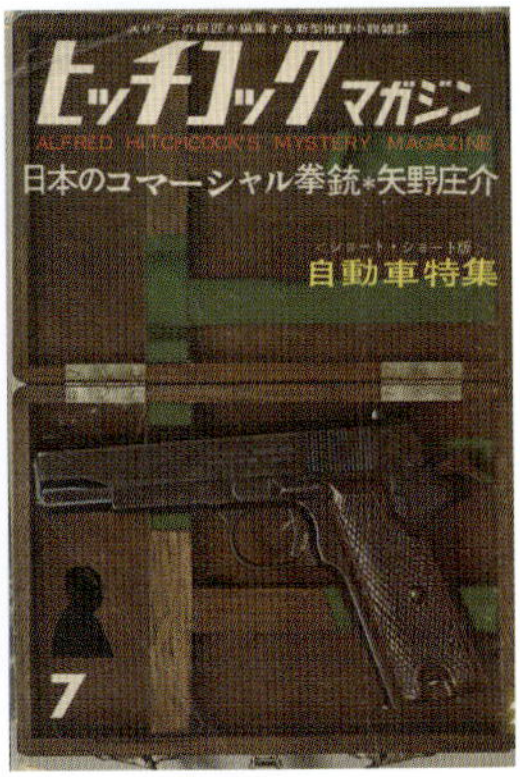

1961年7月号

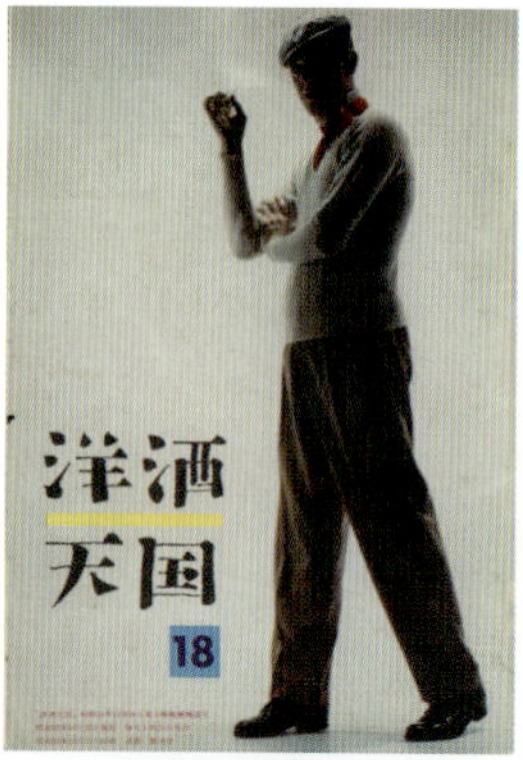

第18号

第17号

第3号

第35号

第28号

第23-24号

第49号

第43号

第40号

ゼーン・グレイとシェル・スコット

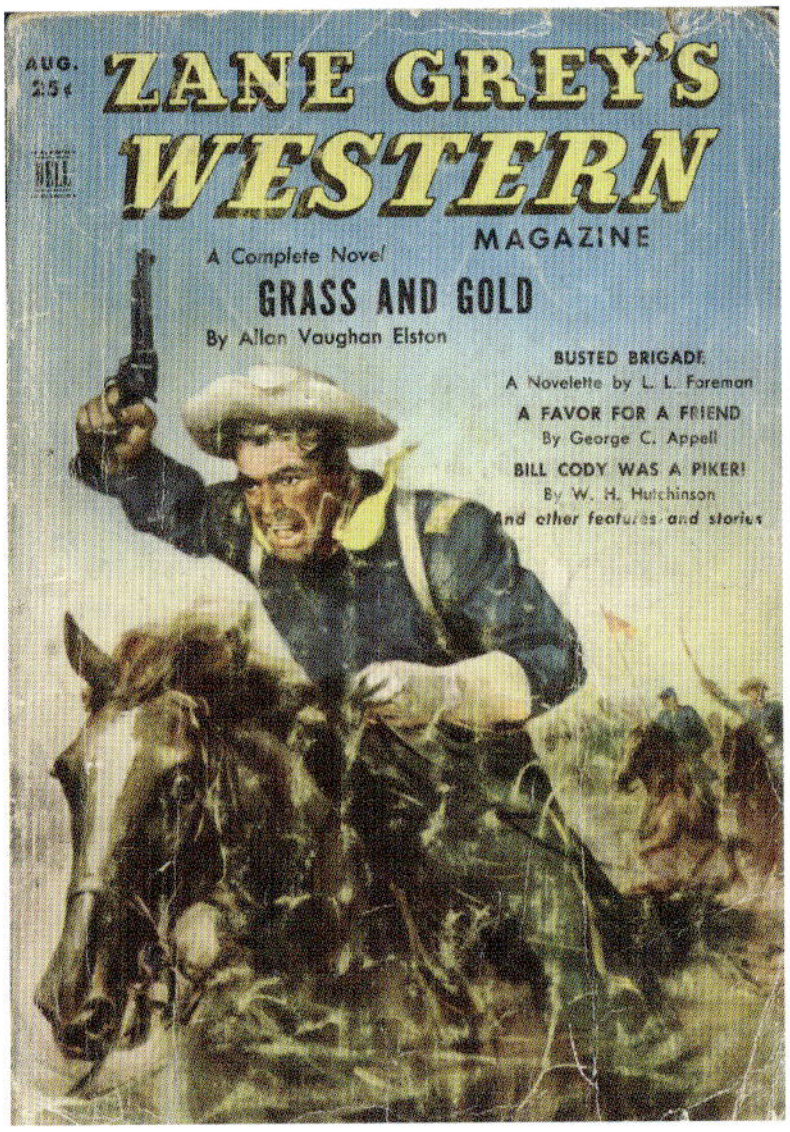

「ZENE GREY'S WESTERN MAGAZINE」
1951年8月号

「ZENE GREY'S WESTERN MAGAZINE」
1951年7月号

「MIKE SHAYNE MYSTERY MAGAZINE」
1966年7月号

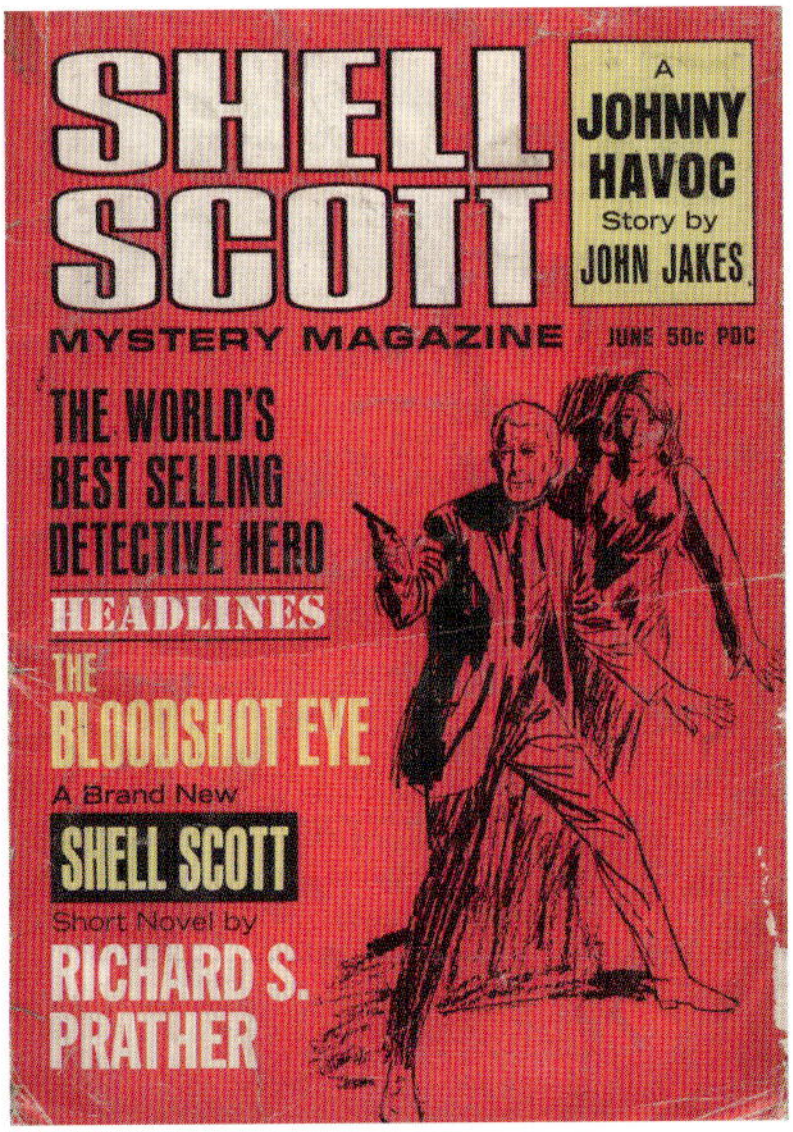

「SHELL SCOTT MYSTERY MAGAZINE」
1966年6月号

オランピア・プレスのトラヴェラーズ・コンパニオン・シリーズ

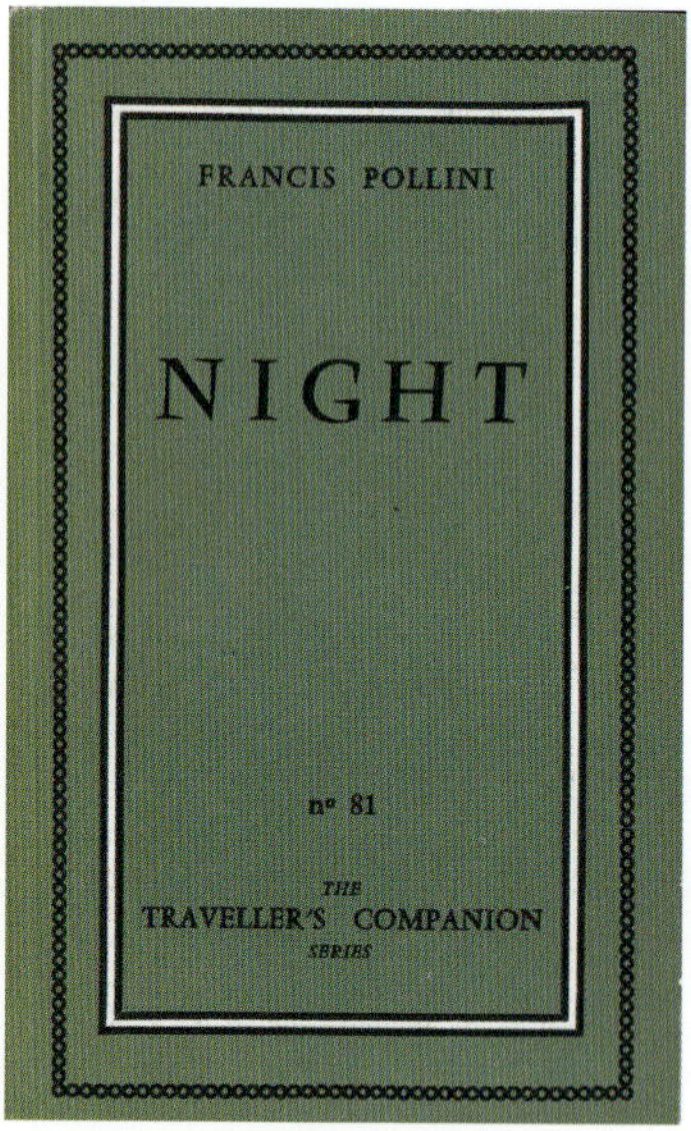

FRANCIS POLLINI
『NIGHT』(1960)

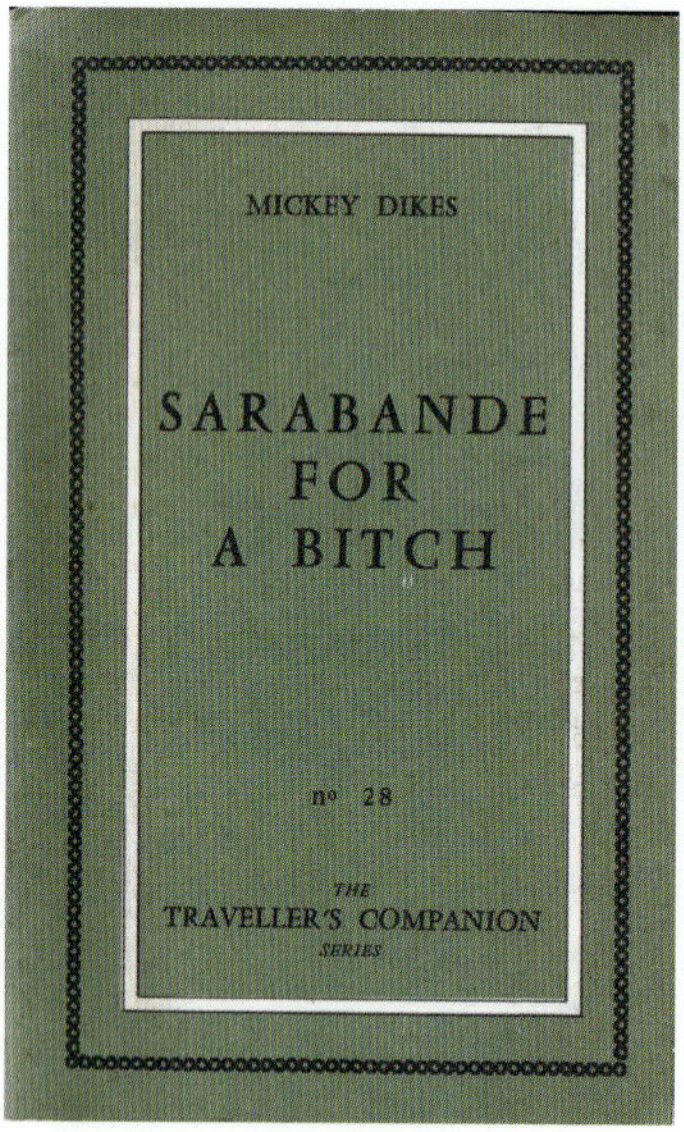

Mickey Dikes
『SARABANDE FOR A BITCH』(1956)

啓明社による海賊版

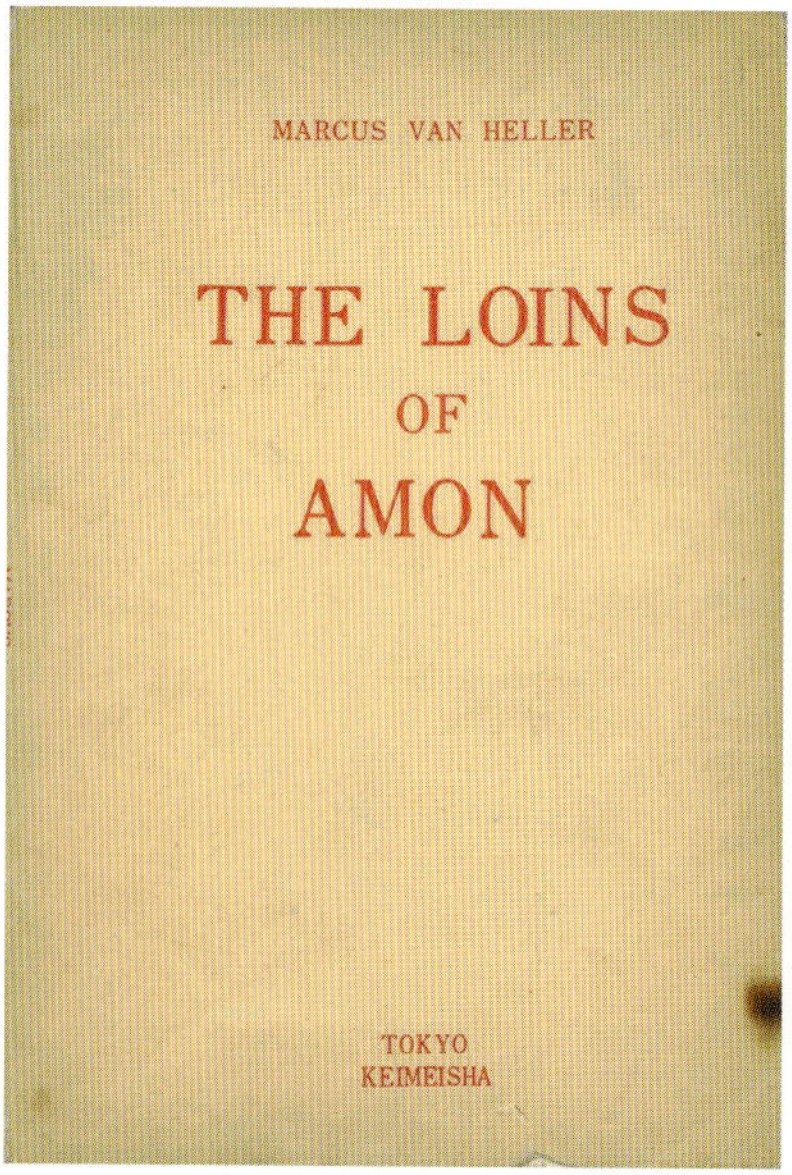

マーカス・ヴァン＝ヘラー
『THE LOINS OF AMON』(1956)

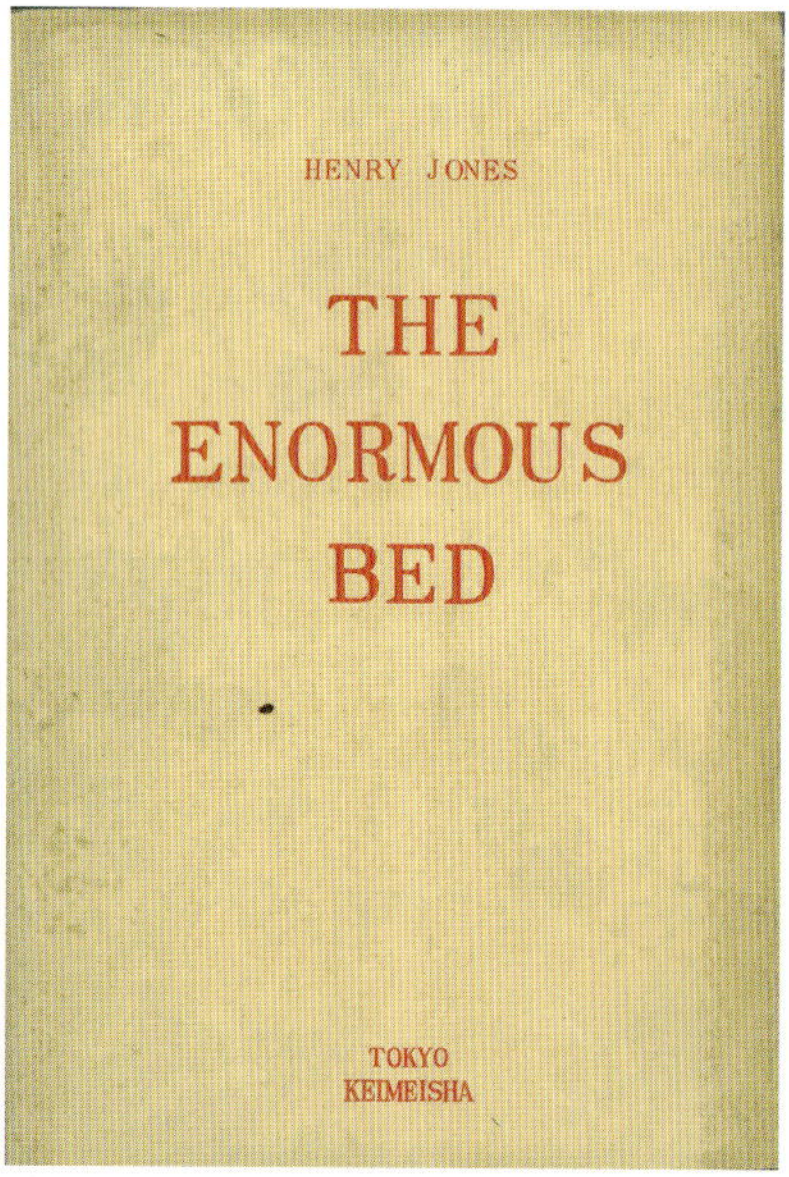

ヘンリー・ジョーンズ
『THE ENORMOUS BED』(1965)

スリーズ・ブックスのカバーを飾ったアーティストたち

ポール・レイダー（1960）

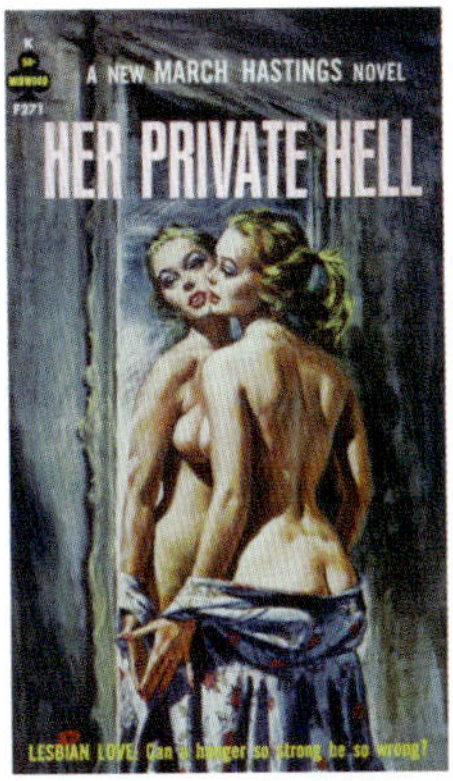

ポール・レイダー（1963）

ロバート・ボンフィルズ（1965）

フレッド・フィクスラー（1965）

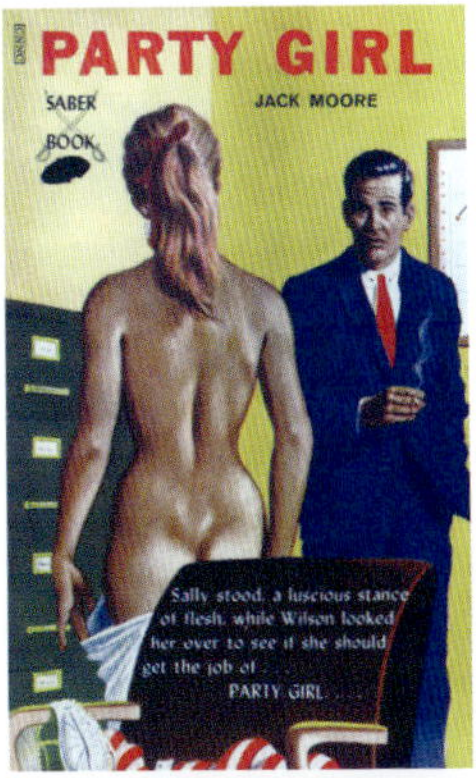

ビル・エドワーズ（1965）

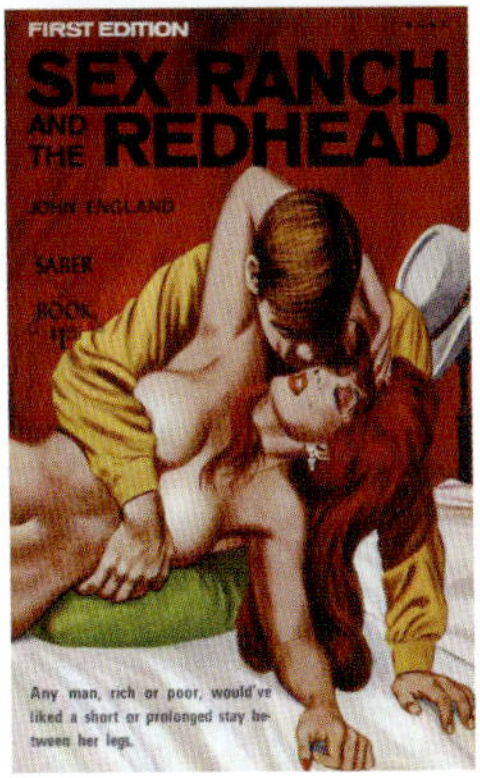

ビル・エドワーズ（1968）

ジーン・ビルブリュー（1966）

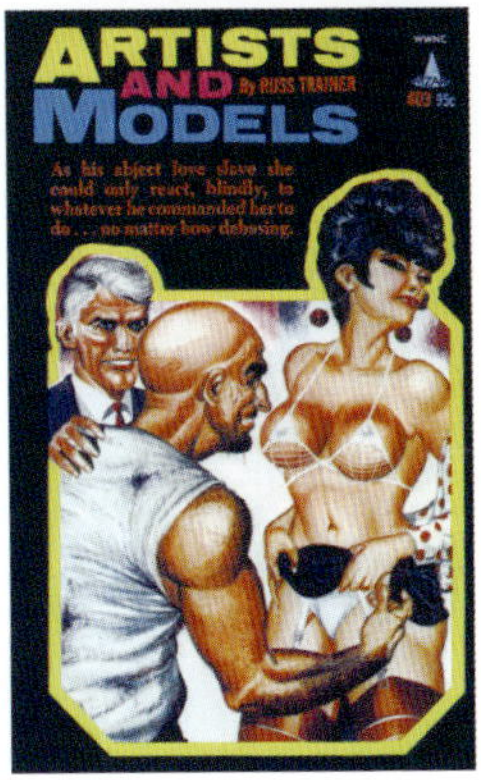

ジーン・ビルブリュー（1967）

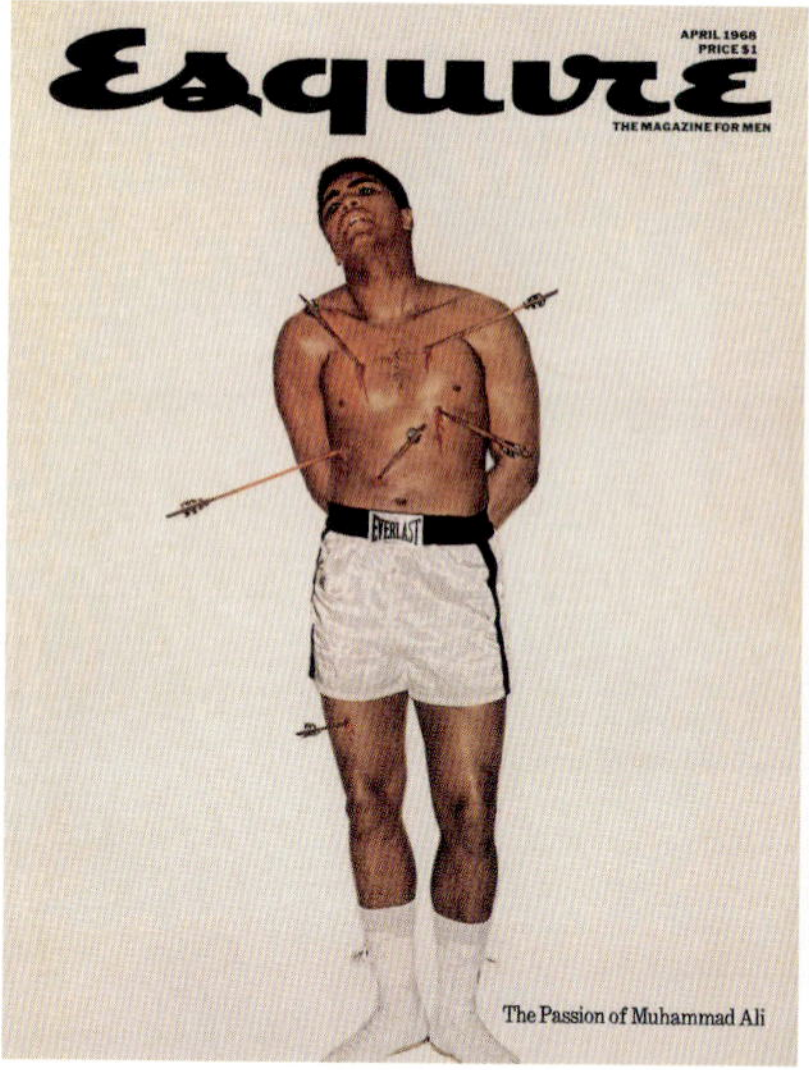

「エスクァイア」1967年4月号

「EVERGREEN REVIEW NO.53」

『The Breast of NATIONAL LAMPOON』
(NATIONAL LAMPOON)

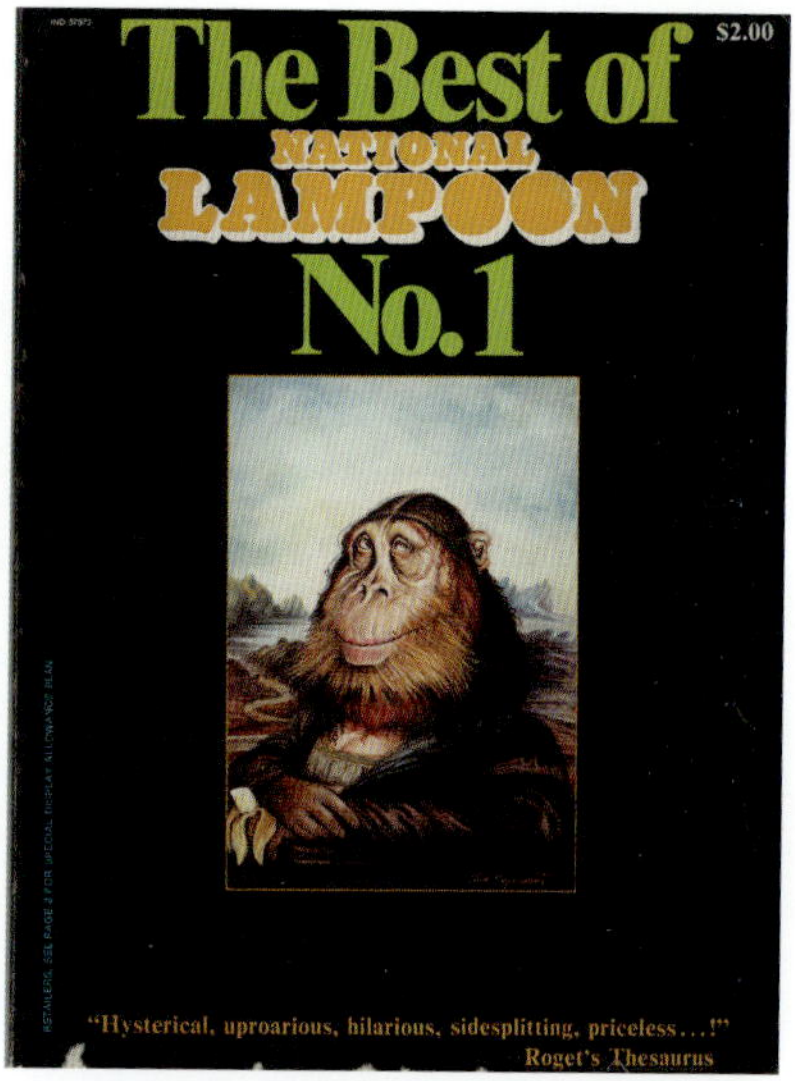

『The Best of NATIONAL LAMPOON NO.1』
(NATIONAL LAMPOON)

3号だけ大判（B5判）だった頃のマンハント（1961年11月号&12月号）

ハードボイルド・ミステリィ・マガジン

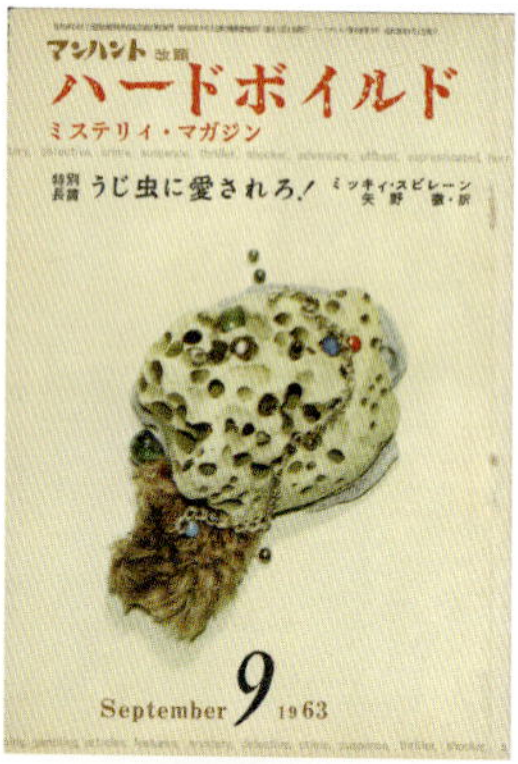

1963年9月号

創刊号（1963年8月号）

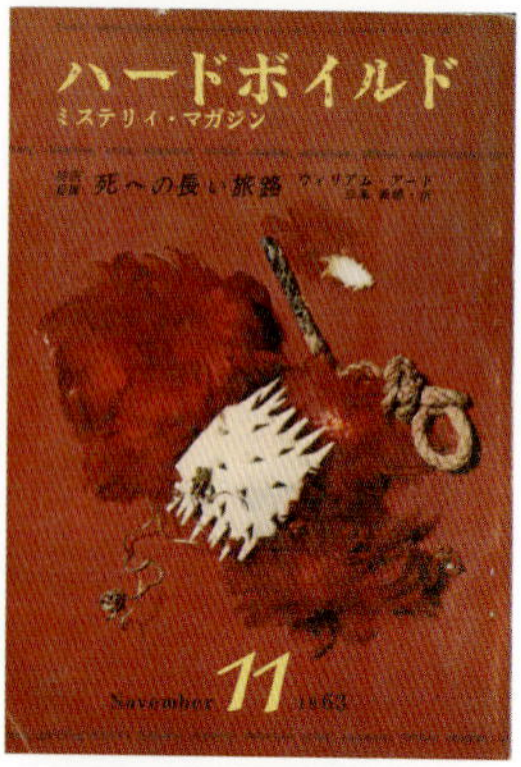

1963年11月号

1963年10月号

1964年1月号

1963年12月号

ずっとこの雑誌のことを書こうと思っていた／目次

装幀　平野甲賀

ずっとこの雑誌のことを書こうと思っていた

「マンハント」とその時代

もう誰も覚えていないかもしれないけど、
「マンハント」という雑誌があってね、
ぼくはとてもたくさんのことをそこで学んだんだ。

インターネットが登場してから、雑誌というメディアはもう終わったと言われてきた。でも、本当なんだろうか、と、ぼくは思っていた。雑誌の持つ手触りは、いかに技術が進んでも、代替できるものは生まれないだろう。「手触り」、それはヴァーチャルというものがかかえる宿命的な問題だ。だから、どちらか一つということではなく、共存することができるもののはずだ。たぶん、そんなことを、みんなが考えはじめたのだろう。偶然かもしれないが、雑誌論、あるいは雑誌論めいたものを、なんだかよく見かけるようになった。

もっとも、そこで語られる雑誌の多くは、80年代、90年代のものだ。もちろん、そこには書き手や編集サイドの企画性のようなものがあるから、単純にそこに欠落があるというのは、言いすぎだろうし、それを言うつもりはない。

ただ、興味深いのは、そしてなによりも、雑誌の本質を示しているのは、書き手たちが自分の時代について語っているということだ。雑誌とは同時代のものとしてあるものだ。だから、三十代、四十代の書き手にとっては、古くても70年代が、上限ということになるのだろう。

たしかに、古本屋を駆けずり回って、何十年も前の雑誌のバックナンバーを集めて雑誌を語るというのは、雑誌の研究、あるいは何かの目的のため、例えば、作家論というような別の目的のためになされることであって、雑誌を語ろうというためには、明らかに邪道であるように思う。ま、ぼく自身は、その邪道をずいぶんやったけれどもね。

ぼく自身について言えば、アメリカのパルプマガジンのことを書こうとして、頭を抱えたのは、その雑誌について、同時代の読者は誰で、どう感じていたのか、それがわからないということだった。単純に言えば、読者は大人だったのか、子供だったのか、その感じがわからなかったりする。現在、往事の思い出をベースにパルプマガジンのことを書いているライターたちがアメリカに何人もいるが、その年齢からして、パルプマガジンに接したのは、子供の頃だっただろうというのはわかる。が、その当時のパルプマガジンの読者のすべてが子供であったというのは、値段や部数からしてありえない。では、大人たちはどのようにそれらのパルプマガジンと接していたのか。あるいは、読者の割合はどのようなものであったのか、調べはじめるときりがないし、実は解答はない。どこかの誰かが、ほんのちょっとでいいからそのあたりのことを、書いておいてくれたら、ものすごく助かるのに、と何度思ったことか。

「マンハント」のことを、書いておいた方がいいと思った最大の理由はそれだ。

「マンハント」をぼくは、ほぼ同時代で読んだ。

いま思うと、「マンハント」はぼくにとって最も大事な雑誌であったように思う。

それは、ぼくのかなりの部分を作っている。

「マンハント」のことを、話そう。


おそらく、現在の時点で、「マンハント」という雑誌があったことを知っている人は、ほとんどいないだろう。知っている人の大部分は、おそらく、ミステリのマニアで、かつて、アメリカで出版されていた同名のミステリ雑誌の日本版というかたちで知っているに違いない。

それは、客観的に言えば、間違いではない。

「マンハント」は、1958年の8月号から1963年の7月号まで、アメリカの「MANHUNT」の日本版として、久保書店から発行された。1963年8月号から「ハードボイルド・ミステリィ・マガジン」と誌名を改めたが、1964年1月号で終刊となった。

本国版は1953年から1967年まで刊行されたが、ハードボイルド・ミステリに特化した雑誌という意味では、ハードボイルドを生みだした「ブラックマスク」につぐ位置と意味を持っていた。「マンハント」日本版も、その当時ちょっとしたブームになっていたハードボイルド・ミステリの読者を当て込んで、創刊されたことは間違いない。表紙に「世界最高のハードボイルド探偵小説雑誌」としてあったことからもそれがわかる。

だったら、ミステリ雑誌と言ったところで、何が問題なのだ？　ということになるのだが、ここが、雑誌というもののおもしろいところで、ページの九割がミステリであったとしても、残りの一割で性格が変わってしまうことがある。そして、もちろん、最終的には、読者の問題だ。

ぼくにとって、「マンハント」の日本版で起きたことは、まさにそれだった。

ぼくという一人の読者の目からすると、「マンハント」は、ミステリ雑誌以上のものだった。

ぼくが、そこで読んだのは、アメリカの文化であり、言語であり、風俗であり、音楽であり、日常であった。それは、アメリカの大衆文化の教科書でさえあったように思う。いまで言えば、カルチャー・マガジンということになるのだが、当時は、誰もそんなことは、考えていなかったはずだ。

いま、気軽に文化という言葉を使ったけれども、ぼくが「マンハント」を読みはじめた１９６０年代の初めには、文化なんて言葉は、いまのような意味を持っていなかったように思う。

それは、いまで言うモダン、現代的という感じにとても近かったけれども、日常的には、文化なんて、住宅か塀にしか使わなかった。あ、文化の日ってのもあったか。

文明開化という言葉の最初と最後の文字を合わせたものみたいな感じ。進歩的な感じ。要するに、読者としてのぼくは、文化なんてことは、まったく無自覚に読んでいたわけだし、作る側も、きっと、そうだったんだろうと思う。

「マンハント」の競合誌であった「ヒッチコック・マガジン」は、もっと自覚的であったように見える。それは、中原弓彦という意識の高い編集者の個性であっただろう。巻頭にＷ・Ｂ・イェーツの詩が載るミステリ雑誌なんてありえないでしょ。でも、「ヒッチコック・マガジン」はそういう雑誌だったのだ。またアメリカの雑誌にならって、小林泰彦をアートディレクターに起用したことからもわかるとおり、同時代の日本の雑誌をあきらかに超えていた。そこにあったのは都会的なセンスであり、文学から映像、音楽にわたる広い範囲の文化的な視点であったように思う。

それに対して、「マンハント」は、無自覚、言ってみれば、その場の雰囲気で作られていたように思う。そしてそれこそが、「マンハント」が特別なものである理由でもある。

その雑多な統制のとれていない内容が、あの時代の大衆文化のあり方を示していた。

また余談になるけれども、大衆文化という言葉は、実は矛盾を含んでいる。少なくとも十九世紀の前半のイギリスでは、ありえない概念であった。つまり文化は、上流階級のものであり、彼らは、それを守り、育むことを誇りに思っていたわけだ。大衆はその文化を破壊する存在で、文化とは対極にある存在だったのだ。大衆国家であるアメリカが、そのイギリス的な文化観を、根底から覆して、二十世紀を、大衆文化の世紀にしてしまったのだが、例えば、ハイ・カルチャーという言い方や、サブ・カルチャーという言い方に、十九世紀的な階級性が残っているように思う。

「マンハント」1960年5月号

カルチャー・マガジンとしての「マンハント」に話を戻す。

ま、突然、ミステリ雑誌として認知されているものを、カルチャー・マガジンであると言われてもなぁ、という感じがあるかもしれない。

　ぼくの考えだけれども、日本におけるカルチャー・マガジンには、欧米文化を導入することで成立している雑誌の系列がある。それは、たぶん、大正時代の「新青年」から始まるもののように思っている。「新青年」は、大正9年から昭和25年まで博文館から発行された雑誌で、創刊当時は、若者対象の愛国雑誌というような誌面であったが、日本人作家のミステリ、そしてセクストン・ブレークや、モーリス・ルブランをはじめとする当時欧米で人気のあったミステリの翻訳が売り物になって、モダンなセンスの若者向け娯楽雑誌となっていった。

「新青年」が、その時代にどのように受け入れられていたかというと、例えば、ぼくが古本屋で手に入れた「新青年」を読んでいるのを見つけたぼくの父親が、おまえ、そんなものを読んでいるのか、と実に情けないという口調で言ったことがある。つまり、まともな青少年が読むようなものではない、ということだ。

「新青年」は、江戸川乱歩の「二銭銅貨」を掲載したことで日本のミステリの揺籃期をリードする存在であり、ミステリの専門誌ではないのに、乱歩に言わせれば「内外探偵小説、評論の百科全書。日本の探偵小説の歴史そのもの」というほどの位置を占めている。「新青年」のことを、語りすぎているかもしれない。実はもう何十年も昔のことだが、「新青年」全揃いを志したことがあったのだけれども、とあるコレクターの家を訪問して、ほぼ完全揃いの書棚を見せられて、そのボリュームに、即座に断念した覚えがある。でもなんとなく、思い入れだけが、残っているわけだ。

　もっとも、ぼくが「新青年」を欲しいと思ったのは、日本の探偵小説のためではなく、P・G・ウッドハウスや、サバティニ、エドガー・ウォーレスといった思いもかけぬ欧米作家の作品が訳されていたり、「ヴォガンヴォグ」（いまなら「ヴォーグ オン ヴォーグ」とやるところだけれども）のようなファッションページ、「阿呆宮」のようなコラム、あるいはスポーツやら、欧米のちょっとしたニュースが妙にぼくの気を引いたのだ。そして、実はそれらのことこそが、「新青年」の価値ではないかと思っている。日本の外に目を向けることに価値があったと思っている。あるいはまた、英語を学ぶことの重要性について語られていたりするあたりは、片岡義男が、「マンハント」でやっていた「現代有用語辞典」の気分と共通するものがある。

こうした欧米、ことにアメリカの文化を中心にした雑誌というのは、1950年代から70年代の「メンズクラブ」や、もちろん「マンハント」というかたちで常に存在していた。1960年代から70年代にかけての「MADE IN USA カタログ」、そして「ポパイ」あたりでなんとなく消えていくのだが、それらの流れが示してきたアメリカの文化や生活への憧れは、ぼくらにとっては、きわめて重要なものではなかったかと思う。もちろん、「マンハント」の場合、意図的にアメリカ文化で読者を洗脳しようとしていたとは思わない。アメリカ軍が、大衆文化を導入することで日本を変えようとしたのは事実だし、ちょうど、60年安保をめぐって、世の中は、騒然としていたから、そんな陰謀があってもおもしろかったが、「マンハント」の読者はそうした政治の世界とは遠い世界の住人だったろうから、あまり役には立たなかっただろう。

ぼくは「マンハント」をもっぱら古本屋で手に入れていたわけだから、時系列的には、記憶はかなり滅茶苦茶になっているように思う。

その情けない記憶のままで書くけれど、とにかく、「マンハント」を手にして、最初に読むのはコラムで、なかでも、植草甚一の「夜はおシャレ者」が最大の楽しみだった。「ニューヨーカー」、オランピア・プレス、アート・バックウォルドというコラムニストのことを知ったのは、このコラムを通じてだ。最初は、アート・ブッフワルトという表記だったが、単行本ではちゃんと直ってるんだろうか。今度調べてみよ（調べたら、ちゃんと直っていた）。

この時期、あるいは60年代を通じてかもしれないが、植草甚一は前衛だったと思う。ミッキー・ダイクスの『ある淫売婦のためのサラバンド』というポルノを紹介したときには、あらすじを紹介しながら、お目当てのセックス・シーンのところは矢印が入る。で、また、あらすじ。最後に、何回、セックス・シーンがあったでしょ、みたいな締めで終わる。またこの矢印がやたらに多かったんだ。ぼくは、この原書を絶対見つけるぞと心に誓った。何年も経ってから、ようやく読むことができたのだが、植草甚一のコラムの方が、何倍もおもしろかった。ふつう、この手の本を紹介するなら、いかに興奮するかというような扱いをするのだろうが、植草甚一のやり方は、前衛的だよなぁと思う。関係ないけど、キャンプという60年代特有の感覚を説明するのに、スーザン・ソンタグは、性的関心を離れて見るポルノという例を挙げていたけれど、植草甚一のことを、すぐに思いだした。もう一つ、関係ないけど、たしか清水正二郎の訳したこの本の翻訳があるのだけれど、中身はどう考えても、バタイユの『眼球譚』だったように思う。あれ、どういうことだったんだろうね。

「夜はおシャレ者」の特徴の一つは視覚的な工夫がなされていることで、常にコラージュが配され、あの段落のない、やたらに長いセンテンスの文章とのコンビネーションが、視覚的な効果を生んでいた。ときには、横書きになったりしてね。

ぼくが、その次に読むのは「もだん・めりけん珍本市」アメリカの三流ポルノ小説を紹介するコラム。基本的には無署名なのだが、第一回は（義）としてあったから、ライターの中に、片岡義男が入っていたのだろう。このコラムは、かなり後期になってから登場したコラム。その前は、「行動派探偵小説史」、あとから「行動派ミステリィ講座」に衣替えしたけれども、小鷹信光のコラムに、まず目を通した。このコラム、というか、とてもまじめな評論というべきものだが、そこで意図されていたことは明白で、当時、ハードボイルドと呼ばれていたものの中に、ハメット、チャンドラーといった正統的ハードボイルドと、カーター・ブラウン、「マンハント」の売り物であったR・S・プラザー、ヘンリー・ケーンといった通俗ハードボイルド、軽ハードボイルドと呼ばれるものがあった。何を正統と言い、何を通俗と言うのか。実はルールがあったわけではなく、そのような気分的な区別ではなく、行動を主体にした描写を基本とする探偵もの、という考えで、両者の溝を埋めようという試みであった。

いまにして思えば、それはハードボイルドの再定義の試みであったと思うのだけれども、山のような原書にあたって、いかに行動の描写が、これらの作品に特徴的であるかを論証しようとしていた。ことに長篇の冒頭を分類したものがおもしろくて、撃ち合いとか殴り合いというのは当然だが、ベッド・シーンまで行動の例に挙げたりしていたのが、思わず、うれしくなる。

そうなのだ、「マンハント」を語るにあたって、忘れてはならないものがあった。

それは、セックスだ。

「マンハント」の1960年2月号に、「いいたい放題」という読者座談会が載った。けっこう、唐突な企画で、それ以降、一度もない企画だった。四人の愛読者が出席しているのだが、その中の紅一点、湯川礼子（のちの湯川れい子）が創刊号の印象をこう語っている。「創刊のときは、じつにショックでしたわ」。ショックといいますと？　と、問われて「いままでの日本にはない新しいセンスと、すごくエロで……」と答えている。さすがだな、と思う。こういういかにもな女言葉というのは、たぶん、編集側の作文のように思うが、「エロで」というのは正確な感想のように思う。このときの出席者の肩書きがおもしろい。有岡禧冶（東大学生）中島信也（早大学生）菅谷や寸寛（成城大学生）湯川礼子（無職）、泣かせるでしょ、無職ねぇ。いまならフリーターか。でも、無職という方が、実際的だと思うが。

有岡と菅谷（菅谷や、は明らかに誤植）はこの座談会以後、名を見ないが、中島信也は、先に触れた小鷹信光の本名で、評論、翻訳と「マンハント」の中核をなすライターとなるし、湯川れい子は、「マンハント」でジャズ評を書き、ラジオのパーソナリティとして、また、プレスリーをはじめとするロックの評論家として一世を風靡する。

この湯川れい子の「エロ」という感想は、ぼくが初めて「マンハント」を知ったときのきっかけと同じなのだ。

ぼくが「マンハント」を見たのは、中学生のときだった。悪友の一人が、おい、「マンハント」って本、知ってるか？　と言ってきたのだ。真面目な中学生だったぼくが知るはずがない。女の裸の写真が載ってるんだ！

もちろんぼくは、放課後、すぐに本屋に飛んでいった。1961年頃までの「マンハント」には、折り込みのピンナップが付いていたのだ。もちろん、当時のぼくの小遣いでは、百五十円もする（ぼくの小遣いをはるかに越える巨額であった）新刊を買えるわけもない。そこからぼくは古本屋の存在を知り、現在に至ってしまうのだが、とにかく、最初は、ヌード目当て。何が書かれているか、何の雑誌なのか、まったく気にもしていなかった。

そして、小説を、もったいないので読みはじめて、完全にはまってしまった。情けないが、ぼくのハードボイルド遍歴のはじまりは、ヌード・ピンナップなのだ。もちろん、ハメットもチャンドラーもロス・マクドナルドも、それまでに基本図書として読んではいたが、のめりこむところまではいかなかった。

ついでに、英語のペーパーバックを手に取ったのは、ミステリでも、SFでもない。ビーコン・ブックスのどうしようもないポルノだった。それも、前に触れた「もだん・めりけん珍本市」というコラムがきっかけで、近所の古本屋で十円ぐらいで売っていたのを手に入れた。

「マンハント」の小説では、R・S・プラザーのシェル・スコット、ヘンリー・ケーンのピート・チャンバースあたりがぼくのお気に入りであったのだけれども、どれぐらいエロだったのかというと、たいしたことはない。ベッド・シーンはまず出てこない。キスが限界。ただ、登場する女性の描写が、扇情的だった。いや、もちろん、いまからすれば、穏やかなものです。

まさに絶景だ。値千ドルなんてものじゃない。とはいっても、別にそのお女性がまっぱだかで現れたわけではないんだ。もしもまっぱだかだったら、おれがこんなに平静でいられるもんか。少なくとも、気絶の一歩手前にあるだろう。

燃えたつような赤い髪。

ささやくようなブルーの瞳。

立体的な体の線は、このお女性以外の女はすべて、二次元世界の住人じゃないかと思わせる。

ま、こんな程度。シェル・スコットものでは、上位にランクされている「道化を殺せ！」の冒頭の描写。シェル・スコットは海兵隊あがりで、プラチナ・ブロンドのショートカットの髪型が売り物のロサンゼルスの私立探偵。格好いいというよりは、コミカルなところが人気のもとで、作中でもだいたい無茶苦茶な目に遭う。ロサンゼルスの上空を気球にぶらさがって飛行させられたりね。しかも、全裸で。ピート・チャンバースはニューヨーク。都会的なダンディーということになっているから、格好いい方に入るのかな。マティーニなんてこれで名を知りました。

さてと、この引用の中で、「お女性」という言い回し、気になったはず。これは「マンハント」の訳者だった山下諭一の発明だったと思う。他にも「なおん」というようなジャズ系の言い方とか、いくつかの言い方が「マンハント」では試されていたけれども、最終的には、これが定着したように思う。

もしかしたら、woman ではなく lady の訳語として開発されたのかもしれないが、のちに、他の人のエッセイの中でも使用されていたように思うので、女性の「マンハント」的な語法になった。女性に対する一種の記号化であったと言っていい。

「マンハント」のエロというのは、女性をきわめて即物的に、欲望の対象、肉体だけの存在として扱うところから来ているのではなかったかと思う。それは、通俗ハードボイルド、軽ハードボイルドと呼ばれたものに共通する姿勢であった。もっと言えば、この女性に対する態度が、正統と呼ばれるものと、通俗と呼ばれるものとの境界としてもいいとさえ思う。

考えてみれば、この傾向は、マリリン・モンローを代表とする50年代、60年代のハリウッドの肉体派と呼ばれた女優たちのあり方とも共通している。それは、明らかに、あの時代のアメリカのカルチャーの反映であるし、日本で言えば、その何十年もあとのグラビア・アイドルといったもののブームと共通するものがある。

　二十世紀に入ってから、アメリカの反知性主義というか、具体的には、知識人たちに対する反感は、どんどん顕在化していって、１９５０年代には頂点に達した。その象徴的な現象が、マッカーシーの赤狩りと呼ばれる、反共運動であり、そして、知性とは程遠いアイゼンハワーが大統領に選出されたことが、深刻な反省を生んだ。そして、１９５７年、ソ連が、人類史上最初の人工衛星スプートニクの打ち上げに成功したとき、知性に対する大きな揺り戻しが生まれた。

「マンハント」のヌード・ピンナップ
1960年2月号より

　以来、科学技術信仰は、アメリカの一つの潮流になっているけれども、大衆の中の反知性的な傾向は、それ以降も簡単には、消えない。あるいは、それこそが、最下層から出発して、大金持ちになるというアメリカの神話を支えているもので、知的であるよりも、行動的であること、あるいは、即物的、物質的であることが、重要と考えられる文化を生みだしているのではないかと、思う。その意味では、小鷹信光が、行動に着目したのは、きわめて正しいことだった。

「マンハント」のエロが、精神性を欠いた即物的なものであったというのは、そうしたアメリカ的な大衆性を、直接的に反映した結果だった。そして、それと同じ方向に進みはじめた日本を象徴するようなものであった。

繰り返しになるけれど、「マンハント」という雑誌がそれを自覚的に行っていたわけではない。まったく無自覚なまま、そのように進んでいったのだと思う。そしてそれだからこそ、時代の空気を素直に反映していたのだと、ぼくは思う。

でも、あのエロな感じが良かったんだよなぁ。


「マンハント」について、どうしても話しておかねばならないことがもう一つあって、それは、文体のことなのだ。

雑誌にはその雑誌なりの文体がある。というのが、ぼくの持論なのだけれども、例えば、絶頂期の「ポパイ」にはポパイ文体があったし、週刊誌には、無意味な断定文体があるし、逆に言えば、独自の文体を持ちえない雑誌は、長持ちしないと思っている。「マンハント」の文体は、きわめて特徴的である。


ブルースとは、前回のシー調ジャズ講座で、史上まれなるメイ解説をば一席ぶちましたところろーのエンヤコラ・ソングと、ごくごくごジッコンのご関係にありつっちまうものでやんして、もしもです、おメエっちが、ブルースってものが、てんですんなりとオワカリにならないようじゃ、一大・大変。お前っちはズージャってものが、てんでもてんで、まるっきりオワカリにならないってことに、あいなっちっちなんです。

これは、福田一郎の「しーちょう・ジャズ講座」からの抜粋。異常でしょ。半分以上がどうでもいい言葉遊び。もちろん、これは極端なケースでござんすが、「マンハント」が持っていたオアソビな気分はわかってもらえると思う。が、それは、単にオアソビということだけではなく、いかに、「マンハント」が時代の気分を取り込もうとしていたか、その表れだ。それは、日本語の破壊であったかもしれない。

オーバーに言えば、欧米の文化を日本化するためには、特別な言語、文体が必要だということをあらわしているようにも思う。そして、「マンハント」の翻訳も、他誌とは違いがあった。初期の「マンハント」では、翻訳家の名前は、翻訳スタッフとして、目次の下にまとめて掲載されていた。それは、欧米で言えば、一種のハウスネーム的なことではなかったか。つまり個人名であるよりも「マンハント」の翻訳陣ということだったと思う。

カート・キャノンという「マンハント」の人気作家がいた。同名の主人公を使ったシリーズが人気を博していたのだが、これは、あのエヴァン・ハンターのペンネーム。で訳者は、淡路瑛一。のちに、本国で終了したこのシリーズを、淡路瑛一が書き継ぐほどの人気だった。この淡路瑛一というのは実は、都筑道夫。つまり、作者も、訳者も、正体をかくしていたわけだ

で、この日本版のシリーズを終了させるために、淡路瑛一が死んだことにするという番外篇まで付いてきた。出来はどうだったのかと言うと、もちろん、オリジナルよりも、ウエットになっていたが、

それでも極端な差はなかったように思う。それは、言ってみれば、「マンハント」の翻訳には、翻訳者の演出の部分がかなり強くあったことを示しているように思う。

例の超訳（誤訳を超越しているという意味だと思うが）というのは論外だけれども、日本における翻訳には、黒岩涙香以来、翻案と言うべき系譜がある。原文に忠実というよりも、読者に忠実とでもいうか、読みやすさのためには、ある程度のアレンジが許されるというわけだ。「マンハント」の翻訳は、たぶん、この系統に属している。それは、本質的には、訳者の作家的能力に多くをゆだねることになるわけで、初期の翻訳陣に名を連ねていた淡路瑛一（都筑道夫）、田中小実昌、中田耕治、山下諭一、矢野徹、あるいは片岡義男、小鷹信光といった人々が、小説を書くようになっていったのも、彼らが、翻訳家以上の存在であったことを示しているように思う。

もちろん、このあたりのことは、ぼくの憶測でしかない。「マンハント」の持つ意味を伝えるために、原文に忠実であるよりも、あるいはまた、日本語に忠実であるよりも、新たな文体の開発を試みていたのではないか。ぼくは、そんなふうに考えている。全員ではなかったろう。が、編集部を含めて何人かは、それを狙っていたように思うのだ。でなければ、福田一郎のあの文章が掲載されるなんてありえないよ。「マンハント」という場は、思いもかけず、大きな意味を持っていたのだ。

ちょっと前になるが、短篇集が相次いで出たジャック・リッチーという短篇の名人がいる。この人の短篇は、「ヒッチコック・マガジン」「エラリイ・クイーンズ・ミステリ・マガジン」、そして「マンハント」にも訳されているけれども、たぶん、「マンハント」で読むジャック・リッチーは他の二誌のものと、ちょっと違う感じがするはずだ。いや、元が、しっかりしているから、自由度は低いが、「マンハント」のジャック・リッチーは、少し軽い。「マンハント」という場が、そうさせているのだ。

メディアはメッセージだというマクルーハンの先駆的な例になるかもしれないな。マクルーハンというと、もう過去の人、このwebの時代には通用しないと思っている人が多いかもしれないが、ぼくは彼のメディア論は、いまでも通用すると考えている。ホット・メディア、クール・メディアなんて考え方は、再評価すべきだし、学ぶべきものが多い。

待てよ、マクルーハンという名さえ、ピンとこない人が多いかもしれん。ま、深く追求はしないが。

「マンハント」のこととなると、いくら書いても終わらない。

コラムのことも、好きな小説のことも、好きなライターたちのことも、ジャズをはじめとする音楽のことも、あるいは、「ヒッチコック・マガジン」との関係についても、まだ何も語っていないような気がする。

ただ、「マンハント」をミステリ雑誌としてだけ考えるのでは、何も、摑んでいないのだということくらいはわかってもらえたと思う。例えば、「マンハント」が、「ハードボイルド・ミステリィ・マガジン」と誌名を変えて、わずか半年後には終刊になってしまったことが、じつは「マンハント」が何であったのかを端的に示している。それはハードボイルドのミステリのマガジンではなかったのだ。

で、もう少しだけ、そのあたりを補足しておく。「マンハント」をカルチャー・マガジンと考えるとしても、それが何を意味しているのか、具体的にイメージできないかもしれない。

カルチャーといっても、それは何なのか?

つまりは、そういうことになるだろう。

大正時代から欧米文化を導入してきた雑誌は、何を意味しているのか。

その欧米文化って、何なんだ?

ぼくの考えでは、それらの雑誌が示しているのは、そこにおける欧米文化というのは、実は都市文化のことではなかったのかということだ。そこで語られる欧米の文化は、日本には欠けていると思われていた近代的な都市から生まれる文化のサンプルなのではなかったか。

「マンハント」が、標榜したハードボイルドとは、まさしくアメリカの都会が生みだした運動であったし、文化であった。つまり、そこにおけるアメリカ文化とは、何年か後には日本にやってくるであろう都市の時代のための先行モデルであり、言ってみれば、予言であった。

湯川れい子が「いままでの日本にはない新しいセンス」と言ったのは、都会的なセンスと言い換えてもいいものだろうと思う。

であるとすれば、「マンハント」が誌名を変えるときに、正しい方向は、ミステリではなく「大都会」というような、ま、歌謡曲か、かって高田馬場にあった洋食屋みたいですが、そうした方向のものであるべきではなかったかと思っている。まあね、あの時代には、例えば、東京のシティ・マガジンへの試みがあり、失敗していったという形跡もあるから、思いついても実現できなかったかもしれないが、ぼくは、「マンハント」がそのような雑誌として生きながらえたら、どういうことになっただろうかと、夢見ることがある。

そうすれば、ぼくは本当の意味での、ぼくの雑誌を手に入れられたのではなかったか。そう思う。だったら、本当によかったのに。

ジーンズとペーパーバックとジャズ

ジーンズからペーパーバックを経由してジャズなんて、
まとまりようのない話をまとめてみたいと思った。

「マンハント」はカルチャー・マガジンであると言ったけれども、そのあたりのことをもう少し。何をもってカルチャーというのか、これはなかなか難しいことなのですが、ここでぼくが言っているのは、カルチャーの中でもポピュラー・カルチャーと呼ばれるもののことです。もう一つ、よく似た感じのマス・カルチャーというものがありますが、この二つはまったく違うものだという話がある。

その業界では著名な、John Fiske 教授の『Understanding Popular Culture』によれば、マス・カルチャーは産業化社会、あるいは資本主義社会において生産され、マーケットに出される文化的生産物であり、ポピュラー・カルチャーは大衆が、それらのマス・カルチャーの生産物に自分たち独自の意味や価値を付け加えていくことによって生まれるものということになる。

ぼくは前回、カルチャーというものと、ポピュラー、つまり大衆ということが矛盾するものだという十九世紀的な概念を紹介しましたが、フィスク教授によれば、ポピュラー・カルチャーというものそのものにも矛盾があるということになります。

つまりポピュラー・カルチャーの例としてすぐ思いつく映画や、小説、マンガ、音楽といったものは、本質的には利潤を目的にした経済活動の生産物でしかない。この資本主義社会、産業化社会にあっては、文化的な価値ではなく経済的な価値で量られるものだ。ところが、大衆の側からするとそうした産業側の価値とは関わりなく自分たちの価値をそうした生産物を通じて創りあげていくことになる。つまりポピュラー・カルチャーは、そうした二つのほぼ無関係な、(フィスク教授は矛盾すると言っているが、無関係が妥当なように思う) 価値体系によって存在することになるわけ。

すいませんな、この本は実は80年代の終わりに書かれたもので、少しマルクスが入っているし、何かずれているような気もしますが、言いたいことはわかる。

フィスク教授は、ジーンズをこの二つの関係の例として挙げている。もともとジーンズは、単に丈夫で安価な衣料として売りだされたものだが、50年代から、反抗の象徴として異なった意味を持ち、それは若者の象徴になり、やがてデザイナー・ジーンズとして、ある種のハイ・カルチャー化し、ダメージ・ジーンズのようにまた別のカルチャーの象徴にもなったわけだ。

それはマス・カルチャーが、いかにポピュラー・カルチャーとなり、ハイ・カルチャーとなるのか、という良い例だろう。

あるいは、例えば、日本という別のカルチャーがそこに紛れ込んでくると、また異なったものになる。ぼくが意識してジーンズを穿くようになったのは、十代の半ば過ぎからだけれども、その頃は、ジーパンと呼ばれていた。字に書くとですね、Gパンです。要は、アメリカのGIが穿いているということから来ていたはずだ。

アメリカのものというだけで、充分に素敵だったのだ。つまり、そこには、ハイ・カルチャー、ポピュラー・カルチャーというカテゴリー以外に異文化という要素がからんでくる。

あわせてぼくの場合、『エデンの東』のジェームズ・ディーンにすっかりかぶれていて、セーターはクルーネック、ジーンズはリーバイスが正しいと信じきっていた。実は、ジェームズ・ディーンのジーンズは、リーだったらしいということを知ったのは、二十代になってからだった。いや、けっこうがっくりしたのだけれど、やっぱり、ジーンズはリーバイスを穿くことになった。それは、リーバイスの商品構成がわかりやすかったからだ。商品の型番と特徴がわかりやすい。

最初は501だったのだが、ボタン・フライが面倒で、502に移行した。ところが、これがなかなか手に入らなくて、もとはボーイズだった503は、もっと手に入りにくくて、やや細めのストレートの505を中心に穿くようになったわけだ。リーも何度かトライしているのだが、七、八本は買って試してみたがどうも感じが、全部違う。同じリー・ライダーズのはずが、違うんだね、これが。商品番号でチェックすればいいはずなのだが、どうも覚えきれない。で、わかりやすいリーバイスに戻る。あるいは、リーバイスが、オリジナルなのだという意識もあるのかもしれない。

ジーンズのような消費財に、オーセンティックな意味を求めるのは、奇妙だと思うのだが、ぼくの場合は、どうしてもリーバイスになってしまうのだ。でも、ヴィンテージ趣味はないよ。

リーバイスは、引っ張りには強いのかもしれないが（有名な二匹の馬がリーバイスを引っ張っているイラストがタグに付いているようにね）、こすりには弱い。ぼくの場合、ラグビーをやっていたこともあって、太ももが太い。で、ももと股のところが、すぐに擦り切れて穴が開く。何十本も捨てた。もしかしたら、けっこういまならいい値段が付くものもあったように思う。残念だと思うけれども、やっぱり、ジーンズなんて、使い捨てていくものなんだ。一応、穿いたままで洗うと、自分の身体に合ったものになるという神話だろうな、そういうことを信じて、そのとおりにやっていたりしたけれども、だからといって特別な感情が生まれたりはしなかった。穴が開いたら捨てる。

でも、まぁ、一本何万円、何十万円にもなるとわかっていたら、やっぱり捨てなかったかもなぁ。それでも、こうした、本来の意味と価値とは異なるものが生まれてくるところにポピュラー・カルチャーが存在するということはわかる。

そして、新品のジーンズにわざわざ、穴を開けたり、ペイントしたりして高い値段にするダメージ加工というものが示しているのは、産業サイドが、そうしたポピュラー・カルチャーを製品に取り込んでいくという過程そのものということになる。

おやおや、「マンハント」の話のはずが、えらいところまで来てしまったぞ。

いや、要するに、雑誌というものも、フィスク教授の言う産業生産物であるわけで、その意味では、利益を得るために生産されている。もちろん雑誌というものはその性格上、カルチャーにきわめて近いところにいるのは間違いない。ただそれでも、そこにポピュラー・カルチャーとしての意味を与えるのは、読者の側なのだ。

このロジックを推し進めていくと、なんでもありになってしまうから、やめておくけれども、実は、フィスク教授の議論の弱点は、このなんでもポピュラー・カルチャー化できることになってしまうところなんだ。逆に、だからこそ、産業側が、ポピュラー・カルチャーをビジネス化できると思ってしまうことにもなる。

けれども、実際には、ほとんどのものが、ポピュラー・カルチャーに至らずに消えていくことになるわけだ。あるいは、逆に、ビジネス的には成功しなかったのに、ポピュラー・カルチャー化するものもあったりする。マス・カルチャーからポピュラー・カルチャーへのプロセスが解明できたら大金持ちになれるだろうが、たぶん、それは不可能なのだろう。不確定要素が多すぎるように思えるからだ。


話を元に戻そう。「マンハント」という雑誌が、ミステリ雑誌以上にカルチャー・マガジンだと思えてしまうのは、小説もコラムも、多くのミステリ以外のことをぼくに教えてくれたからだ。いくつか、その例を挙げてみようか。

ポピュラー・カルチャーは、基本的には、本や、映画、音楽といったものになる。衣食住というものは、よりまっとうな文化に含まれるように思うが、例えば、ファッション、グルメ、インテリアと言い換えると、それはそれで、ポピュラー・カルチャーっぽくなったりするが、まぁ、ここは最初の三つからいこうか。

「マンハント」における本は、ペーパーバックである。それはとても大事なことのように思う。いま、本と言ったけれど、このペーパーバックというのは、本以上にモノとして、オブジェとして魅力的だった。それはアメリカを示していたように思うからだ。

そうだ、ペーパーバックのサイズは、ちょっと不思議なサイズなんだけれども、それがジーンズのヒップポケットにぴったり入るサイズであることに気づいたときは、ものすごい発見をしたような気になった。小口の色とか、毒々しい表紙の一部がちょっと見えたりしてなかなかであった。そうか、ペーパーバックのサイズはこのためにあったのか！　と思ったのだが、知人の一人に、それは君のジーンズのサイズが大きいからで、ぼくのジーンズには入らないよ、と言われて大発見が幻に終わってしまったことがあったな。

アメリカには、字を読めない人間が、けっこう多い。ちょっと前の話だけれども、成人の20％が字を読めない、あるいはそれに近いというデータがある。が、大衆的な娯楽として、活字が活用されたのは、アメリカが最も早かったりする。

おもしろいのは、アメリカの読書ブームというのは十九世紀以来何度かあるのだけれど、その背景には、いつも戦争がある。南北戦争、第一次世界大戦、第二次世界大戦のあとに読書ブームがくる。つまり、兵士が戦地で娯楽として本を読み、戦後にそれが習慣になって残るということが起きてきたわけ。その意味ではアメリカにおける読書習慣は、きわめて大衆レベルのもので、ペーパーバックはその表れの一つである。ペーパーバックの歴史を見ると、その過程がよくわかる。

コンテンツの問題ではない。デザインを見るとわかる。最初はそれなりに立派な本らしさを保ったデザインだったが、それはすぐに俗っぽいものに変わっていった。その背景には、俗っぽさをはっきり打ちだしたパルプマガジンというメディアがあり、ペーパーバックは明らかにそれと同じ層をターゲットとするようになったわけだ。

現在のペーパーバックはそれなりに洗練されてきていて、人前でも堂々と表紙を見せることができるけれども、50年代や60年代のペーパーバックの表紙は下品であった。人前では、ちょっと読みにくい。が、実に気持ちのよい下品。ものすごく欲しくなる品の悪さ。人々の欲望に忠実ということだ。表紙だけではない。小口っていうんですか、ペーパーバックの周囲は、これまた毒々しい色で染められていた。ゴールド・メダルは黄色、ポケット・ブックスは赤、その他にもグリーンや、青やら様々な色があった。で、元の紙が悪いから、みんな濁った色になって、これがまた良かった。駄菓子的な魅力と言っておこうかな。日本で言うと、早川のポケミスが、同じように小口を着色していて、それが実に洒落ているように思えた。そこには日本的ではないという感覚があったわけです。

ペーパーバックはアメリカのポピュラー・カルチャーの象徴のように思う。

「マンハント」が紹介した本というのは、もっぱらこのペーパーバックだった。モノクロだったけれども、その表紙の写真を見るとワクワクしたものだった。欲しいぞ！　ぼくが、英語の本を読み、紹介したり翻訳をするようになったのは、もとはと言えば、ペーパーバックを手に入れたい、読みたいと思ったからだし、そのきっかけは「マンハント」だったのだ。その当時の翻訳ミステリ雑誌は、「エラリイ・クイーンズ・ミステリ・マガジン」「ヒッチコック・マガジン」と「マンハント」の三誌があったのだが、いまにして思うとペーパーバックに特化していたのは、「マンハント」だけだった。もちろん、それは意識的になされたことではない。「マンハント」が扱うハードボイルドというジャンルが、ペーパーバック的なジャンルだったのだから、それ以外に選択肢がなかったのだ。

けれども、その結果として、まともな研究では見えないアメリカの文化の底辺を紹介してくれることになったわけだ。ぼくは、そのことがとても重要だったと思っている。

それは、繰り返すけれど、内容的なことだけではない。ペーパーバックの存在そのものが示すものの方が、内容よりも重要なのではないかと思っている。例えば、さっきも言ったけれど、オブジェとしてのペーパーバックの持つ意味。例えば、その表紙を描くアーティストたち。例えば、カーター・ブラウンの表紙を描いたロバート・マクギニス、バーライ・フィリップスとかね、気になる人たちが何人もいる。そして見た瞬間にペーパーバックを感じさせてくれる彼らの絵が果たした役割は、何だったのか。作者ではなく、彼らがペーパーバック・カルチャーの本当の担い手ではないかと思っている。ペーパーバックのことを、語りはじめると終わらなくなるね。でもここでは、「マンハント」のことに戻ることにしよう。

「マンハント」は、通常では語られないアメリカ文化のある部分を、伝えてくれたわけだけれども、そこに当然、限界があった。例えば、それは白人の文化に限定されている。もちろん、時代が時代だから、それを欠陥としてとらえることはできないが、現在のようなカラード・カルチャーのかけらもなかった。

ただ、おもしろいことに、日本版の「マンハント」には音楽のコラムがあったのだが、そこで取り上げられているのはジャズ。

前回に紹介した福田一郎のコラムは、ジャズの成立から、つまりブルースのあたりから書き起こされたジャズの歴史とミュージシャンの話だったのだが、当然、それは黒人の話が中心になる。つまり日本版は、本国版が触れなかった部分をカバーしていたわけだ、無意識のうちに。

でも、なぜジャズなんだろう?

1950年代から60年代の日本では、ジャズがブームだったように思う。いや、戦前から、モダンな外国音楽というのは、ジャズに決まっていたのかもしれない。ぼくにはわからないのだが、ジャズには知的な感じがあるのだろうか、ポップスや、ロックとは扱いが明らかに違う。

アメリカでは、すでに１９５６年にプレスリーの「ハートブレイク・ホテル」がヒットしていたり、若い世代では、ロックン・ロールの時代になっていた。「マンハント」の小説でも、ジャズの話はほとんどなかったと思う。でも、ハル・エルスンだったと思うが、ロック・コンサートに行くティーンエージャーの女の子の話があった。ロック・コンサートに場違いな中年男がいつも来ていてね、そいつが、夢中になって、我を失っている女の子の体を触る。で、そいつをやっつけるみたいな話。その当時の風俗をテーマにしたわけだ。ちなみに、ハル・エルスンは不良少年ものを得意にしていた作家。同じく不良少年ものを書いていたハーラン・エリスンとは別人です、なんて編集部注が付いたりしていた。

要するにジャズを取り上げていたのは、日本だけの現象だったわけだ。

すまんが、ぼくは、ジャズにはまったく関心がない。プレスリーです。「ハートブレイク・ホテル」はもちろん、「監獄ロック」も、「ブルースエード・シューズ」も、乏しい小遣いを切り詰めてなんとかレコードを手に入れたりした。そこから、カントリーだったり、ドゥ・ワップだったりするものに興味を持ちだした。当時の日本の歌謡曲なるものが、ロー・ティーンのぼくにはどうあっても理解不能なものだったということもあったが、すっかりアメリカものに入り込んでしまったんですね。

ついでだが、ビートルズは好きではない。いくつかの理由があるのだが、「抱きしめたい」をＦＥＮで聴いたときには、本当、脱力した。こんなものがなぜ人気があるのか、あほらしい。とにかく欧米ではすごいことになっているというニュースが流れ、日本では音を聴くことができないのに、評判だけが伝わっているという状態だったのだ。ぼくは、とにかく日本のラジオでは流れないので、ＦＥ

Nにかじりついて、待っていたのです。あ、FENというのは米軍放送ね。

もう一つは、実はこちらの理由の方が大きいのですが、ぼくはレスリー・ゴーアの大ファンだったのだ。で、彼女の曲で最高のものと思っている「You Don't Own Me」、いや、日本タイトル「恋と涙の17才」ってあんまりだろう、書くのも口にするのもいたたまれない、がビルボードの二位から上にどうしても行けない。上にいたのが馬鹿者め、「抱きしめたい」だったのですね。ビートルズなんて嫌いだ。

「You Don't Own Me」は、ウーマンズ・リブの先駆けと言われていたりするのだけれども、ポップスの中では、エポック・メイキングな曲だ。ガールズ・ソングというと、男の子に憧れるというパターンか、失恋ソングみたいなものだったのに、レスリー・ゴーアは女の子の人としての尊厳を認めろ、私はあなたのアクセサリーでも戦利品でもないと、歌ったのだ。でもさ、どうせティーンエージャーの歌手でしょ、まわりの大人たちが歌わせただけでしょ、と思うでしょうが、レスリー・ゴーアのすごさはその年で自分の歌いたいものを歌うという意志を通していたところにある。それは、ポップスが、恋が社会的な問題になりうると気がついた瞬間ではなかったかと思う。

もともと、レスリー・ゴーアは、特異なポジションを占めていた。最初は、バースデイ・パーティで自分の友人に、自分のボーイ・フレンドを取られたって歌で、全米ナンバーワンになった。これはよくあるタイプのテーマです。で、次にきたのが、そのボーイ・フレンドを取り戻して、ザマーミロっていう曲だったんですね。アイドルが歌うものかね、それって。これが意味しているのは、女の子のリアリティを歌うシンガーというポジションを彼女が創ったことだと思っている。「You Don't Own Me」もそうした流れの中にあるわけです。「抱きしめたい」の旧態依然とした軟弱さとは大きな違いがある。

いや、もちろん、ビートルズにおける新しさ、プロが作ってきたポップスの定型を壊した素人的な新しさは認めるし、それが多くの若者に自分にもできるという希望をもたらした功績は認める。でも、好きじゃないという気分は、変わらん。

さてと、こうして見ると、あの時代は音楽一つをとってみても、大きな曲がり角にあったことがわかる。ジャズは明らかに、曲がり角の手前にある。

なのに、なぜ、ジャズなんだ？

たぶん、二つの側面がある。一つは、変化というものは、あとでわかることで、そのただなかにあってはそれが単なる一過性のものか、そうではないのか、判断できない。

もう一つは、ジャズがある種のソフィスティケーションを伴ったもので、大人の文化というものを示すものであるということだろう。

ロックン・ロールは結局はメジャー・カルチャーにはなれない。それはいつも未成熟なものとしてある。原初的なエネルギーや感情の発露であり続けるものなのだ。

50年代、60年代のポップスは、音楽としての完成度という点では頂点を極めていたように思うのだが、それは逆に聴く側に欲求不満を与えていたのではなかったか。ビートルズはそれをうまくとらえたわけだし、それは、ロックの歴史で常に繰り返されてきたことだ。音楽的に、技術的に完成度が上がってくると、それは力を失ってしまう。ミュージシャン個人や、バンドの問題ではない。プレスリーも、ビートルズも、セックス・ピストルズもその未成熟さ、異物感によって、オーディエンスの必要とするものを、提供していたのだ。

メジャー・カルチャーになれないというのは、そういう意味です。が、ジャズはちがう。

人が、どのようにジャズに惹かれるか、その具体的な例は、植草甚一だ。四十代の終わりに、それまで好きではなかったジャズに突然、とりつかれる。何の知識もなく、聴きはじめて、夢中になってしまう。自分でも、なぜこんなにのめりこんだのか、不思議だったのだろう、その理由を様々なかたちで書いてくれている。自分以外にもジャズに入り込んでいく人間がいて、それが例えばファンキーだという入口の人もいると、書いてくれたりするので、そうか、かっこいいという理由でジャズを聴きはじめる人もいたのだとわかるわけだ。

植草甚一本人は、そんな理由でジャズを聴きはじめたのではない。彼の聴き方を読んでいると、感覚的なことを重要視しながらも、感じるだけではなく、考えることが、そこにはついてまわっていることがよくわかる。最初の糸口はクラシックや、現代音楽との共通点を見出したところにあったように見える。考えることがきわめて重要な要素であったのだ。「ジャズを勉強する」という彼の言い方にそれがよく出ている。のちに植草甚一は、ロックに対して同じ方法で接しようとしたが、結局、ジャズほどにはのめりこまなかった。あるいは、当時アート・ロックと呼ばれていたものにのみ関心があったのかもしれない。未成熟なものとしてあるロックは、勉強としての対象にはならなかったのだろう。

50年代から60年代、もしかすると70年代におけるジャズを聴く場というのは、ジャズ喫茶であった。学生時代には、ぼくのまわりにはジャズファンが何人もいたので、ジャズ喫茶に連れ込まれることが何回もあった。が、ぼくは、最後まで違和感を覚え続けていた。大音響で音は鳴っているのだが、感覚的には、ものすごく静か。客はじっとレコードに耳を傾けている。修道僧みたいなんですね。ちょっとでもしゃべると、すぐに店からのメモが回ってくる。他のお客様の迷惑です。お静かに。たぶん、その感じはクラシックの名曲喫茶に近い。そのうちに、客のリクエストが前衛っぽいものになっていったりすると、より過激なものをリクエストする奴が出てくる。もうわけがわかりません。騒音の中で、みんなシーンとして座っている。ジャズ喫茶はぼくにとっては、苦痛であった。

でも、おもしろいよね、音楽を聴く場としての喫茶店というのは、日本のポピュラー・カルチャーの一つの特徴かもしれない。個人の家でまともな音響システムを備えるというのは、ほぼありえないという経済的、建築的な理由があった。そして、レコード業界も国外の最新盤を、タイムラグなしに日本盤として発売できる体制にはなかったわけで、新しいものを聴くためには輸入盤を手に入れる以外なかった。だが、輸入盤というのは、タワーレコードが上陸する前までは、けっこうな値段で、普通の人間が手を出せる範囲にはなかった。どれぐらいの値段だったかというと、ラーメン一杯が三十円のときにその百倍以上の金額が必要だった。つまり、レコードを聴くためには、名曲喫茶やジャズ喫茶といった音楽喫茶が絶対的に必要なものだったのだ。このあたりの感覚を植草甚一は、あるエッセイの中で「ジャズ喫茶のマスターは、いわばジャズのパトロンになっているのです」と書いている。つまり、かつて、金持ちたちが売れない芸術家たちを支えたように、ジャズ喫茶のマスターたちがジャズそのものを支えていたわけだ。

この流れの中で、ロック喫茶というものも当然存在していた。が、ジャズ喫茶と同じ役割を果たすことはなかったように思う。いや、例えば、渋谷のブラックホークのように、大きな役割を果たしたロック喫茶もある。でも、ブラックホークは元はジャズ喫茶だったのだし、ぼくはブラックホークはなんだか息苦しくてなるべく近寄らないようにしていた。どちらにしろ、ロック喫茶というと、ブラックホークの名しか出てこないことそのことが、ロック喫茶というものがジャズ喫茶のようにはなれなかったことを示している。ロックは、ジャズではないのだ。パトロン的なものそのものが、ロックには似合わない。

「マンハント」とジャズは、実は遠いものであったはずだ。「マンハント」が提供したものは、ロックン・ロール、あるいはロックに近い。それは、大人のものでも完成度を語るものでもなかった。その時点では、文化でさえなかったのだ。

それでも、「マンハント」の日本版に音楽のコラムを設けようとしたとき、それは、ジャズ以外のものになりようがなかった。あるいは、競争相手の「ヒッチコック・マガジン」がジャズをはじめとしてソフィスティケートされたものを取り上げていたことに対応した結果かもしれないが、アメリカのものを扱っている雑誌としては、ジャズ以外には扱うものがなかったのだ。

この矛盾は、前回紹介した福田一郎のジャズの歴史の狂気じみた文体に、端的に表れているのかもしれない。それは、「マンハント」のあり方そのものなのだ。「マンハント」は大人のカルチャーと新しいカルチャーの中間にあったのだ。

歴史感覚とハードボイルド

「マンハント」のことを、書こうと思ったときに、決めていたことがあった。

1、思い出話には、しない。

2、ミステリの話には、しない。

この二つだ。

老人と、オタクはやめるということだが、うーむ、両方ともやっているような気がする。

ノスタルジーというのは、本人と関係者以外には、退屈なものだし、ミステリの話も同様だろう。

この数年ほどのあいだに、団塊の世代のリタイアが、現実のものになってきたからだろうが、その世代の人間による70年代、80年代の思い出話が目立つ。でも、60年代となると、あまり、出てこない。

不思議だよね。

外国の人と接することがこの十年くらいのあいだに急速に増えたのだけれども、そこで、強く感じるのは、歴史感覚の相違ということだ。簡単に言えば、ぼくたち日本人は、同時代感覚にきわめて強いのだが、歴史感覚ということになると、極端に弱い。

最初の回に同じようなことを書いたけれども、70年代以前というのは、もしかしたら存在しなくなっているのではないか、少なくとも意識の中では、はるか歴史の彼方の時代になってしまっているのではないかという気がしている。それが歴史感覚の欠如の表れのように思うのだ。

それで何が問題なのかといえば、未来に対する感覚が鈍くなるということが最大の問題なのだ。過去が現在につながり、現在が未来につながるという当然のことに対する感覚が鈍い。

ぼくがそのことを強く感じたのは、70年代の終わりのことだったと思うが、すまん、言ってるわりには過去の記憶がいい加減で、トム・ペティ、アメリカのロック・ミュージシャンですね、にインタビューしたときのことですが、70年代についてどう思うか、80年代について何が起こると思うか、というような質問をした。いやまぁ、なんとも大雑把な質問ですが、流れの中でそうなった。

トム・ペティの答え。

「70年代は空白の時代だと思う。内容的にも、技術的にも、すべては60年代がやってしまった。70年代には、何も残されていない。80年代に起こることは、たぶん、テクノロジイと人間性の融合ではないかと思う」

もちろん、ロックに関わることだけだし、時代で言えば、パンク・ロックが確実なものとして認識される前の時点だったと思うが、相当に的確な認識ではなかったかと思う。

トム・ペティが、ロック・ミュージシャンの中で、特に知的に優れている人間だとは思わない。だからこそ、彼の答えに感銘を受けた。音楽シーンの現場にいながら、そこには、歴史感覚と未来に対する感覚が確実にあると思えたわけだ。

その影響だろうが、ぼくの頭の中では、70年代というのは、中継ぎの時代という感覚がある。実際には、60年代のものと思っていたものが70年代のものであったりすることがあるのだけれども。

まあ、よろしい、「マンハント」について語ることは、それがいまにどのようにつながっているかを語ることであるべきだ。そう思っている。

本題に戻る。

ミステリについては語らない。そう決めているけれども、「マンハント」について語るには、このハードボイルドというものについて知らんぷりするわけにはいかないだろう。

が、ハードボイルド・ミステリの系譜について話すつもりはない。そういう本はいくつも出ている。それを見てくれればいい。

斎藤美奈子が、ハードボイルドについてあるエッセイで触れていたのだが、要するにハードボイルドって、おじさんのハーレクイン・ロマンスなのね、と言っていた。名言である。それは、日本のハードボイルドものについて語っていた文章だったのだが、ほぼ同感である。

いつからどうしてこうなったのか、については、ここでは触れないが、「マンハント」の時代、つまり日本にハードボイルドが輸入され一般化された時代にはそうではなかった。

日本的なハードボイルドはどのようであるべきかということを何人もの作家がトライしていた時期

であった。それは具体的に言えば、内面描写を省く。具体的な事物を描く。行動で描く。暴力を否定しない。時代の風俗を取り入れていく。というようなことであったと思うのだが、それは、同時に「マンハント」で読むことのできる小説と共通していた側面であった。

ただ、アメリカにおけるハードボイルドの成り立ちを考えると、いくつか欠落している部分がある。その一つは、ハードボイルドの概念は本来的には文化運動ではなかったかということだ。ハードボイルドという概念はアメリカ独自のものだ。

どういうことかというと、様々なハードボイルドをめぐる議論の中では、それは高級な文学に対する新たな文学運動であったということになっているし、アメリカの民主主義、あるいは労働者階級の文学であるという議論がある。もちろん、アメリカにまともな文学なんてなかったんじゃないか、というシニカルな反論もあったりするが、要はハードボイルドがミステリの範囲を超えて、アメリカ的なものを構成する要因に関わっているということだ。

ぼくは、それを、もっと推し進めて、対抗文化であったように考えている。

何に対する対抗、反抗であったのか。

表面的に見れば、ハイ・カルチャーに対する対抗文化であったわけだが、そのハイ・カルチャーとは、何なのか。

これは、もちろんぼくの個人的な意見だけれども、イギリスの文化ではなかったかと思っている。ハードボイルド・ミステリは、イギリス由来の本格ミステリに対するアンチとして生まれたわけだが、それは単にミステリというカテゴリーだけの問題ではない。

初期のアメリカのハードボイルドがテーマとして上流社会の腐敗を扱っていたのは、なぜなのか?

そして、そこで特徴的なのは、腐敗がしばしば歪んだセックスというかたちで示されることだ。

上流社会というのは、そのままイギリスの上流社会のアメリカ版であったと、ぼくは考えている。少なくとも、二十世紀の前半におけるアメリカの上流社会のモデルは、イギリスのそれであったのは確実だし、いまでもそうであると思う。そして、そこで語られるのは、あいつらかっこつけてるけど、ほんとはひでぇんだよ、ということだったはずだ。

それが最も端的に示されるのが、歪んだセックスということだったのではないか。

それは、民衆サイドからの上流社会に対する批判であったし、同時にアメリカ的な精神の根底に根強くある知的なもの、知識人に対する否定の表れであったかもしれない。

ただ、そこにイギリスというものを加えてみると、もっとわかりやすくなる。その当時のイギリスの文化の象徴は、ヴィクトリア時代の文化であったわけだし、その華やかな表面の裏には抑圧された性があったのは、よく知られたことだ。

ハードボイルドが果たした役割は、イギリス、ヴィクトリア朝の文化が象徴する旧世界に対抗する新世界の文化を示すことだったのではないか。

さっき挙げたハードボイルドの特徴のいくつかは、イギリス的なもののアンチである。

おもしろいことに、イギリスにおけるハードボイルド・ミステリの最初の試みの一つであるジェームズ・ハドリー・チェイスの『ミス・ブランディッシの蘭』（１９３９）は、出版されたときに発禁騒ぎになったのだが、その理由は倒錯した性描写ということになっていた。が、それと同時に、このハードボイルドというものがもたらすアメリカ的なもの、俗っぽさに対する批判や反感が強くあったように思う。それは、ハードボイルドというものが、イギリス的なものを仮想敵にしているということを、無意識だろうが、正しく捉えた結果ではなかったか。

思いだしたが、アメリカ的なものに対するイギリス人の反感というものは、伝統的なものになっているようで、80年代だったかなぁ、クラッシュのメンバーが日本に来たときに雑談したのだが、ええ、けっこうロック関係ではインタビューしてます、メンバーの一人ミック・ジョーンズが日本の社会に対して批判的で、日本は許せん、と言いだした。何かと思ったら、一つは日本人の女性は愛情以外の理由で結婚するというではないか、そういう社会は間違っている、と言うのだ。よくよく聞いてみると、どこで聞きつけてきたのか、お見合いのことを言っている。大きなお世話である。一応説明しましたが、納得したのかなぁ。で、もう一つ、日本の街はどこもかしこも、アメリカナイズされていて許せん。どこが？　マクドナルドとか、アメリカのブランドの山だ。

うーん、あのさ、それってロンドンだって同じじゃん。ぼくはそう言ったが、それはそうだけど、でも、アメリカはやっぱり、許せん。

イギリスというか、フランスもそうだけど、これ、伝統なんでしょうね。


ハードボイルドにおけるイギリス的なものに対する否定は、時間とともに風化していく。が、仮想敵を設定するという構造は、生き延びていく。冷戦時代には共産主義が敵であったわけで、例えばミッキー・スピレーンは共産主義者は殺してもかまわないという主張を基調にしてマイク・ハマーを生みだした。

もちろんそれは極端な例だが、こうしてみるとハードボイルドはいつも仮想敵を持っていることがわかるはずだ。そしてそれがハードボイルドの本質ではないかとぼくは考えている。日本のハードボイルドが、よくわからないものになってしまったのは、この仮想敵というものを持ちえなかったからではないか。

いや、でもね、冷戦の時代とかはまだわかるけれど、最近でもそうなのか？

そうだ、と、ぼくは思う。アメリカという国家が仮想敵を想定することで成立していることを考えると、最もアメリカ的なものの一つであるハードボイルドは、仮想敵なしで生き続けることができるとは思えない。

イラク、イランのことを言っているのではない。もう少し、普遍的な例を考えると、例えば、ハードボイルドの主人公たちは、ほとんどの場合、古風なものの考えの持ち主である。倫理的である。

これが意味しているのは、彼らが世の中の流れに対して批判的であるということだ。表面的なことに対して、反対の立場を取る。つまり、この場合の仮想敵は世の中である。

『プルトニウム・ブロンド』（J・ザコーアー&L・ゲイネム、2001）というSFハードボイルドがあるが、主人公は地球最後の私立探偵。その主人公の自己紹介。

「わたしを知る人は皆、わたしを〝懐古趣味〟の人間と思っている。異論はない。二十一世紀に私立探偵という職業を選んだことがなによりの証拠だ」

古風であることが、主人公のアイデンティティであることがわかる。それとともに、アメリカの読者にとっても、それがハードボイルドの主人公の資格であると認知されていることがわかる。もちろんこの小説はユーモア小説である。が、それは逆にハードボイルドの特徴を誇張していることにもなるわけだ。

「マンハント」で紹介された作品の中で最も高い人気を持っていたのは「カート・キャノン」のシリ

ーズだが、この主人公は妻と親友に裏切られ、ホームレスになったアル中の元私立探偵。つまり、世の中というものから完全に置き去りにされている人間だ。

自分の意志でやっているのか、どうかという違いはあるが、世の中と対峙しているという関係は、同じだ。

いや、まぁ、そう簡単なことではない。例えば、ハードボイルドの文脈の中では、世の中ということは、しばしば新しいことの象徴であったりするわけだが、それに対峙するとなると、旧世界、古いものへの対立概念であったはずのハードボイルドからすると矛盾した態度になったりする。

が、そういういくつかの問題があるにしろ、ハードボイルドが本来、対抗文化であったということに関しては、ぼくとしては、大筋では間違っていないと思っている。


思いもかけず、ハードボイルドのことを長々と書いてしまった。

「マンハント」のライターのイントロダクションのつもりで書きはじめたのだが、成り行きでこうなってしまった。

ぼくが「マンハント」を読みだした頃、「エラリイ・クイーンズ・ミステリ・マガジン」「ヒッチコック・マガジン」「マンハント」という翻訳ミステリの雑誌が三誌もあったが、その中でぼくが「マンハント」をひいきにしたのは、ハードボイルド専門誌ということよりも、コラム・ライターの存在が大きかった。なかでも、植草甚一、小鷹信光、テディ片岡の三人は、ぼくの最も大事なライターだった。

ぼくの中には、この三人から教わったことがたくさん残っている。こうした感じはＳＦの方にもあって、野田宏一郎（昌宏）と伊藤典夫の二人の文章は、「ＳＦマガジン」の中でも、まず、最初に読んだし、素晴らしいガイドになってくれた。

この二人に共通するのは、歴史感覚で、ことに伊藤典夫が、ちょっとした雑談のときに、ＳＦの歴史を具体的に年号を交えて、何も見ずに話すのを聞いたときに、すげー、と思ったことを覚えている。

「マンハント」で言えば、小鷹信光が同じようなポジションを持っていたように思う。

ハードボイルドについて書いておこうと思ったとき、ぼくの頭の中にあったライターは、小鷹信光だった。小鷹信光は、ハードボイルドの概念を書誌学的、言語的に整理し正確なものにしようとして探究してきた、世界でも数少ない評論家の一人ではないかと思う。

「マンハント」にハードボイルド論を連載しはじめたとき、小鷹信光はまだ早稲田の学生だった。１９６１年の「行動派探偵小説史」に始まり、「行動派ミステリィの〝顔〟談義」「行動派ミステリィのスタイル」「行動派ミステリィ作法」「行動派ミステリィ講座」と１９６４年の終刊まで、ほぼ途切れることなく、小鷹信光の評論は連載されていた。小鷹信光の方法論で特徴的なのは、徹底した現物主義であるところだ。

それは当時、ペーパーバックのハードボイルドに関する資料や研究が、ほとんどなかったからで、現物を集め、読み、その中で全体像を作り上げるという方法しかなかったのだ。ぼくのようないい加減な人間には考えられないことだ。だって、考えてもみてほしい。何冊あるかわからないハードボイルドの海に、たった一人で航路図を描くなんて、思っただけで、気が遠くなる。

荒俣宏と竹上明とぼくがヒロイック・ファンタシィを日本に紹介しはじめたときも、たしかに、資料探しに苦労した覚えがあるが、それでも、いくつもの参考資料があったし、伊藤典夫をはじめとする何人もの仲間からも、情報を得ることができた。まったくの白紙ではなかったわけだ。

それでも、けっこう、大変だった。ただ、新しい領域を探索することそのものの楽しさがあったわけで、知らない作家や、作品に出会うたびに次を求めるようになっていく。

「マンハント」の小鷹信光の評論には、そうした未知のものを探すことの喜びがあったように思う。いや、無意識に評論家、評論などと書いてしまったが、小鷹信光は怒るかもしれない。


わが国の翻訳ミステリィ界に寄食している評論家どもが、作家論だ、作品論だ、批評だなどと勝手な熱をあげたところで、作品を書いている当の作家は海の向こう側で痛くもかゆくもないといった顔をしている。どだいそんな関係にありながら、おかしくって批評家ヅラなどしちゃいられない。小鷹信光は解説屋でけっこう。


1963年2月号のトーマス・B・デューイ特集の解説の一部。

小鷹信光の文章は、「マンハント」には珍しく、まっとうな文章なのだが、この解説のこの部分は、ご覧のとおり、感情があらわになっていて、記憶に残っている。

アメリカのペーパーバックには、解説どころか、作者紹介もないのが普通で、この種のポピュラー・フィクションについて、評論や、解説なんて必要なのかと思うことがあるのは確かだ。作品そのものがすべてだ、というのが、潔い。が、それでは、日本の読者には不親切に過ぎる。そこにちょっとしたジレンマがある。

この文章の背後に何があったのかわからないが、すべて、現物の中から、読み取ってきた小鷹信光の実感と本音があるように思う。いいよね。

小鷹信光の本は、ほとんど持っているはずだが、最初の単行本が『アメリカ暗黒史』であることにけっこう長いあいだ、気がつかなかった。というのは、奥付のところに著書とあって『犯罪小説論』『探偵小説論』『スパイ小説論』他、としてあったのだ。よく考えてみれば、こんなタイトルの本なんてあるわけがない。小鷹信光の活動の範囲を示しているだけで、実際の本のことを述べているのではないと、わかってもよさそうなのだが、一時期、真面目に探したことがあった。

『アメリカ暗黒史』は、「行動派ミステリィ講座」と一部重なっているところがあるように思うのだが、アメリカの犯罪史。かなりのデータ量のノンフィクション。

小鷹信光らしいのは、何か底本らしいものがあったのではなく、犯罪実話誌のようなものから、独自にまとめたというところだろう。二次資料ではなく、一次資料にあたってみる。これが小鷹信光の方法なのだ。もちろん、それは、いまとなっては、ゼイタクな方法だ。実際に現物が転がっているという時代で、初めて可能な方法なのだと、思う。その意味では、小鷹信光は、「マンハント」に、最もふさわしいライターの一人ではないかと信じている。

現物にあたるというのは、けっこう大変なことで、例えば、この連載を始めるときに小鷹信光の『メンズ・マガジン入門』を、読み直そうとして部屋中探し回ったのだが、見つからなかった。弱ったものです。(その後、小鷹さん本人から一冊いただだいた)

小鷹信光インタビュー

小鷹信光さんのインタビュー、やっと実現しました。小鷹さんは、ぼくの大学の大先輩。知り合ってから、もう四十年近くなるのだけれども、時間をちゃんととって話したのは、二十五年ぶり、いや、三十年ぶりかもしれない。二人だけで話すというのは、初めてのことのように思う。お互い、照れ屋だしね、どうなることやら。初冬の雨の日。小鷹さんのご自宅で。

まず、最初にガレージの奥の書庫というか物置というか、とにかくプレハブの小屋の引き戸を開けて、中を見せてくれる。そこには、本当の書庫に入れてもらえなかった雑誌が、ぎっしり詰まっている。50年代から60年代のメンズ・マガジンの山。

「エスカペード」やら「キャヴァリエ」といった二流ものから、「メンズ」とか「メンズ・アドヴェンチャー」とかいった三流以下のものね。それが、ちゃんと整理されている。ぼくが持っているのは、この二十分の一ぐらいなのだが、どこに紛れたものか、探す気にもなれないのと、大変な違いです。

で、母屋の書棚へ。ペーパーバックが、前後二段の造り付けの書棚に天井までぎっしり、ブランド別に整然と並んでいる。

しばらく、本の話をして、さて、本題。いや、レジメを作ってちゃんと話を聞くというよりも、雑談の中から「マンハント」日本版の雰囲気やら、当時の状況の話が聞けたらな、という気楽な感じです。が、そんなことで、焦点が絞られた話になるわけがない。やや、年は離れているが、要はおじさん同士の雑談。まったく、どうなることやら。

ぼくの話し方が、どうみても、先輩に対する口調ではないけれども、ま、こういうことなので、ご容赦。まずは、小鷹さんのこのとき出たばかりの『私のハードボイルド――固茹で玉子の戦後史』(早川書房)の話から。

＊

小鷹 ハードボイルドって普通に使われているけど、それ一筋にやってる人は少ないんだよ。

鏡 考えてみると、SFだと伊藤典夫さんという名ガイドがいるわけですよ。ぼくらはどれだけ助かったことか。でね、ミステリで考えてみるとね、ぼくにとってはそれが小鷹さんなわけですよ。おかげでぼくたちの世代は楽させてもらった。

小鷹 俺なんて前に走っている人、みんな死んじゃったよ(笑)。

鏡 前走っている人なんていないんじゃないの？

小鷹 いや、けっこう走ってたよ。

鏡　で、今度の『私のハードボイルド――固茹で玉子の戦後史』。読みかけなんだけど、あの本、異常じゃない？（笑）研究リストとかさ、ああいうことやる人いないよね。後世の人は、楽だけど。

小鷹　あとに続く人がいるんだったらやった甲斐があるけど、それは諦めてる。続く人がさ、ハードボイルドにはいないと思うもの、これだけ拡散しちゃったんじゃ。ただね、偉いのは早川書房だよ。よく出したよ。

鏡　これ、書下ろし？

小鷹　書下ろしですよ、そりゃあ。

鏡　偉いよね（笑）。ハードボイルドの発生と推移なんてさ、普通ね――

小鷹　それは世界的な文献ですよ（笑）。

鏡　でもさ、誰も気にしてないよね。

小鷹　言うなあ、言うねえ（笑）。

鏡　概念上ハードボイルドって言って済ましている人って多いじゃない。それが一体どういう意味があるんだ、どういうのがいまあるんだって具体的に考えている人はいないよね。

小鷹　自分の文脈の中で好き勝手に使っているだけでしょう。

鏡　うん。ただ、これ読んで驚いたんだけど、小鷹さん、子供の頃からノートとってたんだね。

小鷹　大掃除のときに出てきて、もう一回役に立つかと思った。

鏡　子供の頃から見た映画のノートとってる人でもう一人知っているのが石上三登志さん。大学ノートで何十冊もある。石上さんは同年代？

小鷹　そう。でも彼とは比べられない。彼ほどマニアックじゃない。

鏡　外から見てるといい勝負ですけどね（笑）。

小鷹　いや、負けてるんだよ、石上三登志には。「負けまい」と思って虚勢張っているだけで負けてる。あれほどマニアックじゃない。あと記憶力とかもね。

鏡　記憶力は大丈夫。石上さんも「落ちた」って言ってたから（笑）。

小鷹　今回の本では昔の自分の発言とかも証言として、客観的なデータとして扱っているからさ、「大藪春彦と同席していた」とかね。そういうのを覚えていない。

鏡　ぼくなんか全部忘れてる（笑）。

小鷹　でも、この本、早川書房に関さんっていう素晴らしい校閲のエキスパートがいてね、この本は結局引用で成り立っているから、俺が嘘書いてるんじゃないかっていって——

鏡　全部チェックしたの!?

小鷹　したよお！

鏡　それは偉大な校閲の人ですね！

小鷹　そうだよ！　ここへ詰め掛けて、「現物全部出せ」って言うわけ。

鏡　えっ!?

小鷹　俺、「やるのか？」って訊いたんだよ（笑）。

鏡　いくつぐらいの人？

小鷹信光『私のハードボイルド』（早川書房）

小鷹　さあ……独身だよ。四十代くらいかな。
鏡　で、「全部出せ」って？
小鷹　そう。資料はまだ仕事したまんまバラしてなかったから、かろうじてできた。
鏡　ぼくはそれやられたらひどいよ。ほとんどうろ覚えでしか書いていないから（笑）。で、小鷹さんのこういうのを見ると、「ああいう適当なことはやっちゃいけないな」って反省はする。でも、反省だけ。結局できない（笑）。
小鷹　あと、すごかったのは、この本は双葉十三郎さんに贈ったんだよ。
鏡　双葉十三郎さんってまだ生きてるの？
小鷹　生きてるよ！　この本は双葉十三郎で成り立ってるんだから。そうしたら一番最初に礼状が来たんだよ。ほらこれ。
鏡　本当だ。すごい！　だってもうずいぶんな御歳でしょう？
小鷹　九十六だよ。偉大な人だよ。だって俺「この人が死んじゃったら大変だ」って、この本、突貫工事したんだもん。俺が朝日に連載を書くときに双葉さんのことをおさえておこうと思ってインタビューに行ったら、「ハードボイルドを最初に活字にしたのはぼくだ」って言うんだよね。それがずっと言いたかったみたいなんだ。
鏡　すごいなあ。そんな九十六歳になって「最初に活字にしたのは俺……」って（笑）。
小鷹　で、そこのところを今回俺の本で証明したの。「スタア」っていう映画雑誌を日本中の図書館を探して見つけだした。国会図書館にもなかった。この本では、双葉さんの作品が日本人の中で一番頻度が高いんだ。この本は、まず索引から行くといい。例えばね、村上春樹が出てくるんですよ。

鏡　『世界の終りとハードボイルド・ワンダーランド』にひっかけて？

小鷹　翻訳の話（笑）。今度、村上春樹がチャンドラー訳すでしょ？　ほら、３２９ページ読まなきゃ。

鏡　珍しい著者だよ。自分の本を「こう読め」って（笑）。

小鷹　でね、最初はどうしようかと思ってたんだけど、あることが判明して俺はエールを送っているんですよ。レイモンド・チャンドラーの著書で清水俊二訳が誤訳なのよ。「さよならを言うのはわずかのあいだ死ぬことだ」って時間の観念で訳しちゃってる。

鏡　そうだっけ？　ぼくが知っている「ほんのちょっぴり死ぬことだ」って——あれ誰の訳なの？

小鷹　あれはね、俺の（笑）。それで、村上春樹が、偶然だろうけど俺の訳文とおんなじ訳を使って、エッセイ書いてたの。

鏡　それでいい奴だ、と。

小鷹　そうそう（笑）。

＊

うーむ、このままでは、小鷹さんの本の話で終わってしまう。なんとか、「マンハント」に戻さないと。唐突ですが、強引に。

鏡　小鷹さんは「マンハント」は最初は自分で普通に買ったの？

小鷹　そうだよ。エピソードがあってさ、買って、すぐに突然、雷と雨の中。本が濡れないようにシャツの中にたくし込んで帰ったという……。「マンハント」ってね、五年間で六十冊しか出ていないんですよ。その、ちょうど真ん中の三十一冊目から俺は原稿書きはじめた。30号までは読者だった。

鏡　その頃、まわりに「マンハント」の読者っていました？

小鷹　いましたよ。でも、ワセダミステリクラブの中じゃすごいんだよ。「マンハント」は書評の対象にならないとかって言われてた。

鏡　あの頃は「エラリイ・クイーンズ・ミステリ・マガジン」と「宝石」だけが正しいミステリ雑誌だったんだね。「マンハント」は「こんなものは違う」って――

小鷹　そう。「けがれるから書評すべきじゃない」ってさ。でも「マンハント」派も何人かはいたんですよ。

*

鏡　その頃、ミステリの世界では「マンハント」的なものって何がありました？

小鷹　あの頃の「マンハント」って、エロ雑誌みたいなものだったからねえ。

鏡　そうですよね。ぼくはピンナップが入っているっていうだけで本屋に見に行きましたよ。まだ中学生で買えないからさ。

小鷹　リアルタイムじゃ本屋で買えないでしょう？

鏡　中学生だから1960年前後。同級生にひどいやつがいてさ、「マンハントって知ってる?」って言うから、「何?」って訊いたら、「ヌード雑誌だぞ」って。「えーっ」て、思って見に行った(笑)。

小鷹さん、雑誌の人じゃないの?

小鷹　俺は雑誌の人だよ。マガジンライターだし、雑誌の編集だとかそういうことをものすごくやりたかった。だけど、雑誌と触れ合うっていってもお金がないから新刊で買えないんですよ。だから俺も最初は全部古本屋だった。

鏡　古本屋に行きはじめたのは大体いつ頃から?

小鷹　中学の終わりから高校ぐらい。中学生って自分の生活圏が狭いから――

鏡　本に触れるとなると、本屋行くか、床屋行くかっていう感じだもんね。

小鷹　そうそう。あとは貸し本屋とか。まあ、それで古本屋で雑誌を買いはじめて――

鏡　それが「宝石」だったんだ。

小鷹　うん。「宝石」が一番多いね。で、そういう本のあいだに「夫婦生活」とか挟んで買うのよ。ばれないように(笑)。「笑の泉」となんだっけ……「100万人のよる」。それから「エラリイ・クイーンズ・ミステリ・マガジン」が始まるわけでしょ。それまでは他に特に思い入れのある雑誌はなかったなあ。

鏡　「マンハント」は本屋で見つけたんですか?

小鷹　そうだねえ。突然に……。

鏡　そのときはどうなの?「やった!」みたいな感じだったの?

小鷹　表紙がアブストラクトだったんだよ。

鏡　あれ、早川書房の悪影響だよね（笑）。

小鷹　そっか。じゃあ、めくったのかな。めくってみたのかな。

鏡　普通気がつかないよ、だって——

小鷹　新聞広告もないだろうし、噂は……あったかなあ？　その前に「『マンハント』っていうミステリ雑誌がアメリカで出ている」っていうことは聞いていたし、現物も見ていたと思う。大学時代はペーパーバック漁りやってたわけだから、本国版はもう知っていたし、読んでいたと思いますよ。

鏡　ペーパーバックって一番最初、何読んだかって覚えてます？

小鷹　スピレーンだよね。

鏡　やっぱりスピレーンなんだ。それはどこで発見したの？

小鷹　スピレーンは兄貴。兄貴経由のお下がりらしいんだよ。だいたい、俺のとこにあるスピレーンの初期の作品は昭和27年とか28年の再版が多いんですよ。もちろん初版で1953年刊のも持ってるけど、前の方の作品、『裁くのは俺だ』とかは何十版と版を重ねたやつなんですよ。昭和28年っていうと高校入学時かな。

鏡　スピレーンを読みだして、それからどうしたの？　スピレーンってあの頃だとハードボイルドというジャンルに入れてもらえなかったと思うんだけど。

小鷹　スピレーンははじかれてた。ハードボイルドの文脈の中に入れちゃいけなかったんだよね。

鏡　でも本当に一番影響力があった人だけどね、あとから考えると。最近で言えば映画にもなったコミックスの『シン・シティ』とかさ、みんなスピレーン。

小鷹　「あの線だけがハードボイルドだ」って言う人もいるよね。まあ、それもなんか違うと思うけど。

鏡　ぼくもそれは違うと思うけど、でも、そう言いたくなるのはわかる。

小鷹　それでね、今回この本を作って一番おもしろい発見は、二十年ぐらいの歴史のあるものが戦後いっぺんに日本に入って来ちゃったことがわかったこと。ハードボイルドには戦前と戦時中という空白がある。

鏡　なるほど、途中が抜けているんだ。

小鷹　そういう時間的に長さのあるものが同時に来ちゃった影響っていろいろなものにも当てはまると思うんだけどね。

鏡　ハードボイルドには、特にあてはまった。

小鷹　どれくらいハメットが古い人で、スピレーンが新しい人なのかがわからない。

鏡　時間感覚がないままで同時に入ってきちゃった。でもそれはそれでおもしろいですよね。

小鷹　うん。俺はもろにそういうの影響を受けているからね。

鏡　昔から小鷹さんの書くものを読んでいて思っていたのは、例えばSFはね、伊藤典夫さんの功績はものすごく大きいんだけど、それでもある種のガイドライン的なものが欧米に存在する。研究書とまではいかないけれどさ。でもミステリ、特にこのハードボイルドの系統には小鷹さんが書くまではそういうものがなかったように思う。昔、小鷹さんは「現物全部そろえて順番に見るんだ」っていうようなことを言ってたけど、本当はどうだったの。なんにもガイドラインなし？

小鷹　なんにもじゃないんだよね。一番最初のガイドラインっていうのはさ、『ハードボイルド・オムニバス』っていうのがあって、あれの序文なんですよ。もうあれは何回使いまわしたかしれないよね。

鏡　それ、ぼくたちがヒロイック・ファンタシィを紹介したときと一緒。スプレイグ・ディ・キャンプのヒロイック・ファンタシィのアンソロジーがあって、その序文をずいぶん使わせてもらった。

小鷹　『ハードボイルド・オムニバス』の序文を書いたのが「ブラックマスク」四代目編集長のジョゼフ・T・ショー。一応まあ、ハメットを生みだしたという実績がある。それから、ハードボイルドの歴史も書けたという人。

鏡　でも、それだと、ゴールド・メダルとかクレストとかさ、あの辺のペーパーバックの作家のことはほとんど出てこないんじゃない？

小鷹　そこは、俺はリアルタイムでペーパーバックオリジナルと出会っているからね。だからさ、偉い人とか先輩が何か言う前に先に読んで紹介しちゃった方が勝ちなんだよ。もう手垢の付いた古いものは敬遠しておいてね。

鏡　とにかく、新しいものに手を付けちゃおうと。

小鷹　そういうやり方って最近の若い人にもあるじゃないですか。そういう感じだったんだよ。この本にも書いたけど、70年代の前半に早川書房の『世界ミステリ全集』（72年‐73年）っていう大げさなのが出たじゃない。あれの編集委員に俺が三十代の初めでなっちゃうっていうのはおかしいんだよ。まあ稲葉由紀さんも若いけどさ、石川喬司さんと、稲葉さんと、俺。なんで俺が編集委員になれるわけ？　立派な『世界ミステリ全集』の。

鏡　他にハードボイルドをやっている人がいなかったんじゃないの？

小鷹　そう。新しいものを原書で読んでいるっていうだけでね。だいたいさ、その頃の翻訳とか、すごかったわけ。みんな、とにかく活字に飢えてたのよ、新しい仕掛けの小説とかに。だから、翻訳の吟味なんかしていない。とにかく読めればよかった。いまからすると、愕然としますよ。この本のために「別冊宝石」(通巻11号世界探偵小説名作選／第二集／チャンドラァ傑作特集、昭和25年)のチャンドラー長篇三本立て(「聖林殺人事件」「ハイ・ウインドォ」「湖中の女」)の字数を勘定したら、原書の55％なんだよ。抄訳もいいとこですよ(笑)。

鏡　清水俊二さんの訳が抄訳だっていうのは、有名だよね。

小鷹　清水俊二訳だけじゃないんだよ。全部そうなの！　三本立ては酷いですよ(笑)。これね、きっかり三百五十枚で訳せって出版社が命令したんだろうね。それでわかったんだけど、双葉さんが偉いのはね、双葉さんの訳した『大いなる眠り』は、ここに入っていないんだけど、双葉さんはね、「チャンドラーの作品は枝葉で読む作品だから、余計な部分をけずってストーリーだけ紹介するような抄訳のしかたをしても何もわからない」っていうような発言をしてるの。

鏡　正しい！　だってありえないもんね、この三冊が一冊の中にまとまるなんて。

小鷹　ありえないでしょ！　だから俺、字数、数えたんだよ。

鏡　そこが変なんだと思うけど(笑)。

小鷹　「チャンドラー、読んだ読んだ」と言うけど、なんにも読んでいないんだよ。

鏡　そういえば、『『マンハント』の翻訳ってある種の天国みたいだった」ってどこかに書いてあったじゃない？　「マンハント」にいた人たちの話を知りたいんだけどさ。

小鷹　エピソードって言えば編集長の中田雅久さん。あの人も変わった人でなんにも「貯めない」んだよ。昔のこととか覚えてないわけ。

鏡　でも、「マンハント」で一番おもしろいのはあの翻訳、訳文のいい加減さ、なんだよね。で、小鷹さんのところだけまともなのよ。

小鷹　そこのところの許容の仕方だよな、中田さんの。

鏡　「マンハント」時代には、小鷹さんはハードボイルドと言わないで、ずっと「行動派」って言ってたけど、あれって何か思うところがあったんでしょう？

小鷹　いまよりもっともっとハメットやチャンドラーが偉かったんだよね。ハメット、チャンドラー、マクドナルドってお三方がいて、あとはカス……っていうか、そういうのばっかりで、そのカスの方を持ち上げるときに同じ文脈ではやれなかった。俺はわかんないことをわかったようなふりして書いたりしゃべったりするのはやめようって気持ちがすごく強いんですよ。

鏡　昔から？

小鷹　昔から。自分でしっかりした確信がないことは言うのをやめよう、そこまでまだ勉強ができていないことは言わないぞ、って。それが正解だと思ったのはね、俺は80年代になってから初めてハメットを訳すわけですよ。それまで、〝ハメット論〟とかそういうのはやっていない。まあ、それに近いものはやったけどね（笑）。クラムリーとハメットについて自分のやったことに基づいて言うんだけど、本当に難しい含蓄のあるちゃんとしたものを正しく翻訳したものには、原書と正対した者にしかできない理解の深みがある。だから、「俺はしっかり翻訳したぞ」っていうようなことを、そこでいばってる（笑）。「それ自体が私のハメット論だ」「文体論」だと。グタグタ言う必要ない。だからけっこう言っちゃってますよ、高飛車に。「お前らは日本語でしか読んでないじゃないか、だから言えない」っていうようなことを。だってクラムリーなんか読めないですよ。大変ですよ、訳すときも。

読めないって、あんなの（笑）。

鏡　ただ、そこのところなんだけど、日本の文化のある部分って翻訳文化じゃないですか、常に。原書文化ではない部分がすごくある。だから翻訳の影響力ってかなりあると思ってるのね。特に「マンハント」以降に出てきたある種の軽薄な文体っていうのがあるけど、そういうのって実は、翻訳の文体だと思うんだよね。

小鷹　そうだね、そうか。でも、「マンハント」の翻訳がかなり大きな影響を与えたことはたしかだよね。

鏡　いい加減だもん（笑）。

小鷹　相当ね（笑）。

鏡　こないだ福田一郎さんの『テメエッットリのジャズ』って本を手に入れたんだけど、あとがきがすごくおもしろくて。やっぱり「こんなひどい文体をよく載せてくれた」みたいなことが書いてあるわけ。それでね、福田さんも「ヒッチコック・マガジン」とかだと意識したんだって、ちゃんとしようと思って。で、「マンハント」は一番ひどくやったんだってさ。

小鷹　（笑）

鏡　「マンハント」では、その辺の文章について、誰もケアしてなかったの？　みんなおもしろがってたの？

小鷹　わっかんないなあ。俺だけは本当異端っていうか、生真面目だからね。俺はそれが本当に劣等感というかコンプレックスで、「俺はエンターテイニングな文章は書けないんじゃないか」って思ってた。最初からテディ片岡（片岡義男）には、負けてるんだから。なんでこんなにおもしろい文章が書けるんだって思ってた。

鏡　テディ片岡さんは無茶苦茶だよね（笑）。

小鷹　いきなりだよ。だから彼が出てきたときはすごかったんだよ。ちっちゃな文章でも本当におもしろいんだよね。なんでこんなふうに書けるのかなあって思った。俺なんかこう資料集めてきて並べて、やってるのに。

鏡　でも、それがあったから、かつての通俗とか言われているものがそれなりに評価されたんじゃないの？　例えばアメリカのペーパーバックとかさ。

小鷹　俺だけが、いつも先陣切ってたっていうわけでもなくて、やっぱりそういう新しい物好きな精神が、都筑道夫さんの中にもあったし、山下諭一さんにもあったんだよね。

鏡　当時の「マンハント」の人たちは、みんな入ってくる場所が違うんだよね。

小鷹　でもね、俺のこういう一途さっていうか、しがみつき方というか、こういうふうになれた人は他にいないと思いますよ。

鏡　こんな本書いている人一人もいないもん（笑）。小鷹さんの本は何冊も読んだけど、こんなに隅々まで書いている人はいない。変だよね（笑）。

小鷹　俺はね、「変だよ」って言われることが一番おもしろいと思っているんだよ。「変だよ。なんでこんなことが成り立つんだよ」って。

鏡　この『私のハードボイルド』の〝研究篇〟もさ、研究篇が付いている本はあるけれど、こんな分量付いてる本はないよね。全体の三分の一強。「私のハードボイルド」っていうタイトルの本にこれはつかない（笑）。

小鷹　だけどこれがあるから、不思議な調和なんですよ。これが前の方だけだったら「こんな手前味噌な本があるか」ってなる。

鏡　そうでもないんじゃないの？　こういう本ってみんな大体手前味噌だし。まあ老人じゃないと書けない（笑）。

＊

鏡　そういえば俺が一番最初に翻訳したのって小鷹さんの下訳だよ。

小鷹　何？

鏡　ほら、あの例の「プレイボーイ」の……。

小鷹　ノンフィクション？

鏡　そう。誰が持ってきたんだっけなあ。大井良純さんが持ってきたのかな？

小鷹　ああ、『プレイボーイ王国』か。

鏡　俺ね……（苦笑）、中身はまったく覚えていなくて、「これだこれだ」って、小鷹さんのこの本の著作リストを見て思いだしたんだよ。百枚ぐらいやったのを覚えている。それが原稿用紙ってものに作文以外で触れた初めての体験。翻訳も初めてだった。ひどい話だよね（笑）。

小鷹　そのとき俺に会ったの？

鏡　会ってなかった。小鷹さんの下訳だっていうことしか知らなかった。

小鷹　そうなんだ。

鏡　意外と深い仲だったでしょう？（笑）
小鷹　知らなかったねえ。
鏡　いくらもらったかとか全然覚えていないんだけどね（笑）。
小鷹　俺は「マンハント」に関わってたときも、楽しんだっていうより、なんか裏方っていうか、「これは二度訳しちゃいけないから」ってリスト作ったりだとか、真面目なことばっかりやっていたんですよ。
鏡　「マンハント」の読者座談会のときから真面目だったよね。
小鷹　あの座談会つまんねえな。
鏡　いや、あれはあれでおかしかったけどさ（笑）。みんなキャラが意外とはっきり出るもんだなって思った。小鷹さんは当時は一般の学生なのにハードボイルドや「マンハント」の専門家みたいだったよね。
小鷹　俺の早稲田の同期の人たちっていうのは、ストレートで入っている人が多いんだけど、俺は二年も浪人しているでしょう。だからなんか最初っから老けて見えたらしいんだ。でもね、俺がこうなったのは、ワセダミステリクラブの機関誌「フェニックス」のおかげだし、「マンハント」のおかげだよ。全然違う人生になっていたかもしれないもんね。もしあの時期に「マンハント」が創刊されていなかったら、俺どっちに行ってたかわかんないもん。
鏡　小鷹さんって、「ヒッチコック・マガジン」とはまったく関係なかったの？
小鷹　関係ない。クラブの先輩の人たちと分けっこしたような感じがあるんだよね。
鏡　「ヒッチコック・マガジン」に行ってたら全然違ったかもしれないね。でも「ヒッチコック・マガジン」だったらこんなマイナーなことやらなかったかもしれない。もっとまっとうなオーソドックスな方向になってただろうからね。

小鷹　ね（笑）。なんかにはなってただろうと思うけど、医学書院につとめたままで終わっていたかもしれないもんね。医学書院にも道はあったんだから。

鏡　早川書房は全然考えなかったの？

小鷹　考えないねえ、早川は。俺ね、早川の「エラリイ・クイーンズ・ミステリ・マガジン」嫌いだったんだよ。

鏡　それはさ、「エラリイ・クイーンズ・ミステリ・マガジン」は、どっちかっていうとまっとうなものの牙城、「マンハント」を馬鹿にする側だからね。

小鷹　俺はね、いつも最高権威のところには行きたくないんだよ。それなのに、ごく初期の頃なんだけど常盤新平さんっていう、まあ、俺の先生に当たる人に、「小鷹さんはエスタブリッシュメントの人だな」なんて言われてさ。「俺はそんなはずはねえ」、反体制でやってきているつもりなのに、そう言われて、謎をかけられて……、わからなかったんだよなあ。

鏡　それでいまは意味がわかったわけ？

小鷹　わかんない。でもさ、結局常盤さんは、早川辞めたわけだよね。わかんなかったなあ……。

鏡　不思議な発言だね。小鷹さんはエスタブリッシュメントじゃないよね。

小鷹　だと思うんだけどなあ。権力のあるところには寄っていかないと思うんだよ。だから、おもしろいのはさ、新潮文庫、文春文庫、俺はやっていないんだよ。仕事来ねえんだよ（笑）。

鏡　そういえば、ポルノもずいぶん翻訳してるよね。あれは生活のためにやったの？　そういう感じじでもないの?
小鷹　あれもおもしろいからやったんだよ。
鏡　本当に裏街道好きだものね(笑)。
小鷹　金のためじゃないんだよ。本気になってやってるんだよ、あれもね。けっこう真面目にやってるんだよ。
鏡　小鷹さん、ペンネームで書いて、要するに翻訳のふりして、実は自分で書いてる本があるよね。俺、それをこの『私のハードボイルド』で初めて知ってさ——
小鷹　そうそう。
鏡　ひどいやつだよねって見てたんだけど(笑)。
小鷹　そういうところで笑いたいのよ、俺は。
鏡　チャールズ・バートン、聞いたことないよ(笑)。
小鷹　あとがきまで書いたんだよ。彼と手紙のやり取りをした、ってことで。
鏡　本当に嘘つきだよねえ(笑)。
小鷹　そういうのが楽しいんだよ。
鏡　あとさ、あれ「宝石」だったっけ、最後、結末変えちゃったっていうのは。
小鷹　翻訳?
鏡　自分で言ってなかった?
小鷹　忘れちゃった(笑)。
鏡　いや、あったよ、三条美穂名義で。

小鷹　三条美穂は俺じゃないぞ。

鏡　え？　全然、一回も使ってない？

小鷹　あれは片岡さんだもん。

鏡　何人かのハウスネームみたいなことを聞いたような気がするんだけど。

小鷹　そうかね。いや、違うと思うよ。

鏡　でも、小鷹さんと何かで話したとき、「最後にこいつが生き残るのは俺はどうしても許せない」っていって、殺しちゃったって言ってたよ。

小鷹　アハハハハハハハ。

鏡　そういうのって「マンハント」っぽいじゃない。なんか原文あんまり関係なくてもいいよ、ってとこが。

小鷹　変だけどさ、俺はミステリ雑誌との関わりの中でずっと仕事させてもらってきたけれど、やっぱり「ヒッチコック・マガジン」はちょっと違うけど、「エラリイ・クイーンズ・ミステリ・マガジン」があるのに、「マンハント」党になるわけだよ、俺は。

鏡　「マンハント」ってあの時代から言っても特異じゃないですか、ずっと特異かな？

小鷹　特異だったよね。匹敵するものって何かあったかな。あれはかなり特殊だった。「ヒッチコック・マガジン」っていうのはもう中原弓彦さん個人の雑誌だよね。だけど中原さんっていうのはけっこう包容力があるっていうか、ああいう人だったから自由にできたんだろうな。これはあとから知ったんだけど「マンハント」って、「新青年」のリニューアルだったたんだね。

鏡　え！　俺もなんか流れがあるんじゃないかって思ってたけど!?

小鷹　ずっとあとになって聞いたんだけど、編集長の中田雅久さんは、戦後の「新青年」の編集部にいたんだって。それが結局、中田さんの頭の中にあったと思うんだよね。
鏡　おもしろいなあ。今度、中田さんに訊かなきゃ、その辺。「新青年」のある部分って、やっぱり文体で出来てますよね。で、「マンハント」にもマンハント文体っていうのがあった。
小鷹　あったね。
鏡　これは「ヒッチコック・マガジン」や「エラリイ・クイーンズ・ミステリ・マガジン」にはなかったことですよね。
小鷹　俺だけはスクエアだったけど（笑）。
鏡　それはそれで全体のバランスだから。「マンハント」は他の全員がいい加減な感じがとっても良かった。
小鷹　そうだね。
鏡　ちょうど50年代から60年代に変わるときで、ぼくは中学生から高校生だったから、その空気が変わる感じはあんまり敏感にはわからなかったんだけど、なんとなく変わっていくというのはあったんでしょう。なかった？
小鷹　なんかね、そういう世の中とは関係ないやっていう感じだったね。
鏡　それと、さっきも下で見せてもらったけど、メンズ・マガジンというジャンルがあったよね、三流の。ああいうのってどうだったんだろう、当時の日本では。
小鷹　あんまり関心を持っている人はいなかったよね。あれだって中に情けないヌードが入っているから買うんだと思うんだよ。文章読んだっておもしろくないんだからさ。

鏡　小鷹さんの『メンズ・マガジン入門』、ぼくの知る限り、あの頃の三流メンズ・マガジン群に触れてある文章ってあれだけだよね。
小鷹　ふふふ……そうだよ。
鏡　これだけ海外の雑誌が紹介されている中で、あのカテゴリーに触れているのは小鷹さんだけじゃないの？
小鷹　そうだよねえ、そうとうマイナーだよね（笑）。あの本も変だったよね、『メンズ・マガジン入門』。
鏡　あの頃の雑誌の山っていうのは海外でも、例えば、古本屋でもそんなに出てこないよね。
小鷹　鏡さん、いきなり今日見たもんね（笑）。
鏡　まっとうな「エスクァイア」とかだったり、もちろん「プレイボーイ」とかは別だけど、あの当時でもああいうごみのような雑誌類って誰も見てなかったんだよね。でも、ミステリ、SFみたいなものは、相当にひどくても、誰かが見ている。
小鷹　あの手のものだけは入れてもらえない。パルプで入るのはやっぱり探偵小説か、ウエスタン。これだけは入らない。
鏡　きっとカテゴリーがないんだろうな。戦争ものもきっと入ってくるだろうし。
小鷹　ああ、入ってくるね。でもあの手のやつだけはカテゴリーがないんだよ。

＊

ということで、あとは、本当の雑談。でも、この雑談がまたおもしろくてカットするのがもったいないとも思うけれど、活字に出来ないものも多いし、このあたりで。いつか、小鷹信光論を書くチャンスがあったら、そちらで使うかもしれない。ミッキー・スピレーンとか、カーター・ブラウンの悲惨な話とか、載せてもよかったかなぁ。

三条美穂については、どうも、小鷹さんの記憶が正解。では、昔、ぼくが聞いた話はなんだったんだろうか。

中田雅久インタビュー

「マンハント」の編集長だった中田雅久さんの話をやっと聞くことができた。中田さんの話を聞きたいと思ったきっかけは、「マンハント」を始める前に、中田さんが「新青年」の編集部にいたという小鷹さんの話だった。

もともと、ぼくは「マンハント」と「新青年」には、どこか似ているところがあるように感じていた。もちろん、それは、ぼくの思い込みでしかなかったわけで、確証があったのではない。願望に近いものだった。自分が好きだった二つの雑誌がどこかでつながっていたら素敵じゃないか。

それを確かめたい。そのためだけに、中田さんに話を聞くというのも、なんだか申し訳ないとも思ったのだが、無理やりインタビューをお願いした。中田さんからは、小鷹さんが一緒なら、という御返事。そこで、また、無理やり、小鷹さんに同席をお願いした。まったく、悪い後輩を持ったものだ。

ぼくのインタビューのスタイルは、何もなしで話を聞くという、実にプリミティブなやり方だ。何のガイドもなく話を聞く方がおもしろい話を聞けると信じているわけだ。でも、こうした方法は、今回のようにかなり昔のことを訊くには、あまりいいやり方ではないのかもしれない。小鷹さんは、そのあたりのことを危惧してくれたのだろう、「新青年」をはじめとして様々な資料を持参してくれた。そうした資料をまず眺めながら、話を聞きはじめた。もっとも、ぼくのインタビューというよりも、中田さんと小鷹さんの話をぼくが聞くというようなかたちになった。

中田さんが「新青年」とどのように関わっていたのか、そしてそこから「マンハント」までは、どうつながっていったのか？　そして、なぜ「マンハント」の日本版が、あのような特異なかたちになっていったのか？　ぼくの訊きたいことは、要するにそういうことで、どういうかたちであろうとかまわない。

中田さんは「新青年」のことから話しはじめてくれた。

手書きの数枚の企画書をまず見せてくれた。ベスト・オブ・「新青年」というような企画書だった。それは、中田さんが「新青年」を語るにあたって、とても重要なもののようで、今回のインタビューのためにわざわざ探しだしてくれたのだという。

＊

中田　「新青年」を出していた博文館が、戦後は博文館新社という社名で、戦前から看板の一つだった「博文館日記」を出し続けていました。種類がいろいろあるので、まずは一社の仕事になるんですね。現社長の大橋一弘さんが、いまは日記の博文館新社ということになっているけれども、いずれは一般書の出版も再興したい、との意向で、それにはまず、博文館が間口の広い出版社だった、との再認識を促そう、その、とっかかりの地均しとして、何か親しみやすい内容のものを編集できないか、という相談があったんです。それで、かつて日本で最もユニークな雑誌だった「新青年」のアンソロジーはどうでしょう、という、これはその企画書です。

小鷹　そうでしたか。私も博文館の日記というのは思い入れがありますね。

中田　博文館は明治20年に大橋佐平が創業して、三男（上の二人は早世）の新太郎ともども旺盛な企画力と行動力の持ち主だったので、たちまち大出版社になった。明治から大正へかけての大出版社と言えば、えー、ちょっと事前にたしかめてきたんだけど（笑）、明治11年創業の春陽堂と、後発の博文館が双璧でした。春陽堂は雑誌・書籍ともに文芸中心で、博文館は広いジャンルをカバーする総合出版社だったんですね。講談社はそのあと明治42年からで、大日本雄弁会講談社という長い名前だったのを、戦後に短くした。

中田雅久氏

鏡　そうですよね。博文館は一時期には日本最大の出版社だったこともある。で、戦後になって結局、講談社だけが大きな出版社のまま生き残った。

中田　ＧＨＱから、戦争に協力的だった出版社ということで追及されたと聞いてますが、それはどの出版社も同じでしょう。博文館はそうした圧力への対策を講じないで、なすがままに任せてしまった感じですね。

小鷹　たしかね、「新青年」っていうのは創刊が1920年で、「ブラックマスク」と一緒なんだ。

中田　青年たちの海外進出志向に合わせた雑誌で、翻訳小説なんかを載せだしてから、どんどん変わっていくわけです。とくにミステリが好評で、そっちの方へ伸びていった。

小鷹　大橋新太郎さんは何代目？

中田　二代目です。そこへ、硯友社同人の若い作家、渡部乙羽が新太郎の妹のお婿さんとして大橋家に入る。仲人は尾崎紅葉です。博文館の編集と営業の両面で腕をふるって、三代目の社長に……いや、社長にはならないで亡くなったんだな、三十三歳くらいで。たしか三代目は新太郎の長男。三男が四代目だったか。昭和の初めにまとめられた『大橋新太郎伝』の原稿があって、それを出版するために校訂をしたんですが、もう覚えていません。詳しくは、その本をどうぞ（笑）。で、この大橋乙羽の孫が現社長の一弘さんなんです。話が逸れましたが、「新青年」アンソロジーをまとめるために、まあ昭和10年代のナンバーには漏れなくあたってみたい。かつて大橋図書館というのがありまして、これは新太郎が佐平の遺志を継いで建てた日本で最初の私設図書館。上野に帝国図書館が出来た五年後です。ここには博文館の出版物はすべて収蔵されていたということですが、震災と戦災にあったあと、いろいろ転変を経て、三康図書館という名称で芝公園のほとりにある。ここに揃っていればと思ったんだが、やはり無理で、大宅文庫のは保存状態がいいが、脱けてる部分がある。結局、世田谷の近代文学館でやっと揃いに出会いました。その結果、いろいろプランは立ったんですが、社の意見では、いまの時代に出すにはマンガがいいということで、横山隆一・清水崑・松野一夫のトリオが選ばれた、というわけです。昭和初期の世相・風俗のおもしろさがうかがえる漫文とか座談会などがいいのじゃないか、とぼくは思ってましたが。

鏡　企画書には昭和60年って書いてありますね。

中田　そうです。あれからもう二十二年。こんなことが昔話になるわけで（笑）。

鏡　そういえば、『新青年傑作選』ってありましたよね、あれは何年ぐらいでしたっけ？

中田　昭和45年に立風書房が出した全五巻の、とてもいい選集です。ぼくの企画は後発で、とくに『傑作選』第五巻の読物・資料編は同じ路線ですよ。大橋社長の当初の意向は、今後に備えて総合出版社としての博文館をアピールしようということであって、「新青年」が念頭にあったわけではないと思う。ぼくが「新青年、新青年」っていうもんだから、それでもいいかとなったんでしょう。そのあと、奇しくも昭和60年に国書刊行会から復刻版のセットが出ました。七冊の複製誌に付録が一冊ついて。

小鷹　私がここに持ってきた「新青年」は第十九巻とあるから、昭和13年でしょ。昭和13年っていうのは私が生まれた翌々年だから1938年。創刊はやっぱり1920年ですね。中田さんはそのとき何歳でしたか。

中田　生まれてない（笑）。二年遅れですよ。

小鷹　「新青年」を一番よく読んでらっしゃったのは何歳ぐらいでしたか。

中田　それはね、都筑（道夫）さんも同じようなことを言ってるんだけど、「新青年」は古本で読んでいるんです。私たちだと、結局、あの、一番モダニズムでおもしろがられた時代よりちょっとあとになる。軍国調が入ってきちゃうんです。昭和13、4年頃はもう、そういう内容でなければいけなくなって。

小鷹　昭和8年と13年の「新青年」って、がらっと違いますよね。

中田　あきらかに戦時色が濃くなってくる。

小鷹　総ルビなんだね。

中田　昔の雑誌は総ルビですよ。だから教えられなくても読めるようになったんです。誤植そのまま覚えちゃうとえらいことになるけど(笑)。

鏡　やっぱり一番おもしろかったのっていうと、大正の頃っていう感じだったんですか。

中田　大正の頃は、まだ海外雄飛雑誌の性格が強いですよね。水谷準さんが編集長になってからじゃないかな。

鏡　っていうと昭和初期かな。

小鷹　私なんかには「新青年」と当時の若い人がどういうふうにして出会ったかわかんないんですよ。

中田　私が読みはじめた頃の「新青年」は、かつての華やかな面影は半分くらいになっちゃってるんですよ。だから少しさかのぼって見るわけですよね、古本で。あの頃のモダニズムはフランスですね。横溝さんになってアメリカが入ってくる。アメリカニズムが。

小鷹　いや、ほとんどアメリカは入ってないんじゃないかな?

中田　あ、間違った。横溝さんの方が先。いいかげんなことを口走っちゃったな(笑)。横溝正史が二代目編集長、三代目の延原謙のあと四代目の水谷準になって、久生十蘭、獅子文六などフランス的エスプリが漂ってくるんです。横溝さんは神戸の古本屋でアメリカン・ミステリの原書を漁ってた人で、「新青年」巻頭ページのマンガは「ニューヨーカー」から転載してたんだから。ただし「めりけん・じゃっぷ」ものの谷譲次はもちろんアメリカ派だけど、初代の森下雨村によって見出された作家で、横溝さん以前。私は、モダン黄表紙みたいな、そんなマガジンを作りたかった。ずっとそう。どうやったらそういうところへ入れるかと思ってたんです。

＊

そうなんだ。ぼくとしては、この言葉を聞きたかったんだ。

モダン黄表紙か。おそらく、というよりも、確実にそれが「マンハント」に結びつくモチーフなのだ。新しい、より現代的な、洒落た、大衆的な雑誌を作りたい。それが、十代の頃から、中田さんの心を捉えていたわけだ。そしてそれを当時具現化していたのが「新青年」だったことになる。

それは、ちょっと僭越かもしれないが、ぼくが「新青年」に初めて触れたときの気分となんだか似ているような気がする。もちろん雑誌を作りたいなんて思ったことはないが、「新青年」の持つ新しさ、洒落た感じというのは半世紀以上経っているのにぼくにはとても新鮮に、魅力的に感じられたのだ。そして、それは「マンハント」にも共通しているものに思えた。

中田さんの話は、戦後、どのようにして「新青年」に関わるようになったのか、そのあたりの話になっていく。

＊

小鷹　「新青年」が戦争中も軍に協力しながら発行され、戦後も少し生きてたっていうことを、私はかなり遅く知ったんです。

中田　先に言ったように博文館がGHQによる解体の憂き目を見たあと、旧社員の一部の人たちが博友社という出版社をつくって、博文館の『独和辞典』とか、「農業世界」「野球界」「講談雑誌」「新青年」などの雑誌を受け継いで発行してました。場所は飯田橋駅から近い揚場町。神楽坂の裏手というか、東側にあたりますが、ぼくは、そこへもぐりこんで編集の仕事を始めたんです。

昭和19年に私立の美術学校を繰り上げ卒業ということで兵隊さんにさせられて中国へ。復員したのが21年2月。毎日なんかして稼がなくては暮らせない。それに追っかけられてたんですが、横浜の伊勢佐木町に焼け残っていた不二家のビルがアメリカ第八軍、エイス・アーミーのサーヴィス・クラブになっていた。兵隊が休みの日に遊びにくる施設です。そこでペインティングとドローイングの仕事をやりました。そこでは催し物が常にあるから、ショーウインドーに楽しそうな飾りつけで告知したり、いろいろ趣向のあるパーティ、ホーボー・パーティなんてのもありましたが（ホーボーは放浪者で、かついだ木の枝の先に風呂敷包み?をぶら下げてる）、そういう趣向に添った会場の飾りつけをする。壁面にラフィング・ペーパーを貼りめぐらせてマンガを描き散らすとか。そのほか各階に掲示するプログラムやポスターみたいなものも手描きで全部、デザインから文字も絵も。その仕事に五人くらいいたんですが、その一員となった。グループのチーフは木下公男さんという、春陽会の幹部会員だった画家で、その下に入ったんです。

そのサーヴィス・クラブのスタッフは全員、女の兵隊さんでね。つまりホステスだな。たしかトップは大尉か中尉くらい。和気あいあいとやってるところへ、木下さんの友人の浅井康男さんという人がシベリア抑留から帰還したのを、木下さんが誘ってクラブへ入れた。ところが、この浅井さんが博文館の社員だったんですよ。これはこれは、というわけで、いろいろ話を聞き出す。そのうち浅井さんは、さっきの博友社と連絡がついて、そっちへ行くことになった。それじゃ、ぼくを連れて行きなさい、「新青年」の編集なら自信があるから、なんて言って。編集の仕事なんかまるっきり知らないのに、しつこく、やらせろ、やらせろって（笑）。

小鷹　中田さん、まだ二十歳くらいだね。

中田　二十歳は過ぎてましたよ。1922年生まれですから。

小鷹　この顔ばっかり見てるから、ずっとじいさんかと思ってた。若い頃もあった（笑）。そのときの雰囲気ってわかんないね。

中田　それから、どういう経緯をたどったのか、とにかく「来てみな」ということになった。さっき言ったように、編集のことなんて何も知らなかったんですよ、ぼくは。結局、編集部でまわりの人たちのやってることを、それとなく覗き見て覚えた。あとになって、知り合いの編集者たちに「あんたたちは、どうやって編集の技術、方法を覚えた?」って訊いてみたら、「そんなこと、誰も教えてくれるわけじゃないから、見よう見まねだった」って。みんな、そうなんです。安心した（笑）。

一つ、博友社の編集部で教わったのは、A5判の雑誌一ページに8ポイントの活字で組むとして、四百字詰め原稿用紙三枚半の原稿が入ると覚えてればいい、ってこと。これは、雑誌一冊を構成するための原稿量についておおよその見当をつけるには便利ですが、具合の悪い面もある。

戦前の「新青年」は五百ページを超える大冊で、春と夏には増刊号を出してましたが、編集長を含めて四人くらいで企画、ライターやイラストレーターとの交渉、レイアウト、校正その他をこなさなければならない。そのうえ自分たちもライターだったから、たいへんな忙しさです。また、昔の娯楽雑誌のイラストは四角いパターンは少なくて、不定型なものが多かったから、その周囲の字数計算は簡単にはできません。決まったページ内にぴったり収めることは無理で、スペースが余ったり、不足したりする。余った場合はいわゆる埋め草記事などで塞げばいいんですが、はみだしてしまった場合は困る。漏れうけたまわったところでは、校正刷りのラスト・ページで文章を削ったり書き直したりして、つじつまを合わせてしまう。翻訳ものでラストが原作と違っちゃったのもある、ということです。その方が原作よりよかったりして(笑)。

鏡　戦前の「新青年」はずっとそうなんですか。

中田　そういうことが、しょっちゅうあったわけじゃないでしょうけれどね。まあ珍談、話のタネってことなんでしょう。久生十蘭が昭和12年から13年にかけて連載した『魔都』って作品がありますね。三流新聞の記者が大晦日の晩、赤坂山王台にある安南王の妾宅で年越しの酒を酌み交わしたあと、崖の下まで下りてくる鼻先へ、さっきの女性がまっさかさまに落ちてくる、というのが第一回目の幕切れ。酒を飲んでうだうだ言ってる場面から一行あけて、いきなり女性墜落シーンはなんとも唐突です。小説にはそんな書き方もありますが、この作品ではここだけですよ。単行本になった『魔都』ではわかりませんが、初出の誌面で見ると、このページには不定形のイラストが入っていて、本文各行の字数がバラバラなんです。ははあ、このために計算が外れて大分はみだし、妾宅の場と、記者がそこを出て山王台を下りてくる場のあいだにあったパラグラフをはずしたんだな、と邪推せざるをえない。いちど初出誌で確かめてみてください。

小鷹　博友社では結局何冊ぐらい「新青年」を、戦後、出したんですか。

中田　立風書房の『傑作選』第五巻に中島河太郎さんの「新青年史」と「作品総目録」が載ってますから、あれを見ればわかると思いますが、とにかく１９５０年、昭和25年7月号で終刊ですね。

＊

データ的なことを補足しておく。博文館は、戦後１９４８年に、博友社、交友社、好文館の三社に分裂し、１９４９年に博友社に統合、その翌年１９５０年に博文館新社として再出発した。

博友社が、「新青年」を発行したのは、昭和23年、１９４８年４月号から中田さんの話にあるとおり１９５０年の７月号まで。それ以前も、戦後、１９４６年から１９４８年まで、江古田書房、文友館と出版社を変えながら「新青年」は続いていた。

＊

小鷹　判型はなんだったんですか。

中田　A５判です。

小鷹　当時はアメリカの雑誌みたいな、こういう大きさ（B５判）のものが流行ってたんだよね。

中田　雑誌は戦前から菊判というA５判に近いサイズが主流で、大判は新聞社の週刊誌やグラフ雑誌と、「スタア」「映画の友」など。他に博文館の「講談雑誌」「譚海」といった小型雑誌もあって、これは四六判というB６判に近いサイズ。戦後、一挙にB５判が増えたのは店頭で目立つということからなんでしょうかね。そういえば、三号（合）でつぶれるカストリ雑誌というのが雨後のタケノコ状態で次々と出ましたが、これが全部B５判。カストリというのは粗悪な焼酎、と解説しといた方がいいかな（笑）。「ポケット講談」「讀物と講談」などB６判の小型雑誌も戦後はけっこう存在を主張してたんですが、いまではすっかり姿を消してしまいましたね。都筑道夫さんの初期の舞台ですよ。

小鷹　戦後の「新青年」は翻訳ものも載せたんですか。

中田　古い原作の短篇が二本かな。当時、海外作品まで目が届かなかったのか、著作権の問題が面倒になったので、二の足を踏んだ……ということがあったかも。

ぼくが行くようになったときの編集長は高森栄次さん。温厚で、たいへん堅実な方でしたが、かつての「新青年」の持ち味だった、軽くて洒落た行き方はお得意ではなかったかもしれない。高森さんの功績の一つは、ふつうの作家、というのはおかしいが、ミステリ作家じゃない小説家にミステリを書かせたことですよ。それがのちに他社の、いわゆる中間小説雑誌に波及していきましたからね。ミステリ・プロパーの作品としてみれば弱いところがあっても、小説としてのおもしろさがあるものが生まれてきた。

ということで、博友社に通うようになったんだけど、社員にはしてくれない。試用期間だったのか、もしかしたら、経営の先行きが不確かだったからかな。名刺は作ってくれて、「博友社・新青年編集部」となってるんですが。とにかく編集の仕事ができることで満足して、プランを考えると、じゃあお前やれ、って。例えば、他の雑誌を見ると映画スターのエッセーみたいなものは、ほとんど芸能記者が適当に書いてるけど、実際に本人にしゃべらせたのを文章にまとめたうえで、筆者名のところにその俳優のサインを入れれば、それこそホンモノですよ、と言ったら、高森さんは真っ当なことを喜ぶ人だから、いいだろう、きみやれってことになった（笑）。やってみたら、大変でしたね。電車やバスを乗り継いでテクテクと一日に世田谷の東宝から大船の松竹へ回ったりすると、くたびれちゃう。堺駿二さんに会おうと思ったんですが、その日は撮影所に来てない。自宅を聞いて、行きましたら、この人は実に親切で、いろいろ話をしてくれた。まだ幼かった堺正章さんがカウボーイの格好をして、三輪車で走り回ってましたよ（笑）。コロムビア・レコードの双葉あき子さんも、大物歌手でしたがスターぶらない気さくな人で、一時間くらい話してくれたんじゃないかな。ところが、これが載るはずだった「新青年」が突如、終刊となったために、原稿は「講談雑誌」に横すべりで移籍させられた。それで、その掲載誌を届けに歩いたら、「新青年」だというからOKしたのに、と文句を言われたこともある。「講談雑誌」というと、かつては通俗の極みみたいに思われてたのが、戦後はおっとりした品のいい雑誌になって、それが伸び悩みの大きな原因ですが、あいかわらず〝俗悪〟のイメージを持ってる人もいたんですね。

小鷹　昔はよく売れてたの？

中田　戦前は大盛況。あるいは博文館の雑誌の中で部数はトップだったかもしれませんよ。山本周五郎もそこから出てきた作家だし、山手樹一郎は「講談雑誌」の編集長だったんですよね。

小鷹　「譚海」も似たような雑誌でしょう。

中田　これは、さっき言いましたが、やはり小型雑誌ですが、少年向けなんですよ。誌名もたしか「少年少女　譚海」だった。なのに、大人の雑誌に載った小説を再録したりして、ずいぶんマセた内容だった。

鏡　教育上良くないね（笑）。その頃の「新青年」って部数はどのくらい出てたんですか。

中田　最盛期でも二万くらいじゃないですかね。
鏡　戦後でですか？（注・戦前の最盛期には「新青年」の部数は三万部だったという説がある）
中田　いや、戦前で。つまり、いま、声名を謳われてる全盛時代。部数が少ないから定価を高くせざるをえないわけでしょう。他社の大衆雑誌「キング」「講談倶楽部」「オール讀物」などはほとんど五十銭だったと思うが、「新青年」は――
小鷹　ここに私が持ってきたのは八十銭とありますね。
中田　春と夏の増刊号はだいたい翻訳ミステリ特集ですが、その号は一円です。雑誌で一円というのは、当時、破格ですよ。つまり、確実にファンはいるけれども、一般娯楽雑誌の読者数に比べれば、うんと少ない。
小鷹　「講談雑誌」は「新青年」の十倍くらい売れたの？
中田　さあ、十倍とはいかなかったでしょうけどね、定価がたしか四十銭くらいだから、それから推して、相当なものでしょう。通俗ではあるけれど、書いてる作家は錚々たるもんですよ。土師清二、村松梢風、宇野千代、浅原六朗、サトウハチローその他。
小鷹　博友社へ行ってた頃、結婚してた？
中田　いや、まだ。だから、いろいろやってられたんですよ。というより、やらざるをえなかったんだけど。マンガなんかも描いたな。まだ、ふつうの人がマイカーを持てる時代じゃなかったけど、日産が将来を見越してタブロイドのＰＲペーパーを出したものに、四コマ・マンガを何回か連載した。題名を向こうで決められてて「大友ビル君」。そういう名前の主人公と車をモチーフにしたものです。「三田文学」の編集担当者として近代文学史の中に名が出てくる和木清三郎という人が月刊の野球雑誌を出していたのへ紹介されて、ここでもマンガを描いた。ぼくは野球、ヨワいんだけど、お金が欲しいから、やりますやりますって（笑）。週刊誌サイズの二ページ見開きにワン・シーンのマンガをいくつか入れました。ネット裏の記者席に入って試合も見ましたが、ドキュメンタルな報道マンガなんか無理だから、当日の試合に関係なく、一コマのギャグ・マンガいくつかで構成したんです。で、描きあげて持ってったときに「稿料はいつもらえますか？」って訊いたら、和木さんが「ウム！」って怒ってる。べつに、いまくれって言ったんじゃない。なにしろ金に追われてる身だから、支払い日はいつか聞きたかっただけなんだけど（笑）。

小鷹　「新青年」がなくなって、中田さんはどういうことになったの？

中田　ぼくの身の振り方ですが、その前に……そのとき、「新青年」の編集部に風間慎一さんという人がいました。この方の弟は新制作協会の画家でイラストレーターの風間完さん、妹が文芸評論家・十返肇さんの奥さんでエッセイストの十返千鶴子さん。皆さん故人ですが。博文館には雑誌に限らず書籍部門でも編集者兼作家という人が多かったんですけど、風間さんもその一人で、戦前から三木蒐一というペンネームで「地下鉄伸公」というスリを主人公にした小説をシリーズで書いていて、好評でした。かつての「新青年」でファンの多かった小説といえば、なんたってP・G・ウッドハウスのジーヴス・シリーズと、ジョンストン・マッカレーのニューヨークのスリ「地下鉄サム」シリーズで、あまり受けるので「サム」の日本版がいくつか登場しました。サトウハチローの「エンコの六」、久山秀子の「隼のお秀」、それに三木蒐一の「地下鉄伸公」ですね。榎本健一の『エノケンのちゃっきり金太』という映画もその一つです。「ちゃっきり」は巾着切りで、スリのこと。サムをつけ回す刑事がクラドックで金太を追っかける岡っ引きは倉吉。ところで久山秀子は女流作家という触れ込みで、顔写真まであったが、みんな男だと思っていても確かめられないまま。ところが今年、ついにその実態が明らかになった。東大国文科出の芳村襄という人で、戦中は海軍中佐待遇文官として土浦海軍航空隊の予科練教官だったという。よくわかりましたね。嬉しい（笑）。

話を戻して、風間さんが『地下鉄伸公』の単行本を久保書店から出してたんです。社名は当時、青潮社か大元社だった。

小鷹　久保書店の前はタイゲンシャだったの？

中田　いや、ダイゲンシャ。社長に言われた。お父さんが大工の棟梁の元さんだったから、大元社にしたので、タイゲンシャではない、と。

小鷹　『地下鉄伸公』の単行本は、それが初めて？

中田　前にも出てるんじゃないかと思うんだが、よくは知らない。また話が前後しますが、「新青年」が、当時のセンセーショナルな事件で、小平義雄連続強姦殺人事件の法医学鑑定記録といったものを載せたんです。たぶん、当時のエロ・グロ風潮も取り入れなきゃ、と考えた結果なのかもしれませんが、しかし、これは「新青年」向きではなかったと思いますね。そういう線なら、いま高橋鐵という人がフロイトの精神分析的アプローチでセックスを扱ってるが、この人のものなんかいいんじゃないですか、と言ったら、また「じゃ、おまえ行ってこい」って（笑）。高橋さんは戦前の「新青年」に小栗虫太郎ふうの小説を載せたこともあって、たいへん喜んで、原稿もすぐ書いてくれたんだが、これも、さっき言ったように「講談雑誌」に移っちゃった。まあ、事情は諒承してくれて、「博友社もたいへんなようだけど、きみはどうするの？」。予定はないんですと言うと、「ぼくの『あるす・あまとりあ』を出した久保さんのところで、ぼくが主幹となって雑誌を出そうと、いま企画中だが、その仕事はどう?」。やりますやります（笑）。
小鷹　それで、すぐ行ったわけ?
中田　博友社で、そのことを話したら、風間さんが「俺、あそこで本を出して、久保さんはよく知ってる。推薦状を書くよ」と。これで前置きの「地下鉄サム」につながった（笑）。高橋さんが「きみ、やってくれ」と言ったんだから、もう決まってるわけですが、その上に風間さんの推薦状もあるから、久保社長は文句なしで、採用。この頃『あるす・あまとりあ』が当たったので、社名はあまとりあ社になっていました。で、雑誌の名も「あまとりあ」とした。月刊誌です。
鏡　それは昭和25、6年ぐらいのことですか?
中田　25年の暮れですね。1950年11月の末です。
小鷹　中田さんは「あまとりあ」の創刊号からいるわけだよね。
中田　そうです。
鏡　編集長で入ってますよね。
中田　編集長も何も、一人しかいないんですよ（笑）。その後、いろんなものを出すようになって、人数は増えますが。新書判のものをずいぶん出しましたね。新書は岩波が元祖ですが、あのサイズで内容をより大衆化したカッパ・ブックスが大成功した。それにあやかって、もっと大衆的なのをって（笑）。雑誌の種類は増える、新書、書籍も次々と出る。まるで追っかけられてるようでした。しかし、これは、という手ごたえのあるものには出会えない。マイナーな出版社だから、人気作家のものを出すなんて無理な話で、悶々としてました。
　そのうちに早川書房から「エラリイ・クイーンズ・ミステリ・マガジン」が出て、これが無事、ポシャらずに続きはじめたのを見て、「これだ！」と思ったんです。日本の人気作家のものを手に入れるのは無理だが、海外作品なら翻訳権さえ取れれば、おもしろいものを選んで出せる。おもしろいミステリを並べたあいだに、ちょいちょいと遊びのページを挟むという、ぼくが好きだった往年の「新青年」趣味を再現できるんじゃないか、と。それが「マンハント」の始まりですね。

ぼくはミステリはそう強くないんですよ。マニアじゃなくて、ファンでした。アメリカの私立探偵ものは、本格の謎解きといった面では、ミステリの鬼たちには不満かもしれないんですが、ぼくはファンだったから、なんというか、違和感はなかった。

鏡　本国版の「マンハント」って、当時ではそんなに知られてなかったと思うんですが、ミステリにそれほど詳しくなかった中田さんは、どこで「マンハント」に出会ったんですか？

中田　都筑道夫さんとしゃべってるうち、ちらちらと「マンハント」の話が出て、その中のストーリーのいくつかも聞きました。それはいいなあって、すぐタトル商会へ行って「マンハント」の版権を取ってほしい、と言った（笑）。

鏡　その頃ってハードボイルドというキャッチ・フレーズ、本国版の「マンハント」自身が謳ってました？

中田　いや、それはないです。本国版の表紙には、クライムフィクション・マガジンとなってます。アメリカの「マンハント」では。

小鷹　都筑さんの入れ知恵もあったの？

中田　入れ知恵というよりも、彼は当時、「エラリイ・クイーンズ・ミステリ・マガジン」を始めていたから、海外作品についていろいろ知ってて、そのときにしゃべってると出てくるわけだね。それで、いましゃべってたそのオチのある話が載ってるマガジンは？　などと聞き出した。

小鷹　都筑さんは「エラリイ・クイーンズ・ミステリ・マガジン」編集長時代に匿名で「ぺいぱあ・ないふ」という情報コラムに「マンハント」を紹介してましたね。

中田　それにも書いてあったかもしれない。都筑さんが情報源であったことは間違いないですよ。

鏡　都筑さんとどの辺でお知り合いになったんですか。「エラリイ・クイーンズ・ミステリ・マガジン」の関係ですか？

中田　「あまとりあ」にフランス小咄なんかを紹介してくれていた松村喜雄さんという方がいまして、江戸川乱歩の甥に当たるのかな、外務省のお役人でした。原稿のことで会いに行った場所が、新宿の「丘」という喫茶店。紀伊國屋が現在の位置よりだいぶ奥まった、路地を抜けたところでしたが、その路地より手前、映画館の向って左側にあった喫茶店で、松村さんが、「こちら、都筑道夫くん」って紹介してくれた。それが初対面。彼がまだ早川書房へ入る前のことでした。この喫茶店は、彼の『猫の舌に釘を打て』に店名を変えて出てきます。都筑さんと松村さんは一時、コンビでフランス・ミステリの超訳（笑）をしていたんでしょう。

鏡　ふーん、どこかで、つながってるんですね、当時の人たちって。

中田　さっきから言うようにぼくはモダン黄表紙みたいなのが好きだから、彼も黄表紙趣味で、わかりあえた。

鏡　「マンハント」は最初の一年ぐらいはわりと小説中心でしたよね。モダン黄表紙というよりも、まっとうなミステリ雑誌だった。

中田　忙しくて、なかなか遊びまで手が回らなかった（笑）。

鏡　つまんないことなんですけど、創刊当時の「マンハント」は、目次に翻訳スタッフをまとめて載せてますよね。それぞれの小説には翻訳者の名前が入ってない。これ、どなたが考えたんですか？

中田　何の意味もないんですよ。しゃれてんじゃないか、いちいちつけるよりって。

鏡　なんかあるような気がしたんですが、そうなんだ（笑）。何か、翻訳のハウスネームみたいな狙いがあったのかって、思ってましたけど。

中田　どっかの雑誌でこういうことしてるところがあって、真似たのかもしれない。だから、すぐやめちゃった。

鏡　いやけっこうやってましたよ。一年ぐらいやってますよ。

中田　あんまり意味ないんです。見た目がすっきりして、しゃれてるんじゃないか、くらいのことで。

鏡　作品紹介は中田さんがお書きになったんですか？

中田　そうだと思いますよ。だって、他に書く人いないからね。

小鷹　そこまで都筑さんにやらせられない（笑）。

中田　「ヒッチコック・マガジン」が出たでしょう。あの一篇一篇に付いてるルーブリックという、キャッチ・コピーみたいなやつに触発されて、もっとおもしろくしてやろう、なんて考えたんですね。本国版「マンハント」には付いてません。あれ、TVシリーズでもヒッチさんの芸みたいになってるけど、もちろんヒッチコックが書いてるわけじゃない。こっちは日本の読者向けに、と思って歌舞伎のセリフのパロディにしたりして（笑）。

鏡　コラムは二年目くらいから急激に増えだすんですね。

中田　時間に余裕ができてきたからかもしれないですね。

小鷹　中田さん、いろんなところのインタビューでしゃべっててね、あるインタビューで「マンハント」の部数が五万部って言ってる。

中田　三万はいったことがあるんだけどね、五万は出てない。それ、「ダ・カーポ」のインタビューでしょ？　そんとき、違うわと思ったんだけど、雑誌だから一月たてばなくなると思って、そのままにしといた。

鏡　でも、それがけっこう一般に流布してる（笑）。

中田　そういえば、エド・マクベインの八十七分署シリーズで、「女が爆発する！」って題名にしたのがあります。ダイナマイトかなんかを身につけて警察に乗り込んで大騒ぎになる話。その題名は日活映画の『男が爆発する』ってタイトルからいただいたんだけど、日活の人が会いたい、って言ってきた。イチャモンつけられるのかな、と思ったら、あの小説を映画化したいという話だった。いや、これはアメリカのエージェントと交渉してくださいと言ったんですが、その後、映画化されていませんね。

鏡　当時のタイトル、ほとんど中田さんがおつけになったわけでしょ。

中田　当然そうです。でもあんまり考えてない、この頃は。

小鷹　でもうれしかったでしょ。自分で手作りで。どれくらいうれしかった？

鏡　すごい時間だもんね、若い頃から、そのあいだずっと考えていたことですものね。

小鷹　俺が古本屋で買ったのはピンナップが破けてた。これ持ってた人はエロ雑誌だと思ってたんだね。

鏡　ぼくもエロ雑誌だと思ってたから。

小鷹　若い人をみんな惑わして（笑）。

鏡　でも、そのおかげでこういうファンを増やしたから、なんとかして出してもらいたいから、社長もたぶらかす。ちょうど『ガールハント』って映画があって、あれは女漁り。「マンハント」は男漁りで、エロチックな風俗小説が入ってます、なんちゃって（笑）。中にはそんな作品もありましたから、まるっきり嘘というわけではない。

中田　タイトルがけっこう色っぽいですからね。読者もだましたみたいな（笑）。

鏡　まあ、それで出せたんだから。

中田　これが出て、道を誤った青年が多いわけですよ。俺は大学二年生だったけど。

小鷹　モダンな雑誌ってずっとおっしゃってますが、具体的にはどんな人たちを対象とお考えになってたんですか。

鏡　あらためて聞かれると困っちゃうんですが、つまり私が基準で、俺みたいのが何人かいるんじゃないかって。よく思うんですけどね、そういうことだから、やっぱり古めかしいところがありますよ、当時としても。

中田　言葉にうるさいんです、この方は。いまの若い人では理解できないような日本語を使うよね。「なんとかの文献をショウリョウして」とか。漢字書けないですよ（笑）。

小鷹　中田さんが「マンハント」を古めかしいというのは、具体的に何かありますか。ご自分でお作りになってなんか古めかしいな、って思われたんですか？

鏡　「ヒッチコック・マガジン」は小林信彦さんが当時、中原弓彦の名で編集してたんですが、あの雑誌と比べてみればわかります。あっちは「マンハント」よりずっと新しいです。

中田

鏡　それは中田さんがずっとお思いになっていたモダンな雑誌というのと、「ヒッチコック・マガジン」が近い感じがしたっていうことですか。それともまた全然違うことをお考えになっていたんですか？

中田　なんというか、つまり「ヒッチコック・マガジン」の方がアップ・ツー・デート……この言葉がまた古い（笑）……なんですよ。

鏡　「新青年」の流れは、なんとなく「マンハント」にはずっと残っていると思ってたんですよ。

中田　だから、つまり、「ヒッチコック・マガジン」は「新青年」的なものは引きずってないと思いますね。

鏡　なるほど。明らかに昭和、戦後のものですよね。そういう意味では。

中田　だからそれだけ新しいんですよ。「新青年」っていうのは古いんです。

小鷹　翻訳者たちもけっこう古いんですよね。

中田　文章で読ませるっていうことを考えると、どうしても昔ふうになるんですよ、ぼくらは。

鏡　でも途中から「マンハント」の翻訳ってすごくなるじゃないですか。言葉づかいがかなりメチャクチャ……いや、そういう言い方はまずいんですけど（笑）。

小鷹　原稿に手を入れた？

中田　そんなことはしません。句読点をこっちの方に入れて、こっち送った方が、意味が正確になるっていうときは、そうしてたけど。

小鷹　翻訳の方法として、新しい翻訳スタイルをやってもいいっていうふうにまで意識が変わってる人って、あんまりいないんですよよ。みんなはじめは古めかしいの。それで、俺は指導してるんじゃないのかなと思ってた。なんかあったんじゃないかな、って。

中田　いやいや。でも、リライトをしたのはありますよ。はじめから断って。

小鷹　山下諭一氏の例で言うと、山下さんは荒正人の下訳を、と言われてやったんだけど、そのままでOKだったから即一本立ちの訳者に格上げされた。だから、最初から「マンハント」路線に合ってた人もいるんだけど、以前から翻訳やってた人の訳文にマンハントスタイルを加味する、なんてことはなかったの？　なんでいきなり変わった訳文が出てきたのかなあ。

鏡　そうですよね。だから例えば、目次の訳者の名前のまとめかたを見たりすると、何か狙いがあったのかなって思ってたんですよ。

中田　さっき言ったようにね、べつに意図はなかったんですよ。出来心（笑）。マンハント調ってのは、つまり正確な逐語訳的な翻訳にこだわらない、日本語のおもしろさを生かしたものにしていただきたい、というお願いはしました。その見本の一つとして、ハヤカワ・ミステリに入ってたヘンリー・ケーンのピート・チャンバースもので、中田耕治訳があった。こういう調子がいい、と。

小鷹　中田耕治さんの翻訳はあの頃先端行ってるんですよね。

中田　あれは相当、飛んでる訳文ですね（笑）。だけど、日本語として、戯作的な日本語として、おもしろい。

小鷹　それまで翻訳というと、まあ戦前からつまみ訳ってのもあったけど、まずは正確に、というのが伝統だった。そこへ中田さんから、とにかく読みやすくしてくれって依頼があったわけだ。訳者、喜んじゃいますよ。わかんないとこは飛ばせばいいんだから（笑）。

中田　一語一語、正確に訳そうとして、何を言ってるのかわかんないよりは、日本語の文章としてスジを通してくれた方がありがたかった。

小鷹　翻訳者は文章を書く素養のある人たちばっかりでしょ。

鏡　「マンハント」の訳者の方々で、すごいなと思うところは、皆さん、自分の文体を持ってる人がほとんどだったってことですよね。

中田　翻訳について、あらためて真面目に考えれば、悪いことをしてますけどね（笑）。

鏡　逆にそれはいいことの方が多かったような気がしますけど、我々読者の側からすると。エッセイが二年めくらいからバーッと増えますよね。あの文体と翻訳の文体がだんだん相乗効果みたいにお互いに影響しあって、進んでいた感じがすごくして、それが本当におもしろかった。

中田　ジャズの福田一郎さんはズージャのダフクでね。

鏡　すごいですよね（笑）。

中田　ああいう影響が出てくるわけですよね。

鏡　福田さんが、自分の本のあとがきで、「ヒッチコック」とかはちょっとまじめにやったけど、「マンハント」は一番ひどくやったって書いてました（笑）。ハメをはずしたんですかね。「マンハント」の場がそれを作ったのかと思ってました。福田さんはジャズ業界の言葉の使い方で、いろんな単語を逆さにしますよね。あれ最初わかりませんでしたもん。子供のときに読んで、何これ一体って（笑）。

*

あっという間に核心に触れる話になっていった。中田さんは、「新青年」をやりたくて博友社に入り込んだが、そのときの「新青年」は、もはや中田さんが望んでいたものではなかったわけだ。そして、「講談雑誌」の編集に携わり、編集長として「あまとりあ」の創刊に関わり、「マンハント」に至ったことになる。

こうしてみると、中田さんの中に常にあったのは、戦前の「新青年」をモデルにしたモダンな黄表紙という概念だったように思う。ソフィスティケートされたということが、そして現代的ということが、モダンということの意味であるだろうし、黄表紙についてはぼくには語るほどの知識はないが、戯作的な、あるいはちょっと斜に構えたというようなものを意味しているのだろう。そうしてみれば、中田さんの理想としていた雑誌にとっては、ハードボイルドとか、もっと言えば、ミステリ雑誌とかいうことはどうでもよかったわけだ。それらは、あくまでも理想とする雑誌のための手段でしかなかったということになるのだろう。

そしてそれは、ぼくが「マンハント」について話したいと思っていたことと、とても近い。つまり、ミステリでもハードボイルドでもない。カルチャー・マガジンとして「マンハント」を考えるということが、ぼくの目的なのだ。だから、中田さんの話は、ぼくにとっては、うなずけるところが多かった。

そして、「マンハント」について考えると、「マンハント」の文体というのは、重要なものだと思っていた。1980年代から90年代にかけて、「昭和軽薄体」というような言い方で軽い文体のことが話題になったことがあった。そのときに戯作的なものが、その背後にあるというような意見があったように記憶しているが、ぼくにとっては、戯作というよりも、翻訳の文体がその背後にあったように感じていた。そして、その元は「マンハント」ではないかと、感じていたのだ。小鷹さんの強い援護射撃のおかげで、「マンハント」の文体は、中田さんの力によるものだったということが、明らかになったように思う。

もちろん、中田さんは、意図してそのような文体を作ったのではないだろう。けれども、「マンハント」の個性を作っていたのは、中田さんの、いい意味でのいい加減さであったのは明らかだと思う。つまり、大きな方向を示して、あとは書き手、訳者にまかせる。その自由な空気が「マンハント」であったのだ。

中田さんが、「マンハント」は古いんです、と言っていることが、とても気になっているのだが、その理由が「ヒッチコック・マガジン」にあったということが、よくわかった。たしかに1950年代の終わりから60年代にかけての時代の中で、「ヒッチコック・マガジン」のソフィスティケートされた感覚は他にはないものだった。それは、映画やテレビといった新しいメディア、エンターテインメントに対するオープンな姿勢と、意見を含めて、中原弓彦という素晴らしい編集者の個性がそのまま示された結果だとぼくは理解している。

それは新しいとか古いとかいうことではない、編集者の個性の違いということではないかと思う。そして、ぼくのように、「マンハント」にのめりこむ読者もいたということなのだ。それは、「マンハント」の自由さが、ぼくに合っていたということかもしれないが。

*

ここからあとは、本題というよりも当時の業界の雰囲気の話になる。

鏡　ちょうど「マンハント」がなくなって以降というか、60年代ぐらいにけっこうモダンな雑誌を作ろうという人が出たじゃないですか。「東京人」とか。みんなうまくいかなかったですよね。早川書房が出そうとしたんだよね。

中田　「東京人」……。いま「東京人」は出てますけどねえ、全然違うものでした。

鏡　「ニューヨーカー」の東京版を出そうとした。

中田　ずいぶん進んでたんですけどね、だけど結局やめたんですね。常盤新平さんが編集長ということでしたが。

鏡　中田さんのお考えになってるそういうモダンな雑誌って欧米のものが多かったですか。それともモデルにお考えになってたのは、やっぱり日本の中でという感じだったんですか。ヨーロッパとかアメリカではなくて。

中田　前に言ったように、たいへんケチな考えで、日本でこれという作品を取ろうとすると安い稿料では駄目だと。だが翻訳で選べばおもしろいのが集められて、日本の売れっ子作家の原稿を取るより安くあがる。そこだけですよ。

鏡　レイアウトその他に関しても、ちょっと「新青年」というか、モダンな感じがありますよね。

中田　そこは、意識してるわけじゃないけど、影響を受けてるんでしょうね。レイアウトは自分でやりました。

鏡　レイアウト用紙で計算して。はみだすことはなかったんですか（笑）。

中田　その頃はちゃんと計算しました（笑）。だから忙しかったんです。広告も作りました。新聞広告の三段八割。あれは埋まらないときがあるんですね。そういうとき駆け込んでくるんです。今日のうちに入れないと空いちゃうから特価で、って。社長が「中田君、いますぐ作れ!」。新聞活字っていうのは出版のとサイズが違いますから新聞社の広告の割付用紙を持ってきて、これに合わせてやるんです。忙しい最中に(笑)。

鏡　編集は一人で?

中田　最初は一人でした。「あまとりあ」の頃は。それから二、三人になって、社全体としては女性も含めて十人くらいになりましたかね。いろんな書籍、雑誌を出しましたから。「サスペンス・マガジン」とか。

鏡　「サスペンス・マガジン」はまったく関係はなかったんですか? あの雑誌は、基本的にSM雑誌だったんですが、なぜか、あそこになんの関係もなくペーパーバックの表紙とか出てたんですよ。これ、「マンハント」の流れなのかな、って思ったんだけど。

中田　「サスペンス・マガジン」は、ぼくはタッチしませんでした。

＊

この最後の「サスペンス・マガジン」というのは、「マンハント」の後継誌となった「ハードボイルド・ミステリィ・マガジン」が終刊になったあとで、久保書店から出た雑誌で、一部の感じが「マンハント」を思わせたので、確認の意味で尋ねてみた。深い意味はない。

小鷹信光さん、中田雅久さん、そしてのちのことになるが、山下諭一さん、この三人の方にインタビューできたことは、とても幸運だった。この三人の方の話で、「マンハント」に対して、ぼくが感じていた疑問のほとんどは解消されたように思っている。次章からは、もう一度、ぼくが気になっていることを書いていきたい。

具体的に言えば、「100万人のよる」とか「笑の泉」というような軟派の雑誌、あるいは「漫画讀本」をはじめとする大人向けのマンガ雑誌のこと、そしてちょっと手に余るが、アメリカのメンズ・マガジンのこと、そのあたりのことを、状況も含めて、書いておきたい。

メンズ・マガジンの話をしようか

メンズ・マガジンの話をしようか。

「マンハント」が、「新青年」のモダン版を目指していたというのは、「マンハント」の編集長だった中田雅久さんとのインタビューではっきりしたことだった。

「新青年」という雑誌のことについては、これまでも何度か触れた。もう一度どこかでまとめなければいけないのだが、ここでは、「新青年」という誌名が示しているように、若い男性をターゲットにした、いまで言うならメンズ・マガジンにあたるものだったということで、話を進めていく。

で、メンズ・マガジンって何なんだよ？　何なんですかね。

人間の脳というのは、とても奇妙なところがあって、本来同じものであるものが、ちょっとした呼称の違いで、脳の中では別のもののように分類されてしまうことがある。

もちろん、そこには個人差があるわけだが、例えば、ぼくの場合、メンズ・マガジンと男性誌というのは、別のもののように思えてしまう。変だと思うでしょうが、もうちょっと付き合ってもらいたい。

「新青年」が、いまで言うメンズ・マガジンにあたると書いたばかりだけれども、頭の中では、そこに至るまでにはかなりの無理をしている。

どういうことかというと、ぼくにとってのメンズ・マガジンというのは、まず1950年代以降のアメリカのある種の雑誌を示しているわけで、「新青年」は、そのカテゴリーには入ってこない。そう呼ぶことに大きな違和感がある。じゃあ、その日本語訳である「男性誌」とすればいい、と思うでしょうが、こちらの方がもっと大きな違和感があるのだ。

なぜかというと、ぼくにとっての「男性誌」というのは「平凡パンチ」から始まったものなのだね、これが。正確に言うと、初めての男性週刊誌ということだったのだが、ぼくの頭の中では週刊が外れて、男性誌になってしまったのだ。

「平凡パンチ」が創刊された頃の中吊りの見出しはまだ覚えている。

「きみはVAN党か、JUN党か?」というようなものだったと思う。そのときぼくは高校に入ったばかりだった。あとで調べてみるとそれは創刊号ではなく6号の特集だったのだが、「平凡パンチ」が初めて「平凡パンチ」らしさを示した特集ということになっているらしい。1964年のことだ。それはいいんですがね、ぼくとしては何の意味かまったくわからなかった。VAN党? JUN党? 東京とはいえ、世田谷のはずれで地道に生活していた中学を出たばかりのぼくに、それがファッションブランドの名前だなんて、わかるわけがない。

とにかく、この二つの三文字のアルファベットは、誰でも知っているべきものなのだという強引な見出しに少々焦ったのだ、純朴なぼくとしては。

で、で、ＶＡＮがアイビーで、ＪＵＮがヨーロピアンであるということはじきにわかったのだが、アイビーって何だ？

男のファッションなんてものが存在することさえ知らなかったぼくがなんとかかんとか、その用語の意味のいくつかを知るようになったのは、この記事がきっかけだった。で、ぼくの頭の中では、「平凡パンチ」は男性誌の代表になり、それ以前には男性誌と呼ぶべきものは存在しなかったということになったのだ。実際にはこの十年も前に「メンズクラブ」が創刊されていて、本来ならそちらが男性誌の草分けと考えるべきである。が、ぼくにはそのような考えはまったくなかった。それでは関心がなかったのかと言えば、そんなことはなくて、大学に入った頃から、ぼくは「メンズクラブ」のバックナンバーを集めるようになり、あのちょっぴりスノッブな誌面の気分が気に入るようになった。

スーツと言えば、三つボタンでセンターベント以外は着る気になれないというのは、この頃の「メンズクラブ」を読みふけった後遺症である。サイド・ベンツというものがぼくらのまわりで認識されるようになったのは、「００７」シリーズのショーン・コネリーのおかげではなかったかと思う。どの作品のポスターだったか覚えていないが、ベレッタを構えているショーン・コネリーの腰の後ろでジャケットの裾が跳ね上がっていたことを思いだす。不格好だと思った。あの頃のショーン・コネリー、嫌いだったしな。あんな無様なもの絶対着たくない。

で、男性を対象とする雑誌は、「平凡パンチ」を核にする男性誌とアメリカの雑誌を中心とするメンズ・マガジンという二つに、ぼくの頭の中で明確に分類されていたわけだ。が、問題は、この分類が出来上がったのは十代の終わり頃なのだが、当然のことながら、これには当てはまらないものは大量に存在する。どうしたかと言えば、メンズ・マガジンのカテゴリーを大幅に拡張することで対応することにしたわけ。「新青年」はメンズ・マガジンというのはその結果である。たいへんですね。

ま、それはそれでいいのだけれども、大した問題ではないのは確かだし、要は「平凡パンチ」という雑誌はぼくにとって大きな意味があったということだ。なぜなのかと言えば、「平凡パンチ」は、創刊当時から明確に自分の定義をしていたからだ。「カー、ファッション、ヌード」。この三つが「平凡パンチ」であり、ぼくの男性誌の条件になるわけだ。ね、そんな雑誌、たくさんはない。「メンズクラブ」を男性誌と言えないとぼくが考えてしまうのは、そこにヌードがないからだ。「マンハント」にはヌードはあったけれども、ファッションはほんのちょっぴり、カーはなかった。「新青年」には、ファッションページはあったが、当然カーもヌードもない。あるわけもない。

ぼくが「マンハント」を読むきっかけは、ヌードのピンナップだったわけだけれども、どうしてミステリ雑誌に、ヌード・ピンナップが付いていたのか、これはけっこう謎である。

50年代から70年代にかけてはこのヌード・ピンナップというものはきわめて重要であった。

70年代の初めに書かれた『現代雑誌論』（三一書房）の中で著者の清水哲男は、「プレイボーイ」を作り出したヒュー・ヘフナーの言葉を借りて「女の子の写真のない男性雑誌はイカサマとしか思えないほどだ。この種の雑誌の構造を解く鍵はまさにヌード写真にある、と言ってもよいかもしれない」と書いている。この時点で清水哲男が想定していたのは、まず「平凡パンチ」であったことは間違いないだろう。そして「平凡パンチ」が標榜していた他の二つの要素、車とファッションのことは無視して、男性雑誌をヌード・ピンナップがある雑誌、もっと言えばヌードなしの男性雑誌にはそう呼ばれる資格がないことを示唆している。なぜヌード・ピンナップなのかと言えば、実は、ヌードそのものよりもピンナップという形式の方に大きな意味があるのではないかと思っている。ピンナップというものは二十世紀の前半から、カレンダーなどをメディアとして数多く世の中に送り出されていた。それは言ってみればきわめてアメリカ的なサブ・カルチャーの一つであったように思う。その多くは、イラストレーションによる女の子たちだったのだが、「プレイボーイ」は、それにヌードという要素をプラスして大成功を収めた。もちろん、アルベルト・ヴァーガスといった人気イラストレーターのピンナップもあったが、例えば、「プレイボーイ」を有名にしたのは創刊号のマリリン・モンローのヌードであったりしたわけだから、写真という新たな要素を取り入れたことが、この雑誌の成功の要因であったことは間違いない。

けれども、考えておかねばならないのは、ヌード写真ならなんでも良かったのかということだ。実は、ヌード写真を売り物にした雑誌というのは、「プレイボーイ」以前にもたくさんあった。が、それらの雑誌は、まっとうなものとして社会的に認知されてはいなかった。

それらの雑誌、人前では表紙すら見せることのできないそれらの雑誌と「プレイボーイ」の違いはどこにあったのか。ぼくは、ピンナップというものを「プレイボーイ」が採用したことにあったのではないかと思っている。ピンナップというものを誰が発明したのか、ぼくは知らない。が、それをヌード写真というかたちで男性雑誌に取り込んだのは、「プレイボーイ」が初めてだと思うし、それはその後のほぼすべての「プレイボーイ」の追従者に踏襲されていった。例えば、「ペントハウス」は言うまでもなくイギリスの「キング」「メイフラワー」それに悪名高き「ハスラー」に至るまで、「プレイボーイ」の方程式を使っていた。１９６０年代の半ばにはこれらの雑誌は New Slicks と呼ばれるようになったが、その意味するところは大きかった。
というのはね、アメリカでは、こうしたヌード写真をメインにした男性雑誌は、当然のことながら、ニューススタンド、ま、キオスクとかコンビニと思ってもらえばいいけれど、そういう場所の雑誌売り場では売られていなかった。キャッシャーのカウンターの中に置かれていたという感じですね。1950年代の終わり頃から、いくつかの雑誌が、一般誌と同じ売り場に進出を始めたのだが、それが公然と売られる状態になったのは60年代の半ば頃ということになっている。で、その大部分が、このNew Slicksと呼ばれるものだった。十九世紀末のパルプマガジンの流れを引く粗悪な紙のヌード雑誌は、この時点ですっかり淘汰されてしまった。値段が倍以上も違ったのにね。

これが何を意味しているかと言うと、半世紀以上ものあいだ、アメリカの雑誌を支配してきたパルプマガジンのイデオロギーが破綻したということなのだ。つまり、読者はそこに印刷されているものに金を払うのであって、何に印刷されているかは問題にはならない、ということだったのだけれど、ヌードに限って言えば、読者は粗悪な紙に印刷されたモノクロの写真よりもきれいな紙のカラー写真に倍以上の金を払うことが明らかになったわけだ。パルプマガジンのイデオロギーは、文章の世界でしか通用しない。ヴィジュアルの時代がやってくると別のものが必要となるわけだ。

ピンナップのことがどこかに行ってしまいそうだね。要は、ピンナップというものは雑誌から取り外されて壁に貼られることを目的としている。雑誌のページの上でこっそり見られるものが、公開される状態になるということだと思うのだ。大げさに言えば、セックスの解放ということに連なるのではないか、ということです。その意味でも「プレイボーイ」の果たした役割は大きいことになる。が、もちろんそれは、男の側の論理であって、女性側からの批判は避けられないだろう。例えば、195

3年以来のピンナップを含めた「プレイボーイ」のプレイメートのヌードのベスト集があるんだけれども、三冊のこのベストの分け方がすごい。「PLAYBOY REDHEAD」「PLAYBOY BLOND」とくる。もう一冊は「BRUNETT」なんですが、髪の毛の色で女性を分類してしまうという概念がすごいでしょ。人として認めてない感じがある。二十一世紀に入ってからの出版なんですけどね。

さてと、ヌード写真が男性雑誌を構成する大きな要素であるとすれば、ピンナップは、それが社会的に認知されるための大きな役割を果したということになるのではないか、とぼくは思っている。

しかし、である。ヌードというのは、それがピンナップであろうとなかろうと、本当に男性雑誌の必須条件なのか。メンズ・マガジンとはヌード雑誌のことなのか？

メンズ・マガジンの研究というのはとても遅れているようで、参考資料はほとんどなかった。2000年代に入って、TASCHENが意欲的にこの手の男性雑誌をまとめて本にしはじめている。その一つに『HISTORY OF MEN'S MAGAZINES』というシリーズがある。十九世紀から現代に至るメンズ・マガジンの歴史を五巻になるのかな、まとめようとしている。おもしろいのは60年代が三巻と四巻の二分冊になっていて、それぞれニューススタンド編とカウンター下編としてある。60年代がメンズ・マガジンにとって重要な時代だったという認識が、この二分冊に表れているわけだ。B5版で四百五十ページというボリューム。テキストが英、独、仏の三か国語というのもこのボリュームの原因の一つなのだが、旅先でこの本を購入する破目になってしまったぼくには、大きな迷惑だった。パリのサンジェルマンのマーケット跡のTASCHENの直営店で買うことになってしまったんですがね。重い！　二冊で充分すぎるくらいです。実は、そこにあった一巻目も二巻目も欲しかったんだが、重さに負けた。ま、アマゾンでも簡単に手に入るわけだし。

で、このバカなサイズと重さの本を拾い読みしていたわけなんだが、恐るべきことに気がついた。「メンズ・マガジンの歴史」と言いながら、これ、要は、ヌード雑誌の歴史ではないか。つまりですね、TASCHENの論理からすると、メンズ・マガジン＝ヌード雑誌ということになる。いや、これはこれではっきりしている。それは先ほどの清水哲男の意見とも共通する部分を持っているわけで、その意味ではワールド・スタンダードであるかもしれない。でも、でもですね、それがヌード雑誌を意味しているとすると、ぼくがメンズ・マガジンの代表と考えていた「MEN'S LIFE」とか「TRUE MEN」とか「STAG」、「REAL MEN」とかさ、どういうことになるわけ？

もちろんそこにも答えは用意されていて、そういう雑誌はですね、TASCHENは『MEN'S ADVENTURE MAGAZINES』という本も出していて、そのタイトルが示すとおり、「メンズ冒険雑誌」ということになるわけだ。なるほど、そのように具体的にカテゴリーで分けていくという手はある。が、それをやりはじめると、たぶん分類が意味を失うほどのヴァラエティが必要となるはずだ。

だいたいさ、「メンズ冒険雑誌」って何なんですかね？　レディース冒険雑誌なんてものがあるとは思えない。これから生まれてくる可能性はあるけれどもね。この時点で言うなら、冒険雑誌でいいはずなのだ。ところが、MEN'Sと付けざるをえない。ということは、このMEN'Sという言葉に深い意味があるのではないか。

おそらくは「MEN'S"ADVENTURE"MAGAZINE」という気分なのではないか。では、この「MEN'S」という感じは何か？　たぶん、いまのぼくたちの言葉で言うなら、「アダルト」というもののニュアンスが近いのかもしれない。いま、アダルトという言葉を見て「大人の」というふうに感じる人は少ないだろう。いや、ぼくが子供の頃は「大人の」という言い回しを見るとけっこうドキドキしたりしたから、似たようなものかもね。で、「メンズ冒険雑誌」というのは「アダルト冒険マガジン」とでも訳せば何だかわかるような気がする。

と言っても、わからないよね。もう少しこのあたりの雑誌のことを書いておこう。

MEN'S ADVENTURE MAGAZINE（以下ＭＡＭと略）がアメリカでいつ始まったのか。これについては、はっきりしている。Macfadden という出版社の創設者であるベルナール・マックファデンだというのだけどね。

マックファデンは、もともとボディビルダーとして有名な人だったのだが、そのキャリアを生かして１８９９年に「Physical Culture」なる雑誌を立ち上げた。これは、健康&フィットネスを扱った雑誌だったが、健康と肉体に関するノンフィクションを載せるようになる。そのうち、健全な肉体がいかに社会の中で有用か、というような方向に入り、例えば、ある若者がギャングの世界で生き残るというようなものまで載るようになったのだという。

「TRUE MEN」（1963）

第一次世界大戦後、この種の物語、ノンフィクションと称しているがほぼフィクションのようなものを載せる「TRUE STORY」をマックファデンは創刊する。

この「TRUE STORY」は大当たりし、１

926年には二百万部を超えたという。戦後、アメリカが日本政策としてアメリカ文化を導入するために映画をはじめ、様々な大衆文化を日本に持ち込んだが、雑誌としては、この「TRUE STORY」が選ばれている。昭和24年創刊の日本版は最初の頃、売り切れるほどの人気であった。廃刊のときでさえ二十万部近い部数だった。

この「TRUE STORY」が、のちのMAMの原型となったわけだ。つまりノンフィクション、本当の話である、ということが売り物であったわけで、これはのちのMAMすべてに共通する要素である。

この歴史の話でおもしろいのは、パルプマガジンの歴史とはまったく異なっているところがあるということだ。そしてそれが、結果として、同じカテゴリーに入っていくところなのだ。パルプマガジンの系列である「ARGOSY」や、「ADVENTURE」あたりも、このMAMに含まれてしまうことが起きた。

いやね、実のところ、ぼく自身、60年代の後半にこの手の雑誌を買いはじめたときには、そこに二つの異なった系列があるなんて想像もしていなかった。

というよりも、片方がノンフィクションでもう一方がフィクションを扱っているなんて考えられるわけがない。

だってさ、例えば「雌悪魔島の色情狂女」とか「密林の日本軍のセックス奴隷」「ドルトモンドのセックス怪物」「裸真珠娘の秘密パーティ」とかね、こんなタイトル、ノンフィクションと思えますか。いや、もちろん、実際に読んでみると、全部肩すかしを食らうことになっているのだけれども、派手なイラストの表紙とタイトルを見ると、つい手に取ってしまうんだね、これが。しかも、ぼくがパルプマガジンとして知っていたタイトルの雑誌がほぼ同じ体裁を取っていたりするから、ますます混同してしまうわけ。

関係ないけれども、このMAMの表紙がイラストであるのには理由がある。もともと「TRUE STORY」の表紙は写真だったのだけれども、内容がどぎつくなるにつれて、写真では迫力が足らなくなっていったこと、そして紙質そのものの問題で、イラストの方が発色が良かったこと、この二点が理由なんだそうだ。

さてと、話を戻す。「TRUE STORY」の成功を追って、「STAG」とか「MALE」「REAL MEN」というような雑誌群が1940年代頃から急速に市場に参入してくる。「TRUE STORY」からは、タイムラグがあるけれども、1950年代がこのMAMの黄金時代ということになる。

どういう状況だったかというと、1950年には五誌しかなかったMAMが、51年には八誌、52年には十一誌になったのだという。どういう数え方なのかわからないが、とにかくあっという間にこの種の雑誌が増えていったことはわかる。

なぜなんだろう?

実は、これにも答えがある。戦争だ。

MAMの歴史を見ていくと、戦争が常に大きな役割を果たしていることがわかる。つまり、戦争から戻ってきた兵士たちが、戦場と故郷のギャップに悩まされることになる。あるいは、自分が戦地で経験した話を語る相手に苦労したりする。MAMは、そうした男たちを最初のターゲットにしていた。50年代のケースで言えば、朝鮮戦争になるのだろう。が、それは同時に第二次世界大戦をも含んでいたように思う。そして、ノンフィクションというかたちが重要なのは、兵士たちが体験したことをベースにしているという安心感なのだ。それは、机に向かって誰かが、現場を知らない奴らがでっち上げたものではない。その感じが必要なのだ。
ぼくが、この手の雑誌を見ていたのは60年代の後半なのだが、なぜ、いまさら、旧日本軍だったり、ナチスが題材なのか、わからなかった。例えば、ベトナム戦争とそれらの戦争体験のあいだに共通するものがあったのだろう。ま、いい、とにかく、このＭＡＭにとっては、ノンフィクションが、キーワードであることを理解しておいてくれればいい。もう一つ、New Slicksが、パルプマガジン系の雑誌を60年代の後半には駆逐したと書いたけれども、それは、ヌード雑誌の話で、このＭＡＭに関しては70年代まで生き延びていたと思う。最後がいつだったのか、ぼくは知らない。

さて、ここまで話してくると、メンズ・マガジン＝ヌード雑誌というのはかなり明確になってしまうように思う。が、そうなるとメンズ・マガジンというものに対するぼくの理解が根底から崩れることになるわけで、ぼくとしては、それを認めたくない気がしている。というよりも、いまの「MEN'S ADVENTURE MAGAZINE」をとってみてもわかるだろうが、男性のための雑誌は裸がすべてではあるまい、ということなのだ。
だから、ぼくとしては、男性を読者とする雑誌の総称としてはメンズ・マガジンでいいんじゃないかと思っている。強引ですかね。具体的な例をちょっと考えてみようか。今度は日本の例です。

「メンズクラブ」。ぼくはいつも不思議に思っているのだけれども、どうしてこの雑誌のことを、誰も書かないいんだろう。いまでもこの雑誌が続いているからなんだろうか。たしかに60年代から70年代の「メンズクラブ」といまの「メンズクラブ」はまったく別物かもしれない。いまの「メンズクラブ」は、ファッションを中心にした他の若者対象の雑誌と区別がつきにくいように見える。が、かってはそうではなかった。

50年代の終わりの頃から、VANを中心に、アメリカのアイビー・ファッションを紹介するという路線が確立していったことから、ファッション雑誌ということになったのだろう。いやね、だいたい正式誌名が「男の服飾　MEN'S CLUB」、出版社が婦人画報社というんだから、仕方がないかもなぁ。手元に50年代の終わりから60年代の初めの頃の「メンズクラブ」のバックナンバーがある。それを見ていくと、1960年代に入ると紙面の構成が明らかに変化している。59年までは、いかにも男の服飾雑誌という構成なのだが、春号では「石津謙介・世界服飾めぐり」なんて特集が組まれていたりする。世界だからね、アイビーだけではなくヨーロッパの事情も語られているわけだ。おもしろいことに、オートバイにかなり思い入れがあるようで、特集以外のコラムに「東南アジアのオートバイ服装見聞記」なんてものがあったりする。そういえば、59年の他の号にも「なつかしきかなカミナリ族」という座談会があったな。その他にはカクテール物語とか、ミュージカル映画、大藪春彦インタビュー、'60ジャズ・オールスターズといったものが並ぶ。このコラムの充実ぶりが、ぼくには、ファッション雑誌らしくないと感じさせるところなのだ。

これが62年になると、パリ特集があったりする。この頃になると漫画やちょっとした小説も誌面に入ってくる。そして63年の12月号は新創刊と称して大幅な誌面の変更が行われた。一言で言えば、これが正しい服装ですよという啓蒙的な方向ではなく、ファッションを中心にしたカルチャー・マガジン的な方向にシフトしたのではないかと思う。「男のプレイ・タウン」という新コラムがスタートしているし、同じく「男の遊び場所」なんてのも始まった。プレイタウンの方は、神戸、六本木、渋谷という順当なものから、品川－蒲田－羽田という、ま、わかるけれども、相当強引なものまで、遊び場所の方は「ダンモ喫茶」。もうほぼ死語ですね、ダンモなんて。あるいは「ボウリング場」なんてものが出ている。ぼくが初めてボウリングなるものをやったのは、65年あたりだと思うのだが、青山にボウリング場があってね、ピンをリセットするのにピンの頭についているワイアーを引っ張るというすごい仕掛けだったのを覚えている。その前は完全な人力システムだったらしいが、うまくリセットされないと係員の青年が現れて手でピンを並べなおしたりしていて、その名残が残っていた。

女の子の方も、ヌードではないが、それなりの子を扱うページも出てきている。

基本的に曖昧なぼくの記憶で書いているわけだから、とんでもない間違いをやっているかもしれないが、この60年代から70年代の「メンズクラブ」は、メンズ・マガジンと呼んでもいいのではないか、と思っているわけだ。

この「メンズクラブ」の変貌は、もしかすると、「マンハント」のコラムの影響があったのではないかと思ったりする。植草甚一をはじめ何人かのライターが共通している。でも、たぶん、影響があったとすると、「ヒッチコック・マガジン」の方だろうなぁ。残念だが。

どちらにしろ、「マンハント」が消えるのとほぼ前後してこの「メンズクラブ」の変化があったわけだから、ぼくとしてもつい思い入れが強くなる。

「メンズクラブ」にヌードがなかったのは、婦人画報社という出版社の事情もあっただろう。60年代の後半にスタートした「ＮＯＷ」という雑誌も「男の雑誌」と銘打っていたが、ヌードはなかった。で、この雑誌も出版社は文化出版局。女性系の出版社だ。

いま、ぼくの手元には数冊の「ＮＯＷ」がある。70年代に入ってからのものだけれども、60年代の半ばに「メンズクラブ」が舵を切った方向の延長線上にあるように思うのだ。ページ的にはファッションのボリュームが最も多いように思うが、例えば、18号で見るとワシントンD.C.の特集をやっていたり、インタビューが三本、SFのショートショートがあったり、「ドキュメント・スペシャル」と称して来日していたB・B・キングのスナップの特集があったり、珍しく女の子のヌードも入っているが、モノクロでその子の生活を撮るという設定だから、色気はない。そうそう、ワシントン特集のタイトルが「ワシントンD.C.または大統領の条件について」。オバマのことを連想するではないか。で、何かおもしろいものがあるかな、と思ったんですがね、残念でした、当時のニクソン大統領批判で、これということが書いてあるわけではなかった。それはライターの責任ということではなく、アメリカの大統領が変わってきたということの結果だ。クリントン、ブッシュと大統領の意味を変えてしまったような人間のあとだから、オバマには大きなチャンスがあるように思う。というよりも、オバマにできなければ、しばらくは誰にもできないのではないか。

横道にそれた。ヌードなしのメンズ・マガジンのことだった。

日本でも、男性をターゲットにした雑誌のあり方について、様々な試みがなされてきたと思う。「メンズクラブ」や「NOW」の方向もその一つだと思う。そして、60年代から70年代の流れの中では、王道のようにも見えた。ところが、まったく違うアプローチのメンズ・マガジンが現れて、すべてを変えてしまった。それが「ポパイ」だったわけだ。「ポパイ」のどこが違っていたのかと言えば、いろいろあるのだが、一言で言うなら、それは男の子のための雑誌ということではなかったかと思う。大人の男の中にある少年の部分を含めての「ボーイズ・マガジン」だ。だからそこにはセックスの匂いがない。それが「ポパイ」の成功の原因だと思うのだが、皮肉なことに女の子を前面に出した競合誌に負けていくことになる。何もかもがセックスに関わるものに見えてしまうというのも、男の子というものだから、どちらがどちらということではない。
ただ、ぼくとしては、「メンズクラブ」や「ポパイ」のあり方は好きである。
何かを捨てていくという潔さが好きなのかもしれない。

「マンハント」になぜヌード・ピンナップが、という謎の答えはない。中田さんは、資金に余裕ができたから、というような説明をしてくれたが、ぼくとしては、おそらく中田さんの「モダン」に対するこだわりの結果だろうと思っている。当然、「プレイボーイ」のことはわかっていたはずだから、アメリカ的な雰囲気を「マンハント」に持ち込むという意図だったのだろうと思う。

さてと、ここでは、「100万人のよる」とか「笑の泉」とか、もしかしたら「漫画讀本」というあたりの「大人」の雑誌のことに触れるつもりだったけれど、そこまでたどり着けなかったし、それ以上に、セックスレスのメンズ・マガジン礼賛という逆の結論になったように捉えられるかもしれない。それはそれでいいのだが、50年代、60年代のアメリカのメンズ・マガジンについては書くべきことはもっとある。でも、これでも、たぶん日本で初めての話だと思う。いや、67年に出た小鷹信光の『メンズ・マガジン入門』(早川書房)以来、四十年ぶりの話ということになるか。それでは、次を楽しみにしていてください。

「100万人のよる」その他のよる

前回「メンズクラブ」に触れた部分で、どうして誰も60年代の「メンズクラブ」のことを書かないのか？　というようなことを書いてしまったけれども、けっこう書かれていることに気づいた。しかも、簡単に手に入る新書だったりする。

例えば、松本卓の『格好よかった昭和』（アスキー新書）、宇田川悟の『VANストーリーズ』（集英社新書）には、初期の「メンズクラブ」に触れている部分がある。

ただし、それは、ぼくが読みたいかたちではなく、昭和のファッションの歴史に付随した雑誌として紹介されているわけ。VANの創業者である石津謙介が、日本にアイビーというスタイルを導入するために「メンズクラブ」の前身であった「男の服飾」にコミットしていったあたりの事情に触れている。『格好よかった昭和』には、その当時三万部であった「男の服飾」の部数の半分を石津謙介が買い取り、VANのショップで売ったとしてある。マーケッターとしての石津謙介は、天才である。

宇田川悟の『VANストーリーズ』は、その石津謙介の一生を中心に書かれているが、彼が、雑誌というメディアに注目したのは、若い頃に「新青年」を愛読していたからだという。ことに、「新青年」のファッション・コラムの「ヴォガンヴォグ」、「ばにてぃ・ふえいあ」を愛読していたのだという。

おもしろいね。なんだか、ぼくは同じところをぐるぐる回っているような気がする。その中心には「新青年」があるのだ。「マンハント」を始めた中田雅久も、目標にしたのはモダンな「新青年」だったというし、「メンズクラブ」もやはり「新青年」を一つのモデルにしていたわけだ。

もちろん石津謙介が目指していたのは、メンズ・ファッションを中心にしていた雑誌だったから、「新青年」そのものではない。ただ、そこで参考にしたアメリカの雑誌の中に「エスクァイア」や、「GQ」が入っていたことが、結果的に「メンズクラブ」のあり方に大きく関わったであろうことは想像に難くない。1961年にVANに加わり、「メンズクラブ」にアイビーに関する文章を書いていたくろすとしゆきは『アイビーの時代』（河出書房新社）というちょっと素敵な本を書いているが、それによると1961年当時、VANの企画室にあった雑誌は、「GQ」「エスクァイア」「メンズ・ウエア」「スポーツ・イラストレイテッド」「アダム」「サー」などだったそうだ。くろす個人は、これに加えて「ニューヨーカー」を購読していたのだという。

そうそう、この『アイビーの時代』は、「男の服飾」、のちの「メンズクラブ」、に著者のくろすとしゆきが、出会ったところから始まっている。いや、このアイビー創成期の話は、おもしろくて、例えば日本のSFの創成期や、ハードボイルドの創成期、レベルは違うけれども、ぼく自身が関わったヒロイック・ファンタシィの導入期と通じるところがある。海外の文化、ことにサブ・カルチャー系のものを日本に導入するときには、ほぼ似たようなことが起きるのだ。それは、日本という文化環境そのものが抱えているものなのかもしれない。組織的に行われるのではなく、何人かの人間が、きわめて非効率的なやり方で情報を集め、自分なりに解釈してまとめていく。その意味では、ｗｅｂは、そうした方法を完璧に時代遅れなものにしてしまったように思う。異文化をローカライズしていくということが、起こりにくくなっていくのではないか、という気もする。良いか悪いか、それは別だけど。

『アイビーの時代』には、写真が豊富に入っているが、その中におもしろいものを見つけた。くろすとしゆきは、学生時代に先輩にあたるイラストレーターの穂積和夫たちと「アイビー・クラブ」という団体（メンバーが七名というから、団体というのは似つかわしくないが）を創った。で、その当時の写真があって、このメンバーが掲げているのが、なぜか「プレイボーイ」の創刊号のマリリン・モンローのピンナップ。「男の服飾」に掲載された写真だというから、編集部のアイディアかもしれない。そこには石津謙介が強くコミットしていた。もしかしたら、彼の指示かもしれない。いや、何も調べないで決め付けるわけにはいかないが、そうだったら、おもしろいな。

マリリン・モンロー、いやピンナップつながりで、前回書ききれなかった「１００万人のよる」あたりのことへ。

エロ本、とまぁ、こう書くだけで、なんとなくドキドキしてくる。エロ本なんて言葉は、おおっぴらに語ってはいけないのだ。中学生の頃に、悪い仲間から、どこかからくすねてきたであろうヌード雑誌を、こっそり見せられて、すぐにまたかばんの中に戻されてしまう。中学生が見てはいけないものを、ぼくは見たんだ。そうしたヌード雑誌の総称を、ぼくたちは、エロ本と呼んでいたように思う。

そして、エロ本の代表は、「笑の泉」や「100万人のよる」であった。なぜ「笑の泉」が、エロ本なのか、誌名からして、そうは思えない。内容は、ユーモアを中心にしたものであるしね、どこが、エロか。一つは、ヌード写真。もう一つは、ユーモアが、俗に言うところの艶笑というやつだった。セックスと笑いというのは、相性がいいところがある。笑いをかませることで、ソフィスティケートされるわけだ。セックスの生々しさや、反社会的な部分が薄まる。

「笑の泉」が、エロとして受け入れられていたのは、例えば、仏文学者でエッセイストの鹿島茂が、あるインタビューで「後は本物のエロ本だね。『100万人のよる』とか『笑の泉』『実話と秘録』とか、もう全ジャンルの雑誌を読んだね」と、小学生時代の読書体験を語っていたが、ここでも、「笑の泉」は、エロ本に含まれている。昭和30年代の子供たちの感覚からすると、立派にエロだったのだ。「笑の泉」については、また触れることになるかもしれないが、ここでは、エロ本の王道「100万人のよる」のことを中心に進める。

「100万人のよる」は、1956年に創刊、1966年に終刊した。版元は季節風書店。すまんが、データ的なことは、この程度しかわからない。季節風書店はまた、「世界裸か美画報」でも知られている。でもこの雑誌、わからないところがあって、1959年に「100万人のよる」の増刊号としてスタートした「世界裸か画報」とたぶん同じものだろう。で、のちに「世界裸か美グラフ」というものも出ているが、これもたぶん同じものだと思う。

この季節風書店の言語感覚は、何か奇妙なところがあって、この連載のためにチェックするまで、ずっと「100万人の夜」だと思っていた。何故、「夜」を「よる」と開いたのか、あるいは「世界裸か美画報」で、「裸か」になるのか、変である。
「１００万人」という言葉について言えば、昭和30年代の一つの流行語みたいなところがあって、「百万人の英語」から始まって、『百万人の数学』とかね、なんとなくアメリカ直輸入な感じがあった。数字を使うというのがモダンだったのだろう。本来は「国民の」と言いたいところを、それでは政治的なニュアンス、戦争中の気分を含めてだが、があるのを嫌ったということもあったのかもしれない。最近の感じで言えば「みんなの○○」みたいなものかね。

で、「１００万人のよる」だが、「１００万人の夜」というタイトルと比べると、なるほど、ちょっとモダンな感じがする。いや、そういう感覚的な問題ではなく、規制があったりしたのかもしれないが、そのあたりのことに入り込むのは、ぼくの目指すところではない。季節風書店は妙だ、という感覚の方向で進める。

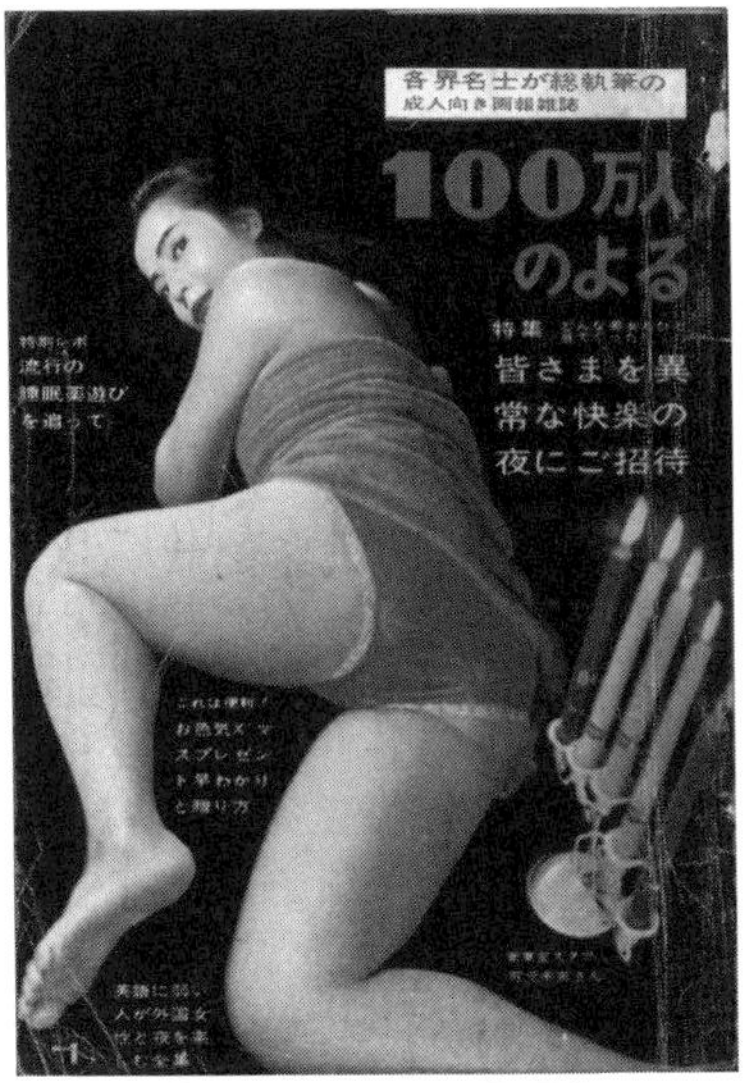

「100万人のよる」1962年1月号

いま、ぼくの手元に、１９５８年から１９６２年のあいだの「１００万人のよる」が、五冊、ま、年一冊の割合である。もっとあるのだけれどもね、とりあえず、ダンボールの山の中から発掘されたもの。偶然だけれども、ある意味では「１００万人のよる」の黄金時代をカバーしていると思う。たった五冊、それだけから、なぜ黄金時代などと言えるのか。言えるのだね、これが。

榎本一男という編集者である。1958年には別の編集者だが、1959年にかけてのどこかで、榎本一男が、編集に携わってくる。1962年の後半には、彼の名前は誌面から消えてしまっている。この編集者が、どのような経歴の持ち主で、その後どうなったのか、残念ながらぼくは知らない。「世界裸か美画報」の編集もしているのだが、どちらが主だったのかも知らない。ただ、季節風書店のようなタイプの出版社の場合、編集部と言いながら、ほとんどの場合、一人が数誌を担当していたはずだ。だから、1959年から1962年にかけての「100万人のよる」は、榎本一男個人が作っていたとしても、間違いではないだろう。

なぜ、そんなことに拘っているのかというと、1958年までの「100万人のよる」と1959年のそれは、明らかに異なっているからだ。表紙からして違う。エロ度が、大幅にアップしているのだ。そして、文体が異なっている。

例えば、目次の文章。

1958年の3月号。最初のメインが「特別座談会」というのが、もう相当駄目だと思うのだが、そのタイトル「暴行と情死の最後の場に立った人々」。出席者が、日大法医学教室の先生、東京都監察医務院の先生、そして元警視庁の警部。一応堅い話なんですが、「局部だけが三十歳」とか「1ダースのゴム製品の謎」とかね、なんとかそちらに引っ張ろうという涙ぐましい努力。

あるいは「アスファルトの恋からジャングルのセックスまで」なんて特集もあるが、このタイトルでは、たとえ中学生でも、興奮しにくいだろう。

でも、この堅い誌面には理由がある。当局からの指導で、自主規制をしていたらしい。相当腹に据えかねるところがあったのだろう、当時、谷崎潤一郎の『鍵』が、谷崎全集の第一巻に収録されたことを取り上げてこの号に、編集部から「一般の大衆雑誌が、最近自粛しているのに、有名筆者の性ものは天下御免、まさに『セックスはデラックスに乗って』の時代と言っていいでしょう。大衆的な赤線は廃止されたが、いわゆる高級の芸者やコールガールが、ますますさかんになると同じ現象ですね」という文章が載っている。

同じ現象ではないだろう。それに、有名筆者を使うという手もあるだろうしね。もっとも、ま、谷崎も三島由紀夫も「100万人のよる」には書いてくれないだろうな。

でもですよ、「100万人のよる」には、けっこうな著名人たちが寄稿していた。これが実は「100万人のよる」の売り物の一つ。この3月号にもなんと薩摩治郎八が書いている。薩摩治郎八は、1920年代からパリに移住し第二次世界大戦後に日本に戻ってきた。パリの最も良い時代に、日本人としては稀有だと思うのだが、上流社会から、芸術家たちまで多くの人々と交流した。2009年の2月に『「バロン・サツマ」と呼ばれた男』(村上紀史郎、藤原書店)という本が出ている。この薩摩治郎八の謎に満ちた一生を克明に調査、取材をしてまとめた本だが、残念ながら帰国後の部分が短い。

この本の巻末に詳細な文献リストが付けられているのだが、この「100万人のよる」に寄稿した文章は出ていない。「笑の泉」に寄稿したものはちゃんと記載されているのにね。ま、「100万人のよる」よりも「笑の泉」の方が雑誌の格が上ということか。それはよくわかるのだが、口惜しいような、ほっとするような。やっぱり、「100万人のよる」は、俗悪なエロ本なのだ。

この薩摩次郎八の文章のタイトルは、「はだかの百科事典」サブタイトルが、「バーレスク通になるための17の鍵」。

バーレスク業界の入門篇ということなんだけれども、このバーレスクという言葉自体もう聞かなくなった。60年代の終わりには、死語に近かったのではないか。入門篇ということだから、この50年代の終わり頃でも、メジャーな言葉ではなかったのだろう。で、どんなことが書かれているかというと、例えば、第一章は「ステージとフロワー」。バーレスク専門の女性は、日本に三百人ほどいる、なんてところから、バーレスク専門の女性の定義もしてくれている。劇場（ステージ）とキャバレー、クラブ（フロワー、いまの言葉ではフロアですね）の両方をこなせるヌード、セミヌードの女性。ま、ダンサーということなんでしょうね。ストリッパーとは、格が違うということらしい。ストリッパーを含めれば、裸を商売にしている女性は千人を超える、としてある。こんな調子で日本のバーレスク業界の裏話、業界の隠語、あるいは踊り子たちの評価といったかたちで十七章。最後は、欧米との比較で、日本の方がよっぽど優れていると、欧米でこの手の世界を知り尽くした薩摩治郎八以外には言えない結論になっている。

全部で十六ページの特集なのだが、この四分の三は、バーレスク嬢のヌード、セミヌードの写真。要は、裸を見せるページの仕立て。なるほど、「はだかの百科事典」というタイトルに偽りはない。踊り子たちの裸名鑑といったところですね。この裸を大量に見せるというのは、時代的には一つ前になるが、カストリ雑誌と呼ばれる雑誌群の方法論で、中身なんてどうでもよくて、とにかく、全頁を裸で埋めることが、編集の秘訣だったという。その意味では、「100万人のよる」は、その手法を受け継いでいたわけだ。

おもしろいのは、薩摩治郎八の紹介で、村上紀史郎の本では、薩摩治郎八の楽屋での口癖「ごきげんよう」から、踊子たちから「ごきげんようの先生」と呼ばれていたとしてあるが、「100万人のよる」によると「頭の感じから〝オ光リ先生〟の尊称で踊子たちに愛慕されている」んだという。愛慕と書かれたところで、本人はうれしくはなかったと思うがね、妙なリアリティがある。

榎本一男以前の話が長くなってしまった。単純に目次の文体の差を見てもらうつもりだったんですがね。手元にあるのはちょうど一年後の1959年の3月号。偶然です。

で、目次。特集が、A、B、Cと並んでいる。

特集A「女がひとたび〝殺し屋〟になれば」

特集B「女がひとたびモルモットになれば」

Aは当然女の殺人犯を扱った犯罪実話。Bは異常なセックス実話。「お尻から四本のビールで責められた私」なんて記事があったりする。で、特集Cは「でもアナ医者だけには隠せない」。医者がらみの実話特集。アナ医者って言い方は、初めて見たが、下品で、いい。で、このタイトルを続けて読むと、タイトルだけで、何かストーリーを作っている。内容的には、それまでと大差はない。が、この並べ方でわかるとおり、センスに差がある。

それから、「100万人のよる」の売り物の一つになる性科学系の図解。この号ではなんと厚生省版の避妊法、中絶法、不妊法の解説図解。これも、榎本一男が始めた企画のはず。

それからですね、女優ネタが明らかに増えている。このあたりの狙いがうまい。「特別座談会」なんですが、「わたしは映画スターの〝女中さん〟」とくる。で、中身はただの噂話に毛が生えた程度のもの。ところが、そこに入れている女優さんたちの写真、全部、映画のスティールの流用なんですが、キャプションがうまい。目を閉じているものばかりを集めて「映画スターの夜の表情集」とくる。まるで女中さんたちがスターの寝室をのぞいているような感じに編集されているわけ。

「ユーモア・フォット・ストーリー」というのがあって、八ページも使っている。内容が茫然とするよ。ミッチーという女性が主人公なんですが、当選者一人と一晩過ごすというクジでひと儲けしようとしたら、すべてのクジを同じナンバーにしてしまった。その数、百万枚。つまり、当選者が百万人！　ミッチーは、南極に逃亡することにした。普通じゃ行ける場所ではないので、ダッチ・ワイフに化けて南極基地に潜り込む。ところが、天候不良で全員引き揚げ。が、ミッチーはダッチ・ワイフなので、置き去りにされてしまう。たった一人で、どうなるのか？

ペンギンと一緒に暮らすことにするのだ。ペンギンだぞ。そして、ペンギンの国の皇太子妃として、人間の世界には、戻らないと決意する。

なんだろうね、これ。その当時の話題を盛り込んだパロディというつもりかもしれないが、笑えないでしょ、これでは。そして、ヌード・ストーリーなのに、使える写真は、ストーリーとは無関係。どうするかと思えば、写真にイラストを描き込んで、ごまかしている。うーん、すごい。

榎本一男という人は、すごいよなぁ、と思いながらページを繰っていくとなんと「ハードボイルド小説・ダイジェスト版」というものを発見。驚くのは、それが、一ページの三分の二に二篇押し込まれていること。目次を確認したら「ハードボイルド小編」と出ている。これは、もともと一ページか二ページの企画だったのが、どこかの記事が増えて、ページが足りなくなったとしか思えない。

だってね、このダイジェストの仕方が、これまたすごいとしか言いようがない。ここに全文を引用できるほどなんだ。

殴りあいなら、これまでずいぶんやった。だがこんなのは初めてだった。人体解剖図を拡げてみるまでもなく殴っているものが人体の一部ないことがわかった。

まず、鉄管を顎に食らった。よろけるところをまた一発これもこぶしではなかった。中に砂をつめた革棍棒が、左の頬をジインとしびれさせた。

ふらふらっと、てすりにつかまろうとする手首を、さらに鉄管、それをよけてのけぞった頭上から、革棍棒がおちて来た。

相手が誰かも、さっぱりわからなかった……。これではいけない……。いったんたおれればそれっきりだ。

やめては打ち、打ってはやめる連打に、おれはとうとう這いつくばった。あたまをおおう指を鉄管がたたきつけた……「さあ、そろそろ眠ってもらおうぜ」

遠くのほうで、せせら笑いがきこえた。

これで全部です。すごいでしょ。ダイジェストでも、あらすじでもない。

タイトルは「探偵雇われます」。作者は、カート・キャノン。またまた、びっくりである。これ「マンハント」じゃないか!

カート・キャノンの連作は1958年の8月号から、59年の4月号までほぼ毎月掲載された「マンハント」の初期のヒット・シリーズ。でもね、こんなタイトルの作品は、ない。原題にも近いものは、ない。「マンハント」に載っていたものから、適当に抜粋したんだろうな。詳しくチェックしてみないとなんとも言えないが、超訳のはしりかもしれん。

もう一篇は、「美しき全裸の眠り」というタイトル。作者は、「チャンドラ」。チャンドラーではないところが泣かせるが、単なる誤記？　これも「マンハント」が出所だとおもしろいのだが、もちろん、こんなタイトルのチャンドラーはない。しかも、「マンハント」にチャンドラーの作品が載るのは、1959年の6月号が最初。もしかしたら、「宝石」「別冊宝石」あたりが、出所かもしれない。

ま、これも、ちゃんと調べればいいことなのだが、ここでは、とにかく「100万人のよる」と「マンハント」が、少しは関係する部分があったということで、どうしておまえは「マンハント」と関係ないことばっかり書いているのだ、とお怒りの向きがあったら、勘弁してもらいたい。そんな人、いないいか。

どちらにしろ、この1959年の時点でハードボイルドという単語が、ミステリ以外でも、認知されていたことの傍証にはなるかもしれない。

で、このまま、「マンハント」の話に戻れば、美しいのだが、もうちょっと、「100万人のよる」にお付き合い願いたい。

雑誌の感じで言うと1960年から二年ほどが一つのピークだったような気がする。編集がやたらに遊んでいる。手元にある60年の6月号で言えば、まず、折り込みグラビアが増えている。伊藤晴雨の責め写真の折り込みとか、SMやフェティシズムというのも、この時期の「100万人のよる」の特徴の一つだったが、折り込みにする必然性がないものまで、折り込みにしてみたり、エロチック・コントを、紙を変えて版型も、本文の二分の一のサイズにして折り込んでいるし、ちょっとしたストーリーマンガを、こちらも紙を変えた上に、サイズを一回り小型のものにして折り込んでいる。

考えてみると、ぼくが、初めて「100万人のよる」に触れたのは、この60年前後だったはずだ。とにかく裸の写真ですべてのページが埋まっているという印象しかなかったけれども、いま、見直してみると、ラッキーだったのかもしれないと、思う。こうした編集サイドの遊びの気分は、まるでエロの遊園地のようなワクワク、ドキドキ感をプラスしていたように思えるからだ。エロ雑誌と言えば、「100万人のよる」と刷り込まれてしまったのは、理由があることだったのだ。

そうそう、今回、気がついたのだが、表4というか、裏表紙がレコードのジャケットをトリミングしたものになっている。ジャンルは、ジャズ。「100万人のよる」とは、まったくなじまない。ちょっと無駄な努力という気がするが、ハードボイルドや、ジャズというのは、当時では流行の最先端のものだったわけで、それを取り込もうとしたのだろう。その意味では、「マンハント」が目指していたものと共通する。榎本一男は、じつは「マンハント」の読者だったりして。

そういえば、「マンハント」の後継誌「ハードボイルド・ミステリィ・マガジン」に野坂昭如が、「告白的・ブルーフィルム論」という連載コラムを短期間書いていたが、「100万人のよる」の62年の1月号に「日本で開かれる世界五カ国の秘密映画祭」というのが載っている。リードに「総天然色シネマスコープの豪華版も登場する秘密映画祭で、どこの国が、グランプリを獲得したか?」とある。当然、そういう映画祭があったと思うでしょ。が、本文を読むと、秘密映画祭が開催されるらしい、というい加減さ。明らかにガセネタですね。でも、読んでいくと、アメリカやフランス、イギリス、ソビエト(時代ですよね)等のブルーフィルム、ここではY映画としてあるけれども、その特徴が書かれている。ほとんど信用しない方がいいと思うけど。

でも、ここで書かれているY映画の値段がすごい。モノクロ8㎜一巻が三万円から五万円。16㎜だと五万から五十万。この五十万というのは、カラーでシネマスコープ版。カラーは、プリントが国内ではできないので高いんだそうだ。立体映画というのもあったらしく、これだと八十万。ラーメンが二十円ぐらいの時代の八十万円だからね、家が建つかもしれない。で、当然ながら、これを日本にどうやって持ち込むか、税関を潜り抜ける方法も書いてある。そんなに簡単ではないと思うがね。かって、無修正の「プレイボーイ」や「ペントハウス」が、税関でひっかかったときのことを思いだすね。このwebの時代では、笑い話にもならないけれど。

カストリ時代の例だけれども、この手のエロ雑誌が、駄目になっていく過程は、実話のページが減りはじめ、フィクションが増えてくるのが最初の兆候だという。

その正否については、なんとも言えないが、この62年の時点で、「100万人のよる」は、そうした衰えの兆候を示しているように見える。

次にぼくの手元にあるのは、62年の11月号。ここでは、榎本一男の名前は、編集から消えている。そして、漫画とイラスト・ストーリーの数が大幅に増えている。読むというよりも見る雑誌に変身しようという試みだったのだろうが、ぼくのような読者とは、ずれがあるように思う。

この号から、編集の方針が、変わったのだ。新体制になったということだろう。目次のトップに「全ページ面目一新した〝100万人のよる〟特別号」と大きな活字で掲げてある。

巻頭近くに〈「100万人のよる」は今年もお色気雑誌界の三冠王〉という編集部からの挨拶が載っている。要は、部数、特ダネの数、そして売れ行きの三部門で、お色気雑誌のナンバーワンを達成しています、ということなのだが、部数と売れ行きというのは、同じことだろうし、特ダネというのも、客観的なことではない。でも、この感覚は「100万人のよる」的である。でもね、問題はお色気雑誌。そうか、エロ本とは言わずに、お色気雑誌っていうんだ。でもそう呼ばれる「100万人のよる」は、ぼくのあこがれていたものとは違うものだ。毒気が抜けてしまっている。その代わりに、ユーモアという要素が大幅に入り込んでいる。

一般的に言えば、それは、悪いことではない。ソフィスティケーションの方向にある。こうした流れは、大衆文化ということの中で、ちゃんと考えられるべきことだと思う。この国で言えば、「笑の泉」、あるいはもっと正統的な「漫画讀本」の評価が、ちゃんとなされているようには思えない。

いま、ぼくたちのまわりにあふれているマンガが、「漫画讀本」を、駆逐してしまったのは歴史的な事実だし、それは必然的なことであったのだということで、意見は統一されているように見えるのだが、それは、どうも、勝者の語る歴史のようにも思える。逆に「漫画讀本」が、生き延びることができた歴史というのも考える意味があると、思えるわけだ。ぼくはユーモア、ソフィスティケートされたユーモアを肯定する側にいるつもりなのだが、「100万人のよる」が代表するエロ本、断固支持という立場からすると、エロはもっと即物的なもので、ユーモアは、味付け程度で充分ということだろうな。榎本一男時代の「100万人のよる」に即して言えば、そこにあった遊びは、ソフィスティケーションではなく、なんて馬鹿なことを、というところに良さがあって、それがソフィスティケートされていないものの強さになっていたと思うのだ。

〈追記〉

「カート・キャノン」のことを「マンハント」でチェックしていたら、びっくりすることに気がついた。「マンハント」では、作者名はエヴァン・ハンターなのだ。作者名がカート・キャノンと、主人公と同じになったのは、ゴールド・メダルからペーパーバックで一冊にまとめられたときのこと。ということは、このダイジェストは、ペーパーバックから、直接、訳されたことになる。唯一の長篇『I'M CANNON - FOR HIRE』（邦題『よみがえる拳銃』）の中に、ここに引用した文章が含まれている。タイトルも、まあ、近いか。で、この長篇、出版されたのが58年の10月。榎本一男、おそるべしですね。

そうだ「マンハント」を読もう

「100万人のよる」を読みながら、気がついた。そういえば、「マンハント」の話なのに、「マンハント」のこと、ちゃんと紹介してなかったんじゃないか。

創刊号をもう一冊手に入れたので、いいチャンスだ。まず、創刊号を読んでみよう。

ということで、1958年、昭和33年の8月創刊号。

ぼくはすでに三冊は、この創刊号を持っている。そんなに珍しい本ではない。ただ、この一年ほどのあいだに、もう何冊か、見た。これは、この何十年かなかったことだ。ぼくと同世代か、ちょっと上の世代の人が本の整理を始めたのがわかる。あるいは、亡くなったのかもしれない。そういう時期になってきたのだ。

古本屋めぐりは、ぼくの娯楽の一つなのだけれども、この一、二年のあいだにぼくが学生時代に手が届かなかった本を、よく見かけるようになった。それは、さっき言ったように、同世代、あるいは上の世代の人たちが蔵書を手放しはじめた結果のような気がする。

悲しいという気もするが、同時に、ぼくたちは本当に本をよく読んだ世代なのだと、ちょっと誇らしくも思う。ただね、その古本の値段の安さ、愕然とする。ブックオフなら、みんな百円の棚に並んじゃうんだろうなぁ。そちらの方が本当は悲しむべきことかもしれない。

「マンハント」の創刊号、に戻る。

表紙は、アブストラクトな絵。「エラリイ・クイーンズ・ミステリ・マガジン」の真似、と言ったら元も子もないが、ま、そういうことだろう。

で、そのまま、表紙をめくらない。ぼくの場合、まず、裏表紙に行く。すると、そこには、「マンハント」本国版の誕生のいきさつ、アメリカにおけるハードボイルドの簡単な歴史が述べてある。そして、日本版の抱負で締めくくっている。

ちょっと長くなるけれども、その部分を引用しておく。


1953年・創刊号(アメリカ版のことですね)の原稿を作家たちに依頼するとき、編集者は、こういった。

〝ロマンチックなもの、センチメンタルなものは、いっさいごめんです。必要なものはスリル、アクション、スピード、それと現代社会に生きるあなたやわたしの心情だ。午前3時のタイムズ広場で実際に起るような話を、感傷ぬきで書いてください〟

大家も新人もこれにこたえた。E・S・ガードナア、ミッキイ・スピレイン、イヴァン・ハンタア、クレイグ・ライス、ヘンリイ・ケイン、ロス・マクドナルドなどの人気作家たちの力作が、ぞくぞくと誌上を飾ることになったのである。
　そして我が国でも、スピレインが翻訳されていらい、急激に増えたハードボイルド・ファンの渇をいやすべく、ここに〈マンハント・日本版〉は華やかに進水した。全ページにあふれるサスペンス・スピード・セックスの奔流を身をもって受けとめていただきたい。

定価１００円。IBM8333.

なるほどね、やっぱりスピレーンがきっかけなんだ。それと、作者名、いまでは音引きのオンパレードだけれども、この時代ではあまり使わなかったんだ。もう一つ、本国版の紹介の部分で「スリル、アクション、スピード」となっているのが、日本版では「サスペンス・スピード・セックス」とされているのが、おもしろい。これ、当時、サスペンスの代わりにスリルにして、３Ｓとかいって、正確には１Ｔ２Ｓだけれども、ちょっと流行った言葉だったように思う。

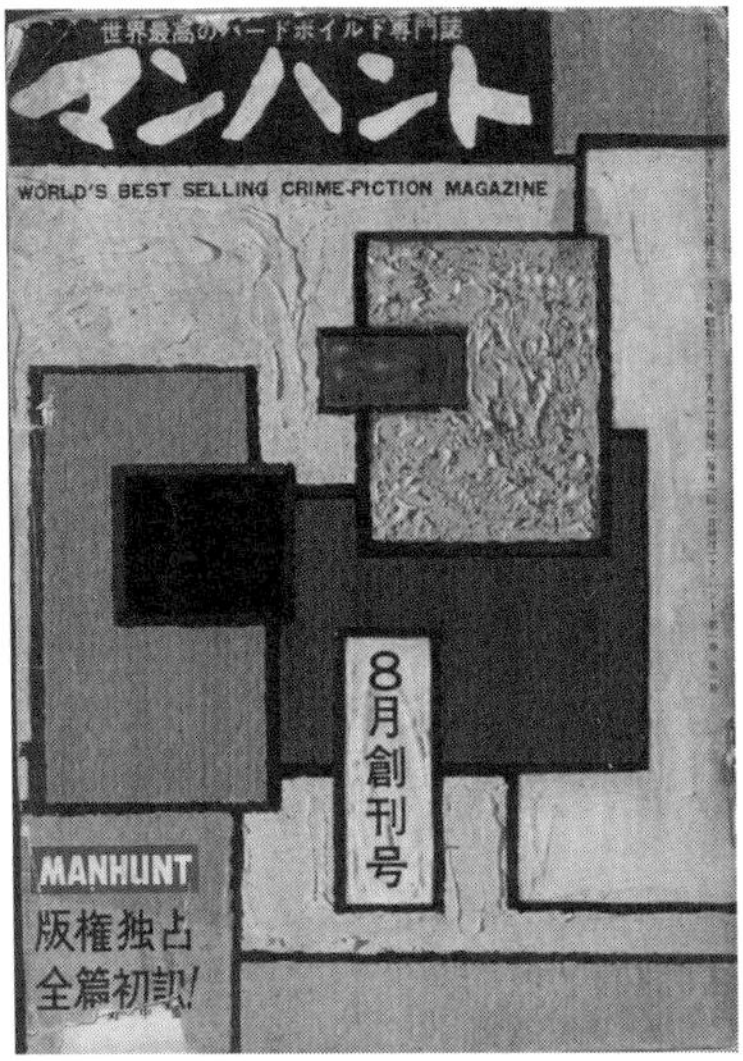

「マンハント」創刊号（1958年８月号）

　でね、まだ、本文には行かない。編集後記。「マンハンタアズ・ノート」という名前だけれども、そこに二人の名前が出ている。一人は「雅」こちらは中田さんに違いないが、取り上げたいのはもう一人の「新」という編集者のコメント。

創刊号を作るのに、えらい苦労をしましたが、原文と対訳などなさって、フンガイなすってはいけません。この雑誌は乙にとりすましたホンヤク雑誌じゃありません。珍訳誌、超訳誌とでも申しましょうか、アメリカ人が〈マンハント〉を読んでエキサイトするのと同じくらい、いやその何倍かゾクゾクして、面白く読んでいただけるようにしました。

なあんだ、ぼくがずっと気になっていた翻訳の文体の問題の手がかりは、ここにちゃんと書かれていたんだ。しかし、創刊号にこの雑誌の翻訳は正しくないよ、と堂々と書くというのもすごい。尊敬するね。「乙にとりすましたホンヤク雑誌」というのは、きっと「エラリイ・クイーンズ・ミステリ・マガジン」のことなんだろうなぁ。なのに、表紙が「エラリイ・クイーンズ・ミステリ・マガジン」というのも納得いかないが、それが「マンハント」というものなんだ。アナーキーである。

編集後記からまず読むというのは、ぼくの癖である。文庫でも、解説からまず読みはじめる。ネタばらしになっていると書かれていても、やっぱり、読む。どうしてなんだろうね。癖としか言いようがない。でも、ぼくはまだいい方で、ぼくの知り合いで、ミステリは犯人を知ってから読みはじめるという人がいた。ミステリです。とにかく、最後のページをまず読まないとだめなんだそうだ。

それでおもしろいんですか？　安心して読める方がいいんだ、と言う。で、この人が、そうやって読みながら、最後でぎゃっと言った小説がある。フレッド・カサックの『殺人交叉点』なんですがね、それ。

ぼくも、ぎゃっ、と言った方だけれども、あわてて読み直した。翻訳者の手柄の一つだと思いましたね、あの訳文は。いや、どこが手柄か、書いてしまうと、本当にネタバレになってしまう。気になったなら、とにかく一読を。損はしない。

「マンハント」の訳文も、発明だったと思う。ただ、この創刊号の時点では、ぼくの記憶にある「マンハント」の文体は確立していない。「マンハンタアズ・ノート」で語られているよりも、はるかにまっとうなものに思える。表紙の裏に載っている「マンハント・日本語版・創刊のことば」の文体が、一番「マンハント」的な気がする。今回は引用が多いけれども、ちょっと。

しかし、何しろ、こんな万事ヒネクレた時代ですから、その〃胸に燃ゆる思い〃を吐露するにも、昔みたいな詠嘆調では、とても気がさして、アホらしくて、よういわんワ……というところから、チョイとソラした、そしらぬ顔で、ポイとそこへ投げ出して見せたワ……まあそんなところなのかも知れません。

ハードボイルドが、日本では「非情の文学」などと言われていることに対して、そんなに大上段に構えなくてもいいんじゃないか、という文脈の中の文章。中田雅久さんの手になるものだと思うのだけれども、カタカナの多用、口語の多用という意味では、「マンハント」の文体のモデルになっているんじゃないかと思う。「マンハント」日本版のかたちは、中田さんが作ったんだ。なんたって、「創刊のことば」でこれですからね、立派だと思う。

ということで、やっと、目次にたどり着いた。

この一ページの目次で気がつくのは、前にも書いたことだけれども、訳者が翻訳スタッフとしてまとめて記されていることだ。

荒正人、淡路瑛一、井上一夫、宇野利泰、荻昌弘、北村小松、久慈波之介、今官一、田中小実昌、中田耕治、野中重雄。

壮観である。久慈波之介という人はわからないが、あとの名前については、え、この人が翻訳やってたんだ、というところもあるが、いずれも、のちの大家である。淡路瑛一は、都筑道夫の別名。カート・キャノンを訳していたのは、すでに紹介したけれども、有名な話。

この創刊号で、いま読んでもおもしろいのは、まず、このカート・キャノン。「白い肌に誘われるな!」。作者は、エヴァン・ハンター。次は、フランク・ケーンの「ナイト・クラブの女」かな。これも、のちに「マンハント」の人気シリーズの一つになるジョニイ・リデルもの。もちろん、ぼくの好みの問題もある。ただね、この創刊号だけのことかもしれないが、どうも、話の内容に偏りがあるように思う。

昔、読んだときには気がつかなかったんだけどね。要は、ひどい男にだまされた女が、実は単なる被害者ではなかった、というような話が多い。

例えば、目次のトップのジェイスン・ジャニウアリイ、これいまの表記だとジャヌアリーなんだと思うけど、「地下鉄の中の悪ふざけ」。ニューヨークの地下鉄の中で不良少年たちが、乗客の女の子の胸を触ったりして、ま、痴漢行為をしていたら、周囲の乗客が、少年たちを袋叩きにして、少女を救う、といった話なんだけどさ、最後に被害者の少女が瀕死の少年のリーダーの体に取りすがって泣きだす。このラスト、きっと意外な結末を狙ったんだろうが、唐突過ぎて、このままでは、女はみんな痴漢を待っているみたいな感じにしかならない。いまじゃ、誰もそんなことを信じちゃいない。

　他の話もさ、堅気の男だと信じて結婚したら、そいつは美人局の常習犯で、他の男とセックスさせられてしまう。が、最後に被害者の女は、突如として自分の夫を殺して、自分の手で恐喝を行うようになる。とかさ、女はこわいぞ、わからんぞ、という話が多いわけ。

　エヴァン・ハンターとフランク・ケーンを、いまでも、読めると言ったのは、ミステリのかたちを保っているからだろうな。全部で1ダースある小説の残りの十篇は、ミステリではなく、クライム・フィクションと言うべきものだろう。

　そこで思いだしたのは、表紙のキャッチ・フレーズ。日本語では「世界最高のハードボイルド専門誌」ところが、英語は「WORLD'S BEST SELLING CRIME-FICTION MAGAZINE」。ハードボイルドなんて、一言も入っていない。

　おそらく、ミステリという言葉を入れないことによって、クライム・フィクションのニュアンスを残したっていうところなんだろうな。

　そういえば、ミステリという言葉ではなく、探偵小説という言葉が、「マンハント」では多用されている。「マンハントはハードボイルド探偵小説の専門誌である」とかいったかたちでね。ま、このあたりについては、深入りしない。この連載の最初に語ったけれども、ミステリの話をせずに「マンハント」について語る、というのが目的なんだからね。ま、暴挙といえば暴挙。

　それでも、創刊号にはどんな小説が並んでいたか、それぐらいは書いておいてもいいだろう。

「地下鉄の中の悪ふざけ」ジェイスン・ジャニウアリイ

「白い肌に誘われるな！」エヴァン・ハンタア
「なまめかしい宝石」ブライス・ウオルトン
「招かれざる情夫」マイク・ブレット
「いやらしいカモ」ジョセフ・F・カーラー
「多情むすめ」ジャック・Q・リン
「第二の初夜」ロバート・ターナー
「よけいな指」ハル・エルスン
「最後の大取り引き」チャールズ・ベックマン・Jr
「ストリッパー殺し」シェリイ・ラ・ヴェルヌ
「ナイト・クラブの女」フランク・ケーン
「ごほうびはベッドであげる」アル・ジェイムズ

とまぁ、こういう感じで、艶っぽい気分を狙っているのはわかる。が、具体的にどのような基準で選んだのか、よくわからないところがある。

エヴァン・ハンター以外は、初紹介の作家ばかりではなかったのか。2号からだったかな、作者紹介のページが表3というか、裏表紙の裏、変な言い方ですね、に載るようになったが、創刊号では、何もないまま。

いやここで、これらの作家について何か言うつもりはない。ただね、最後のアル・ジェイムズの作品についてちょっとだけ。

オリジナルの出版社の Frying Eagle Publications について、ネットで検索していたら、おもしろいことに気づいた。グーグルのトップに出てくるのが、なんと裁判の判例なんですね。

どういうことかというと、「マンハント」の1957年の4月号が、ニューハンプシャーで店頭から撤去されるという事件が起きた。「マンハント」の表紙と内容の一部が猥褻だということだったのだが、適用された法律が郵便法というのがおもしろい。要は、猥褻な出版物を郵送してはならないという法律に触れたということなのだ。表現の自由という大変な問題に触れずに取り締まる、という感じがする。発禁ではないわけ。出版したことを問題にするのではなく、出版してもいいけど、郵送しちゃ駄目。ちょっとベニスの商人ですが、結局は、猥褻かどうかの吟味をすることになる。

結審したのは1961年だけれども、その後、現在に至るまで、この種の猥褻出版系の裁判には、必ず判例の一つとして取り上げられるんだそうだ。

この判例を読むとおもしろいんだけれども、まず、「マンハント」という雑誌についての言及。「『マンハント』はその表紙に〝世界で最も売れているクライム・フィクション雑誌〟と表記している月刊誌であり、1953年から、被告であるフライング・イーグル社によって出版されているものである」

そうなんです。この裁判の被告は、フライング・イーグル社とその親会社の Michael ST John社。このマイケルSTジョン社という出版社は、世界初の立体コミック・マガジンを出したことで歴史に残っている。一番有名なのはスーパーマンのねずみ版「マイティ・マウス」だろうな。

それにしても、この「マンハント」という雑誌の描写がすごい。即物的。

さてと、問題の「マンハント」1957年の4月号。「この号は、二篇の中篇と十篇の短篇、そのいずれにもイラストが付けられており、十九のショート・コラムで構成されている。表紙には男の死体を前にして硝煙が出ているピストルを手にした身体の一部を衣服で被った女の絵が描かれている。裏表紙および表2表3には広告が載っている」

これまた、無味乾燥をそのまま文字にした感じです。でもこう書かれると表紙がすごく下品な感じがするでしょ。実際には、ネグリジェのようなものを着た女がピストルを手にして立っているだけ。どこが猥褻、どこがエロか、わからんという代物。それでも、この「マンハント」の1957年4月号の小説全部と、イラストを詳細に検討した結果、この表紙と二篇の小説が、猥褻と認定されてしまった。

一篇は、ポール・スウォープの「Object Of Desire」、「欲望の対象」というタイトルで1958年の11月号に訳載されている。

もう一篇が、この創刊号のアル・ジェイムズの「ごほうびはベッドであげる」。

すでに読み終えていたんですがね、えっ、どういう小説だったっけ。また読み直してしまった。判例としていまだに残っている歴史的な作品と思うと、読み直すよね、そりゃ。

ならず者のマック君が主人公。バーで飲んでいると、やたらに色っぽい女が誘いをかけてくる。こんなゴージャスなお女性に声をかけられたことなんてないマック君はすっかりその気になって誘われるままに女の家までついていく。さて、このまま、ベッドインかと思ったら、ドアを開けてびっくり、男の死体が転がっているじゃありませんか。どうなってるんだ？　すると女が、この死体どこかで始末してきてよ、とおっしゃる。さすがにためらうマック君。すると女はストリップを始めて真っ裸。

始末してきてくれたら、この体、ごほうびに好きにしていいのよ。

そこで、マック君、がんばりました。大汗をかきながらも、とにかく死体を人目につかぬ場所に捨ててくる。さあ、いよいよベッドでごほうびだぞ。女の家に戻ると、どうしたことか、家中まっくら、女が起きてきて、あんた、誰？　死体？　何を寝ぼけたことを。警察、呼ぶわよ。

マック君、ここでようやくいっぱい食わされたことに気づくわけ。

さて、この結末は？

知りたいのなら、創刊号を探してください。


というのはあんまりだよね。そこまでやる価値はない。

考えたね、マック君。死体をもう一度、汗をかきかき、運んできて女の家の居間に放り込む。で、一言「さあ、姐さん、また服を着て、間抜けなカモを探してくるんだな」。

これでお終いです。

ベッドシーンがあるわけでもなく、どぎついセックス描写があるわけでもない。主人公が女の体に触れる描写すらない。色っぽい描写は、ほとんど視覚的なもの。本当、これだけ。

どこがエロだ？　どこが猥褻だ？　ということなんですが、実際、当時の評価としてもマイルドではないか、というものが多かった。でも、結果は結果ですからね。

表紙の女の絵がまずい、という意見があったらしい。ちょっと笑っているように見えるんですね。人を殺すことを楽しんでいるように見える。言いがかりとしか思えん。しかもですよ、小説の中には、この殺しの場面は出てこない。主人公は死体を見ただけなんです。

ま、この判例を斜め読みしただけなんでね、何か言うのも無責任だけれども、どうも、全体の印象で構成されている気がした。「マンハント」という雑誌、本国でも評判悪かったんだろうな。下品、猥雑、通俗。その意味では、日本版の「マンハント」はいい意味で、その流れを受け継いでいたんだと思う。

いや、本国版よりも、日本版は相当お洒落にできていたように思う。「マンハント」に夢中になっていた頃、神田や六本木の古本屋で、本国版を目にして、何冊か買ったけれども、まったく別の雑誌という感じでがっかりした覚えがある。

1958年の12月号、日本版創刊五号目ですが、そのマンハンタアズ・ノートにフライング・イーグル社からの手紙を紹介している。「実にすばらしい仕事と感嘆させられました。デザインといい紙質といい、その他あらゆる点で卓越した出来ばえをしめしています」というようなものなのだけれども、当然という気がする。なかでも、紙質に言及されているのが、なるほどね、「マンハント」の本国版はいわゆるパルプ紙を使っているわけで、「マンハント」の日本版の紙は、スリックまではいかないが、パルプに比べれば明らかに高級な感じ、格上です。

どちらにしろ、アメリカからの便りというのは、相当に意味があったんだろうね。当時の海外との距離感を感じる。

この距離感ということだけれども、「ごほうびはベッドであげる」についての裁判沙汰、日本には伝わっていなかったんだろうと思う。もしも知っていたら、当時の編集の感じで言えば、もう一つの「欲望の対象」と合わせて「アメリカで発禁の問題作！」くらいのたたき文句を付けただろうと思うからだ。ま、進行中の裁判に遠慮したってこともあるかもしれないけれど。

あ、そうだ、「ごほうびはベッドであげる」、ぼくが読んだのは、翻訳だけ。オリジナルは確認していない。オリジナルはもっとすごいという可能性はある。ただね、〈新〉がマンハンタアズ・ノートで述べているように、「マンハント」の翻訳のスタイルで言えば、オリジナルを過剰に演出することはあっても、マイルドにするはずはないとしていいんじゃないかと思っている。

創刊号のコラムの話をしよう。「マンハント」の売り物はコラムであったと思っている。少なくとも、ぼくが楽しみにしていたのは、コラムであった。本国版に失望したのは、読みたくなるコラムが皆無だったこともある。

が、この創刊号では、コラムはたった四本。

そのうちの二本は、青江耿介の「マンハント・スクゥエア」、〃一席ブツときのネタ〃というサブタイトルが付いている。このコラム、ライターを変えながら、1960年の9月号まで続くことになる。初期の「マンハント」のコラムの代表的なものと言っていい。実は2号から、「マンハント・スクエア」と表記を変えるのだけれども、最初は、小説の中に出てくるようなアメリカ的なものの解説という傾向があったが、そのうち、パリの話が出てきたり、田中小実昌が書いていたり、ピート・チャンバースの訳者の中田耕治が、ピート・チャンバースにまつわる食い物の話を書いたり、なんでもありになっていった。

この創刊号では「ライセンス」で、私立探偵のライセンスについての話、もう一つは、出ました、前回ちょっと書いた「バーレスク」、ま、ほとんどはストリップの話なんだけれども、ヨーロッパとアメリカ、そして日本のストリップの違いなんてことが書かれている。

あとの二本。岡俊雄の「ミステリ映画やぶにらみ」、おやおや、ミステリという言葉は「マンハント」ではあまり使われていないと言ってしまったけれど、ちゃんと使われているじゃないか。音引きを使うかどうかは、ぼくの個人的な好みの問題。詮索しないように。

この「ミステリ映画やぶにらみ」は、2号で終わるのだけれども、映画のコラムは、常に「マンハント」のどこかに存在していて、「スクリーンつまみ食い」とか、「ヒネクレ族のシネ手帖」、「シネ手帖」、ついには「シネクレ手帖」なんてタイトルで続いていった。この創刊号では、マイケル・アンダーソンの『生きていた男』とオーソン・ウェルズの『黒い罠』を取り上げている。前者はビリー・ワイルダーの『情婦』と比較して、『情婦』の方が出来がいいね、と言ってみたり、後者については、オーソン・ウェルズの演出が空回りと言ってみたり、辛口。

で、この「ミステリ映画やぶにらみ」のページを開くと、その反対のページに、アレレ、江戸川乱歩と木々高太郎の名前が。

創刊への祝辞なんですがね、要は。あわてて、目次を見ると何も書いてない。すごいよなぁ。ミステリ界のビッグ・ネームが二人出ているのに、目次に出ていない。ミスかもしれないけれど、「マンハント」らしいと思う。

で、乱歩の言葉は、「エラリイ・クイーンズ・ミステリ・マガジン」、宝石社で「ヒッチコック・マガジン」から短篇を訳載することと合わせて、アメリカの主要な三誌が日本で読めるようになってめでたい、というようなことが述べられている。

おもしろいのは、木々高太郎の方で、翻訳について、語っている。

外国の探偵小説もよいが、判らぬ翻訳がいちばん困る。幸い日本人は判らぬものが有難いと考える人もあるので、やっと救われている本や雑誌がいくつかある。

今度出る「マンハント」は、その点、正しい、然し絶対にわかる翻訳にするというので、私はまず大賛成である。

但し、わかるといっても、下らぬものだけではいけない。内容のよい、内容の或る程度難しい、然し絶対にわかるものであって欲しい。

この木々高太郎の指摘は、いまでも通用するところがある。ただ、ミステリの翻訳の難しさは、語学あるいは日本語の力以上にアメリカの文化や生活の知識がないと失敗するというあたりにある。ことにハードボイルドに関しては、アメリカの日常生活が背景に強くあるわけで、そのあたりの難しさが「マンハント」の翻訳にも見え隠れしている。例えばこの創刊号でも、どの作品かは言わないけれど「いつものブルボンを一杯ひっかけて」なんて文章が出てくる。それ、バーボンの間違いだろ、といまの知識なら言えるが、その当時ではわからなかったことだ。どの号のどの作品だったか覚えていないが、隣のマクドナルドさんの家でハンバーガーを買ってきてしまったりする描写があったのを覚えている。

笑ってはいけない。ぼくは、それを読んで育ってきたのだ。あとで考えれば、ありえないことでも、同時代では誤訳とは言えないというのはたくさんある。「隣のマクドナルドさん」というのは、ぼくのお気に入りのフレーズの一つ。

本当に横道にそれてばっかりだね。

コラムの最後は、「アメリカよろめき歩き」。ライターは矢野徹。SFの大先輩の矢野さんである。彼は日本人で初めてSFのワールド・コンベンションに出た。1953年のことだ。で、このコラムはそのときの体験談。酒と女の話。「マンハント」の方針に合わせたんでしょうね。といっても、下品ではない。なんかむちゃくちゃなことしていました、という話。黒人専門のバーで知り合ったゲイの黒人の家に行ってしまったり、矢野さんらしい。1923年の生まれで、亡くなったのは2004年。ついこのあいだのこと。で、当時の矢野さんは、三十歳か。

ぼくがご本人に聞いた話で好きなのは、ニューヨークだったと思うが、ダウンタウンで、浮浪者みたいな男に十セント恵んでくれと言われる。ぼくが初めてニューヨークに行ったのは、70年代の初頭だったけれども、金くれ、タバコくれ、と言うやつらにけっこうぶつかったのを覚えている。無視するしかなかったのだけれども、当時の矢野さんは違った。十セント？　やってもいいけど、何に使うんだ？

すると、相手の男は、それで一杯やるんだよ。それを聞いた矢野さん、え？　十セントで呑めるのか？　俺も連れてってくれ。で、その呑み屋でべろべろになるまで呑んだそうだ。いい話だよねぇ。

このコラムの最後にワシントンのバーで未亡人と称するオバさんに教えられたニューヨークの酒場のアドレスが書かれている。機会があったら、行ってみたら、としてあるのだけれども、その最初の酒場のアドレスがなんとバワリー。それって、カート・キャノンが呑んだくれていたアル中の巣窟みたいな場所じゃないの。

実は、ぼくも、バワリーに行ったことがある。70年代の後半。その時点でさえ、ダイアモンド・ストリートとか言われていてね、夜も深くなるとタクシーも行ってくれない。なんでダイアモンドかというと、車のライトで照らされた路面がきらきら光るからなんだって。割れた酒のビンの破片が路面に散らばっているのだ。ぼくが、そのあたりを、歩いたのは夜中の十二時とか三時頃だったんだけど、少しダイアモンドだった。なんでそんなところを、というのはまた別の話、ここでは割愛。いまは、きれいになってる。

でもまあ、この酒場に行った人がいたらその感想を聞きたいな、と思うけれども、どうやら漫画家の富田英三という人がこの酒場のことをどこかで書いているらしい。読みたいな、と思って、最後のページの次号予告を見たら、「メリケン無宿」富田英三、と出ているではありませんか。ぼくの本の山の中から、2号も探さなきゃならないのかと、頭を抱えたのだけれども、幸か不幸か、2号にはこのエッセイは載っていないことがわかった。富田英三が「マンハント」に書くのは1960年になってからで、その後、表紙のデザインも担当することになる。

堀内誠一という雑誌のエディトリアル・デザインのスーパースターがいるんだけれども、この人は富田英三の影響を強く受けていたという話があって、そうだとすると、「マンハント」の表紙が、初期の「アンアン」のデザインに少しは影響があった、というようなことがあったら、おもしろいよなあ。無理か。

さてと、「マンハント」のエッセイ、魅力的なかたちになったのは、この創刊号から一年以上経った1960年頃だと思う。植草甚一の連載も始まるしね。ぼくがヌード写真に引かれて「マンハント」を手に取ったのは61年頃のはずだから、幸運だったのだろう。

そういえば、「マンハント」にヌードが入ったのは、いつだったかというと、カラーのピンナップは、1959年頃。

でもヌード、といってもほぼ水着ですが、それが登場したのは、58年の12月号。五号目です。マンハンタアズ・ノートには「グラマア・フォトを掲載したり、写真構成の挿絵を試みてみたりしましたが、いかがでしょう。事情の許す範囲で日本語版・独特のスタイルを出してみようというわけです」としてある。

「マンハント」は一年以上かけて、ゆっくりと成長していったのだ。

いい時代だったと思う。

「マンハント」に欠けていたものの話

「マンハント」に欠けていたものがある。

「マンハント」は、十代のぼくにとって必要なものをほぼすべて網羅していた。ヌードも、小説も、様々なコラムも、植草甚一も、片岡義男も、小鷹信光も、みんな装備していた。その意味では、ぼくの理想に近い雑誌だった。が、一つだけ、重要なものが欠落していた。マンガである。

いや、もう一つ、いまの雑誌にあって「マンハント」にないものがあった。グルメ系のページだ。あるいは、レストランの情報も含めて、ショッピング系のものもない。レストランやショッピング系の情報というのは、60年代の終わりから、「平凡パンチ」あたりで、出はじめたのだと思う。その後「ポパイ」をはじめとするライフスタイル情報誌というようなものが、この種の情報を膨大に流しはじめた。

なぜ、グルメ情報のようなものが「マンハント」になかったのかと言えば、社会全体にそのような概念がなかったのだと思う。食事が娯楽なのだというのは、ぜいたくを通り越して、ほぼ無意味な考え方だった。ぼく自身にしても、食事というのは、まずなによりも、満腹感を得るものであって、おいしいとかまずいとかいうものではなかったように記憶している。あるいはまた、男が食べ物について何かを言うというのは、さもしいというか醜いというか、美学としてありえないことの一つだった。もちろん、歩きながら、何かを食べるというのは、下品の極みというところがあった。

そういえば、ニューヨークでミュージカルなるものに連れて行かれたとき、その中途半端な開始時間が七時とか八時で、終わりが下手すれば真夜中近くになる。釈然としないので、これじゃ、飯も食えないじゃないか、どういうこと？　と地元の人間に訊いたことがある。その答えに驚くとともに、妙に納得した覚えがある。

ディナーなら、ディナーでもいいよ。夜の楽しみ方の問題だからね。は？ ディナーに必要な時間と、ミュージカルを見るのに必要な時間は、同じなんだよ。両方とも、夜のエンターテインメント、時間の過ごし方としては、同じことなんだよ。

70年代の半ば頃だったと思いますが、食事は娯楽なんだ！　しばし、呆然としたことがあった。もちろん、それが本当かどうか、確認はしていない。でも、なるほど、と思った。まっとうなレストランで、まっとうなディナーを食べるというのは、特別なことなのだ。食事が空腹を満たすものだけではない、ということを、そのとき初めて知った。

実際、この国で、グルメなどという言葉が一般化したのは、そんなに昔のことではない。80年代の終わりのバブルの時代ではなかったかと思う。いや、充分に昔か。

さてと、マンガに戻る。

なぜ、マンガがなかったのか、この理由も、難しいものではないと思っている。マンガは、子供のものだという認識だったのだと思う。モダンな雑誌という観点からすると、マンガは「マンハント」の誌面にそぐわない、ということだったのではないか。

実は、「マンハント」の最後の時期にマンガが載っている。しかしそれは、日本固有の劇画と言われるようなストーリー・マンガではなく、一コマ・マンガだったわけで、それがすべてを説明しているように思う。それは大人を対象としたマンガだったのだ。

「マンハント」のライバル誌であった「ヒッチコック・マガジン」は、「マンハント」よりも早くマンガを載せていたが、いや、これがね、一コマ・マンガなんだけれども、ディラン・トマスの詩に長新太のマンガが付いているというようなもので、いわゆるマンガの範疇を超えていた。対象は大人であり、大人のマンガという意味はわかってもらえると思う。

一コマ・マンガというのは、通常カートゥーンと呼ばれるわけだけれども、十九世紀の半ばにイギリスの風刺雑誌「パンチ」で掲載されたのが始まりということらしい。もともとは、政治家たちへの風刺ということだったが、それらの政治、時事ものは、エディトリアル・カートゥーンと呼ばれるものになり、一コマ・マンガとしてのカートゥーンとは一線を画するようになる。十九世紀の末にはアメリカで、このカートゥーンの発展形としての四コマ・マンガ、言ってみれば文字通り、起承転結を持ったマンガが現れる。イギリスではカートゥーン・ストリップス、アメリカではコミック・ストリップス、あるいは、単にコミックス、と呼ばれるようになった。

こうして見ると、ぼくたちが新聞で見る政治や時事ものは、エディトリアル・カートゥーンだったわけだし、「サザエさん」はコミックスになるわけだ。

別の言い方をすれば、前者は大人向けであり、後者は子供を含む一般向けのものということになる。皮肉と言えば皮肉だけれど、この二つのあいだには、どうもヒエラルキー的なものが存在したと思われるのだが、高級なはずの前者が、すぐに忘れ去られていったのに対し、後者のコミックスは、例えば一冊の本にまとめられて、読み継がれていくことになったりする。

四コマ・マンガと言ったけれども、それは厳密なものではない。例えば、「ポパイ」、こちらはオリジナルのコミックスの「ポパイ」だけれども、それに「ブロンディ」は、四コマのこともあれば、三コマ、あるいは一ページ以上の場合もあったりする。いや、この二つのコミック・ストリップのタイトルを挙げたのは、先ほどのグルメの話からの連想で、実はね、この二つのコミックは、ぼくの頭の中のアメリカの食べ物と密接に結びついているのだ。

「ポパイ」の場合は、ウィンピーという登場人物が常に手にしていた食べ物ね。ハンバーガーです。考えてみると、ぼくは本物のハンバーガーをアメリカに行くまで食べたことがなかったように思う。いや、例えば、かって六本木のロア・ビルの前にあった「ハンバーガー・イン」のハンバーガーとか、東京でも食べることはあった。でも、あのアメリカの肉がぎっしりという感じではなかった。なによりも、「ポパイ」で知っていたハンバーガーは、小さな食べ物という感じだったのに、ボリュームで圧倒されたことを思いだす。LAのハリウッド・ブールバードのはずれにあった「ハンバーガー・ハムレット」だったかな、最初のメイド・イン・USAのハンバーガーは。

普通、「ポパイ」における食べ物というのは、ホウレン草の缶詰なんだと思うのだけれども、実は、ぼくはその缶詰を見たことがない。最初はアメリカのスーパーで面白半分に捜したことがあったが、見つからず、それ以来本気で探したことはないわけだから、なんとも言えないがね。どちらにしろ、食べたいとは思えないじゃないか。それは、やっぱりハンバーガーの勝ちでしょう。

「ブロンディ」の方は、これはもう、夫のダグウッドが作るダグウッド・サンドです。夜中に台所に入って、冷蔵庫の中にあるものをなんでもかんでも積み上げてサンドイッチにしてしまう。どう見ても一メートルはありそうなものになる。この巨大なサンドイッチは、ぼくだけではなく、多くの人が、「ブロンディ」の最も強いイメージの一つとして語っている。ただ、ぼくとしては、作っているところは記憶にあるのだが、あの巨大なサンドイッチをダグウッドが食べているところは、まったく記憶にない。どうしてなんだろう。

「ブロンディ」（「朝日新聞」1950年3月1日より）

「ブロンディ」については、戦後日本のアメリカナイゼーションという観点から、岩本茂樹という人が『憧れのブロンディ』（新曜社）という本を書いている。この中で、あの巨大なサンドイッチは、Icebox Sandwich（冷蔵庫サンド）と呼ばれているものだとしてある。じゃあ、どうしてぼくはダグウッド・サンドとして覚えているんだろう。日本だけの呼び方なんだろうか。

　実は、このダグウッド・サンドというのは、ぼくのアメリカのサンドイッチの原像になっていて、アメリカでサンドイッチを食べるたびに、頭の中で、目の前のサンドイッチとダグウッド・サンドを比べていた。大体の場合、アメリカのサンドイッチは、パンよりも具の方が大きい。やっぱりね、などと、一人で納得するわけだ。で、イメージに一番近かったのは、アメリカン・クラブハウス・サンドというものだと思う。メインがチキンというのは、本当は気に入らないのだが、それでも、どうやっても口の中におさまらない厚さに四苦八苦する気分がうれしくて、何度も食べた。下手すると二十センチ近いこともあるからね。どうやっても、一口でガブリは、無理です。現地の人間はどう食べるのか、絶対ガブリだよな、そう思っていたのに、ナイフとフォークで分解して食べているアメリカ人を見て、妙にがっかりした覚えがある。

この本で知ったのだけれども、「ブロンディ」は、1949年から1951年まで、朝日新聞の朝刊に掲載されていたのだという。四コマです。日本における「ブロンディ」の受容は、この新聞連載によるということになっているのだけれども、ぼくが読んでいたのは「週刊朝日」の連載で、四コマではなかったように思う。ただね、「週刊朝日」の連載は1956年に終わっているのだが、そうなると、ぼくはまだ小学生になったばかりの頃に、「週刊朝日」を読んでいたことになる。うーむ、いくらなんでもなぁ。早すぎるだろう。

このあたりのことになると、自分でもよく覚えていないので、もしかしたら、単行本で読んだのかもしれないのだが、「ブロンディ」と「週刊朝日」というのは、ぼくの記憶では、きわめて密接にむすびついている。不思議だ。

そうだ、どうも、ぼくは毎回同じような間違いをしている。ぼくの中の常識が実は常識ではないということだけれども、「ポパイ」と「ブロンディ」はみんな知っているわけではない。「ポパイ」は、オリジナルのマンガを知らなくても、例えばマガジンハウスの「ポパイ」は、当然このキャラクターの名前を借りたものだし、「オリーブ」はポパイのガールフレンド、「ブルータス」は彼のライバルのブルートのことだったりするわけで、少しはなじみがあるだろう。でも、「ブロンディ」については、知らない人の方が多いかもしれない。ちょっとだけ説明をしておく。

「ブロンディ」は、もちろん、ロックのブロンディの元ネタだけれども、1930年にチック・ヤングが創りだしたキャラクターで、その名のとおり、ブロンドの女の子。最初は、男の子と見ればすぐちょっかいをかけるというタイプのキャラクターだった。それは当時の女の子の一つの典型だったということなのだが、すぐに人気がなくなり、編集者が、彼女を結婚させてホームドラマに仕立てたらどうだ、というアドバイスをしたんだそうだ。要は、チック・ヤングがその時代の女の子の姿を描くということに無理があるのではないか、ということで、ホームドラマなら、ヤング君、君でもよく知っている素材だろうと、若干のジョークでもあったのだろうが、すでに家庭を持っていたチック・ヤングはすぐにそのアドバイスを入れて、ブロンディとダグウッドを結婚させてしまう。

実は、ダグウッドは鉄道王の一人息子だったのだが、どちらかと言えば下層階級出身のブロンディとの結婚には一族が反対、勘当されてしまう。1930年代のアメリカにはこの手の階級意識がまだ強かったわけだ。でも、愛のために財産を捨てたダグウッドは、普通のサラリーマンとなり、ブロンディとの家庭生活を始める。

ぼくたち日本人の読者が知っていた「ブロンディ」は、この結婚後の話。美人で頭のいいブロンディと、いい人だが、うだつの上がらないダグウッドという夫婦が見せてくれたのは、アメリカという別世界の日常生活だった。ことにブロンディの様々な命令に従順に従うダグウッドの姿は、ある種の驚きとともに日本では受け止められた。夫は家庭の中では、妻のいいなりになるというのが、アメリカ的夫婦像である。あるいは、近代的な夫婦像ということになったのではないか。そしてまた、巨大な冷蔵庫、洗濯機、掃除機といった家庭用電気製品、それに冷蔵庫の中の豊かな食料、そのディテールのすべてが、あるべきこれからの家庭の理想像としてとらえられた。

いや、極端な意見でしょうがね、それでも、アメリカ文化の受容に対して、この「ブロンディ」の果たした役割が大きいというのは、間違いではないだろう。ぼくにしてみても、ぼくの中のアメリカの家庭のイメージに近いものね、「ブロンディ」は。

「ブロンディ」を持ち込んできたのは、アメリカ軍であり、それが占領戦略の一環として行われたということになる。アメリカが自分たちの文化を戦略的に利用したのは事実だ。だから、なぜ「ブロンディ」が持ち込まれたのかということについては、占領軍の意志であるという以外には答えはない。

ただ、「ブロンディ」のために一言言っておきたいのは、「ブロンディ」がそういう目的、つまり占領地の教化のために描かれたのではない、ということなのだ。「ブロンディ」はあくまでも当時のアメリカの普通の家庭のホームドラマであったのだ。

アメリカ文化の紹介のためにマンガを使うというのは、実に素晴らしいアイディアだと思う。映画や、TV番組、雑誌も同じ目的で日本に導入したわけだが、マンガというのは、日本人的に言うと想像の埒外にある。では、なぜ、「ブロンディ」でなければならなかったのかというと、ぼくは、はっきり言ってこの手のコミックスに関しては素人同然で、大した知識はないのだけれども、「ブロンディ」と同種のマンガはなかったのではないか、と思う。「Little Orphan Annie」は違うし、もちろん「ピーナッツ」も違う。

その意味では「ブロンディ」は、きわめてユニークな存在だったように思う。テレビで「奥さまは魔女」が始まったとき、主人公の魔女サマンサと夫のダーリンとの関係は、そのまま「ブロンディ」のそれと重なって見えたりしたものだ。「うちのママは世界一」もそうだったよなぁ。「ブロンディ」は、アメリカン・ホームドラマの元型の一つだったと思うのだ。

日本の家庭の日常を、外国に紹介するという目的でマンガを選ぶとすると、何が最も似つかわしいか。ちょっと考えてみてもらえばわかる。

例えば「サザエさん」は、それに近いが、日本の家庭生活に憧れを持たせることができるかと言えば、ちょっと違う。宣伝としての効果は期待できない。

もう一つ付け加えておけば、チック・ヤングの死後も、現在に至るまで、「ブロンディ」は描かれ続け、いまだに多くの新聞がそれを掲載している。

この事実は「ブロンディ」の占める位置をよく表していると思う。すべては、アメリカの家庭の日常を語るということにあるのだし、それが、「ブロンディ」の意味でもあり、特質でもあるということだ。

そして、これがストーリー・マンガではないことが、重要なことだと思う。カートゥーンの流れをくむ四コマ・マンガの系列に属している。

アメリカン・コミックスというと、すぐに「スーパーマン」や「バットマン」「Xメン」といったスーパーヒーローものを連想してしまうが、それとは異なるものも存在しているわけだ。

もちろん、日本も同じで、ストーリー・マンガではないマンガは、存在する。あるいは、ギャグマンガというかたちのものもある。新聞に載せられているマンガを考えてもらえばいい。それは、エディトリアル・カートゥーンであり、カートゥーン・ストリップスである。

エディトリアル・カートゥーンについて、もう少し書いておく。

手元に、1978年の『ベスト・エディトリアル・カートゥーンズ・オブ・ザ・イヤー』がある。この号は、その年に亡くなったエディトリアル・カートゥーンの大家Cy Hungerfordに捧げられている。八十九歳で亡くなったのだが、七十四年間エディトリアル・カートゥーンを描き続けていたのだという。いや、この名前は聞いたことがあったが、そんなに偉い人とは知らなかった。それ以上にどのようなものを描いていたか、そのことすら知らなかった。

このベスト本は、過去に五冊出ているというのだが、過去のものも、これ以降のものも見たことがない。ただ、それでも、エディトリアル・カートゥーンがどのようなものであるかを知るには充分役に立つ。

まず目次。受賞したエディトリアル・カートゥーンが並べられている。エディトリアル・カートゥーンに賞があるとは知らなかった。ちなみにその賞とは「Pulitzer Prize Editorial Cartoon」「Sigma Delta Chi Awards」「National Headliners Club Awards」「National Newspaper Award / Canada」の四つ。

最も歴史があるのは、ピュリッツァー賞で、1922年に始まっている。シグマ・デルタは1942年、ナショナル・ヘッドライナーズは、1938年、最後の賞はカナダのものだが、1949年に始まっている。七十年から百年に近い歴史を持っているわけだ。そして残念なのだけれども、ぼくの知らない名前が並んでいる受賞者リスト。

目次に戻ると、作者別ではなく、素材別になっている。最初は、当時の大統領、ジミー・カーター を扱ったもの。その次が、財務長官だったたっけ、バート・ランス、それから国連代表のアンドリュー・ヤング、といった人物もの、それから韓国のスキャンダル、米議会といった時事ネタ。以下、経済、外交、人権、中東、パナマ運河、アフリカ、アラスカ・パイプライン、エネルギー、テロ、リチャード・ニクソン、官僚主義、公害、教育、犯罪といったテーマが並ぶ。実に70年代という気もするが、エディトリアル・カートゥーンがどのようなものなのか、わかると思う。それとともに、なぜ、それらの作品が消えていくのかもわかるはずだ。だって、知らない人や事件のマンガを読まされても、おもしろくないだろう。エディトリアル・カートゥーンは、結局、時代から逃げることはできない。もしかしたら、一年の命なのかもしれない。

ぼくがアメリカン・コミックスを読みはじめたきっかけは、「スーパーマン」だった。そして「バットマン」、それからスタン・リーのマーベル・コミックス。「スパイダー・マン」「Xメン」というように深みにはまっていったわけだ。

標準的なコミックスの読者だと思う。ただ、幸運だったのは、マーベルのコミックス革命をほぼリアルタイムで経験できたことだろう。解説されなくても、何かが変わってきているぞ、ということを体で感じることができたわけだ。

それでも、同時に、そうしたスーパーヒーローもの以外のコミックスも読んでいた。というよりも、読まされていた。それは、これまでも何度か触れているけれども、メンズ・マガジンのおかげだった。つまり、なんだかわからないが、カットのようにして、一コマ・マンガ、例えば孤島マンガのようなものが、放りこまれていたのだ。

それらに何か重要な意味があるとは思ってもいなかった。刺身のつまですね。

こうした一コマ・マンガを初めてまともに取り上げたのは、星新一の『進化した猿たち』（早川書房）だけれども、それ以降、日本はもちろんだが、欧米でも、まともな考察はなされていないように思う。その意味では、空前絶後の試みだった。

『進化した猿たち』がユニークだったのは、アイディアという視点で全体を捉えようとしていたことで、いかにも星新一らしい。が、逆に言えば、この偉大な作家にしかできないことだったかもしれない。

ぼくはと言えばですね、こういう系統だった読み方をしていたわけではない。例えば、「MAD」に巡り合って、バックナンバーを集めたりしていた。「MAD」の表紙には、いつも、どこか間抜けな少年の顔が出ていたのだが、彼の名前がアルフレッド・E・ニューマンというのだということを知ったのは、都筑道夫の小説、たぶん『猫の舌に釘を打て』だったと思う。いや、そういう名前だったのか、それを知ったときには妙にうれしくて、どこかで使えたらな、と思いながら、ついにそんな機会はなかった。アルフレッド・E・ニューマンは、その先祖をたどると十九世紀までさかのぼることができるという考察もあるらしいが、要は、無邪気な愚か者、ということなのだと思う。が、アメリカのポピュラー・カルチャーにとっては重要なキャラクターで、例えば、大統領選挙のときには、アルフレッド・E・ニューマンに一票を！　というようなスローガンが出たりする。それもすべて「MAD」の表紙に彼の顔が出るようになったためなのだが、どうしてそういうことになったのか、なぜ、この少年が「MAD」のマスコットのキャラクターになったのか、よくわからない。編集者たちのお遊びの結果なんだろう。

「ＭＡＤ」という雑誌については、本当なら、一章を立てなければならない。それだけの価値がある雑誌だと思う。１９５２年にコミック・ブックとしてスタートし、１９５５年に雑誌のかたちになったわけだが、それ以来、いまだに、続いている。化け物のような雑誌だと思う。

アメリカでほぼ唯一のユーモアマガジンであると思うし、コミック・マガジンでもある。

今回はね、一コマ・マンガということで、「ＭＡＤ」に触れるけれども、「ＭＡＤ」は、その専門誌ということではない。「ＭＡＤ」に掲載されたマンガで最もよく知られているのは、Antonio Prohiasの「スパイVSスパイ」だと思う。白いスパイと黒いスパイが、お互いをやっつけあう、というシンプルな構造で、言葉がまったくないヴィジュアルだけの作品ということもあって、日本でもファンが多かった。うろ覚えだが、ファミコンのソフトもあったように思う。

ただ、一コマ・マンガではないし、ぼくにしてみれば、比較的新しいもののように思える。

ぼくが大好きだったのは、「ＭＡＤ」で最もＭＡＤな書き手と言われていたドン・マーティン。１９３１年生まれで、残念なことに２０００年の1月6日にこの世を去った。翻訳本も出ていたけれども、彼の死は日本ではまったく話題にならなかったよね。

彼の作風は、一コマというよりも一ページマンガという感じだったが、何が起こるかわからない、意味もわからないという感じで、その奇妙なエネルギーに圧倒される。スラップスティックという肉体的なギャグのパターンがあるけれども、ドン・マーティンがやったのは、その極度にデフォルメされたスラップスティック・ギャグだった。ドン・マーティンのギャグをめぐって当時のぼくの仲間のあいだで、どういう意味なのか、けっこうな議論になったりしたものだ。日本で言うならば、谷岡ヤスジが、画風はまったく違うが、見ている方向としては近い感じかもしれない。

一コマ・マンガということでは、これまたお気に入りだったSergio Aragonesがやっぱりベストだろうなと思う。

1937年、スペイン生まれ。おもしろいのは「スパイVSスパイ」のフロヒアスを「MAD」に紹介したのは、このアラゴネスだった。その理由がおかしくてね、アラゴネスはスペイン生まれなので、英語は得意ではない。で、通訳代わりに使えると思って、フロヒアスを連れていったんだそうだ。ところが、フロヒアスの英語は、もっとダメだったというお粗末。

でも、そうして見ると、この二人のマンガは言葉に頼っていない。視覚的なギャグ。なるほどね、英語ができなかったから、このスタイルになったんだ。それは、偶然の産物のように聞こえるかもしれないが、一コマ・マンガの本質を衝いているように思う。一コマ・マンガのおもしろさというのは、考えて初めてわかるところにある。落語で言えば、考えオチというやつに近い。あ、そういうことだったのね。それがわかったときの軽い快感がある。あるいは、吹きだしたりする。アラゴネスのものから、いくつかサンプルを挙げておく。

さてと、不思議なのだが、日本では「MAD」のマンガはほとんど紹介されていなかった。日本版か、ベストみたいなものが、出ていたような気もするが、メジャーにはならなかった。というよりも、適当な受け皿が存在しなかったということだろう。

今回のメインテーマは、「漫画讀本」と「笑の泉」を考えていたのだが、イントロダクションの方が長くなってしまった。詳しくは、次回に回す。ただ、「MAD」の受け皿ということでは、「漫画讀本」あたりがそうなるべきであったように思うのだが、狙っていた読者層があまりにも違ったのだろ

SERGIO ARAGONES『INCURABLY MAD!』(WARNER BOOKS) より

う。ありえないことだったのかもしれない。

「ＭＡＤ」は、はっきりと反体制的なものを包括していたわけで、その意味ではヤング・ジェネレーションを対象としていた。それに対して、「漫画讀本」は、大人向けということであったのだ。１９５０年代という時代にあっては、大人と子供が、明確に分離されていたのだ。

　そして、「漫画讀本」に掲載されていた海外のマンガは、もともとイギリスの「パンチ」誌と契約をしていたこともあって、イギリスを中心にしたヨーロッパ系のものがほとんどで、「ＭＡＤ」の対極にあるものが多かった。

「パンチ」については最初の方でも少し触れたけれども、史上初のマンガ雑誌と言っていいのかな、１８４１年創刊、２００２年に休刊した風刺雑誌。一コマ、あるいは四コマというマンガのフォーマットはこの雑誌によって生まれた、ということになっている。そういえば、「平凡パンチ」は、このパンチから来ているのかもしれない。もっとも、1861年に来日した「イラストレーティド・ロンドン・ニュース」の記者チャールズ・ワーグマンが、翌62年に創刊した絵入りの英字新聞の名前が、「The Japan Punch」、パンチという雑誌の名前は、けっこう由緒正しい。ジャパン・パンチは、江戸時代から明治の日本の人々、事件、風俗を伝えていたわけだから、「平凡パンチ」の中身を考えると、こちらがもとであっても、おかしくないかもしれない。

今回は、脇道にそれまくっているが、「漫画讀本」は、当然、オリジナルの「パンチ」の影響を強く受けていて、「MAD」的なものは入りようがない。

「漫画讀本」は1970年に終刊したが、1982年に「文藝春秋」の秋の臨時増刊号として、ベスト版が出版された。その巻頭に編集部から「幻の名誌〝漫画讀本〟について」という文章が載せられている。その冒頭を引用する。

「漫画讀本」は1954年（昭和29年）12月に創刊、日本列島をたちまち爆笑のウズにまきこんだマンガ専門誌です。正統的な四コマ、一コマ・マンガを主体として、知的ユーモアと風刺、そして上品なエロティシズムに満ちあふれる類まれな名誌という高い評価を得て、十六年間にわたりマンガ界をリードし続けましたが、劇画ブームさなかの1970年9月号で、その役割を終え休刊しました。

エロティシズムの部分を除けば、ここで語られている「漫画讀本」の特徴はそのまま「パンチ」の特徴になる。ことに「正統的な四コマ、一コマ・マンガ」というあたりの「正統的な」というところが、「漫画讀本」の編集者たちの自負と誇りが感じられて、おもしろく思える。

この「漫画讀本」のセレクションは、いかにも、正統的であろうとしていたわけだが、それだけではなく、アメリカでも、90年代に入ってから人気が出てきたチャス・アダムスの「アダムス・ファミリー」が、「幽霊一家」というタイトルで連載されていたり、それなりの先見性があった。

でもね、例えば、人気があったとされているボブ・バトルの「意地悪爺さん」。

すでに、１９８２年の段階で、どう調べても何のデータもないと、飯沢匡が、書いているのだが、インターネットのこの時代でも、どう調べてもどこの誰か、わからない。それはそうなんだ。だって、原題もあやふやだし、作者名もカタカナでしか表記されていないんだからね。たぶんオリジナルは「パンチ」だろうとあたりを付けて調べているのだが、いまのところ、何もヒットしてこない。せめて原題と作者名くらいは表記しといてほしかった、と思うのだが、それもまた、時代ということなんでしょうね。楽しみが増えたと思うしかないのだろう。

〈追記〉

「ＭＡＤ」の日本版について、曖昧なことを書いてしまったが、１９７９年にＴＢＳブリタニカから『ＭＡＤ／マッド傑作選・１』が出ている。ぼくがベストか日本版が出ていたと思ったのは、表紙に小さく「ＭＡＤマガジン日本版」としてあったからで、ベストと日本版が表記上混在していたことになる。そのあたりで混同してしまったのだろう。

監修に小野耕世、マッド・アマノ、片岡義男の名前がある。「マッド」をパロディ・マガジンとして売ろうとした出版社サイドの意図が表れている。そしてこの三人の鼎談が収録されているのだが、パロディの話よりもアメリカン・カルチャー、アメリカン・ユーモアの話になってしまっているのが、おもしろい。「マッド」をパロディ・マガジンとして捉えることが、本質からずれているわけで、この三人がそれを修正している感じがあって、さすがだな、と思う。たしかに初期の「マッド」には、コミックのパロディが載っていたわけだが、それはあくまでも初期だけで、この時点で言えば、政治も含めて、アメリカ社会に対する風刺という感じが強くなっていたと思うのだ。

この『マッド傑作選』は50年代から、60年代、70年代と年代別に「マッド」を紹介している。ちゃんと読めば、パロディは重要な要素ではあるけれども、パロディ・マガジンとしてだけでは、「マッド」を捉えることはできないことが、わかるんだけどね。ま、マーケティングの要請でこうなったんでしょうがね。1としてあるが、2が出た形跡はない。

70年代のセクションではドン・マーティンがいくつか紹介されているが、実は、ドン・マーティンはこれ以前にも、日本で紹介されている。1976年に（株）インタープレスから、『MAD'sドン・マルチン調子は上々の巻』という新書版が出ている。アメリカでは「マッド」の作品を集めたペーパーバックのシリーズがあるが、その一冊をそのまま訳したものだろう。この「マッド」の翻訳シリーズは、もう何冊かあったように思うが、アメリカのオリジナルものと混同しているかもしれない。どちらにしろ、このインタープレス版が、日本最初の「マッド」の翻訳ということになるはずだ。

TBSブリタニカの『マッド傑作選』は大判の変形本だが、アメリカでこれを少し小型にしたマッド本がある。『COMPLETELY MAD』。「マッド」の歴史を扱った本で、もちろんアルフレッド・

E・ニューマンの来歴にもけっこうなページを割いている。それによると、アルフレッド君がマッドに登場したのは1956年ということになっているが、それ以前に『Mad Reader』という傑作選の表紙に登場していて、そのすぐあとに、「マッド」のメイル・オーダー・カタログの表紙に使われたのだそうだ。もとはといえば、編集長だったハーヴェイ・カーツマンが、どこかの絵葉書から見つけたものだというが、当然、名前はなかった。読者の意見も含めて様々な名前が使われていたというのだが、同じ出版社のECのジョークライターの一人が、当時のラジオ番組の中からこの名前を見つけてきたのだという。

この紹介の冒頭に1983年にミシガンのガソリンスタンドに、アルフレッド君のマスクをかぶった強盗が現れたが、誰も本気にせず、強盗は何も取らずに逃走したというエピソードが紹介されている。それだけ、彼のことを誰もが認識していたということだ。余談だが、最近話題のイギリスのチャールズ皇太子の当時の写真が、このアルフレッド君にそっくりだという読者の投稿があって、そのまま英国王室のパロディに仕立てたものが載ったりしていた。

この「マッド」の歴史本を眺めていると、日本版の『マッド傑作選』と感じが似ている気がする。アメリカ版は1991年だからね、日本版を参考にしたのかもしれないな。だとしたら、とても素敵だと思う。

「漫画讀本」その他の話

前回、「漫画讀本」で人気があったという「意地悪爺さん」の作者ボブ・バトルについて、何の情報もなく困惑していると、愚痴めいたことを述べたけれども、ありがたいことに、中田雅久さんから、編集部に葉書で「『漫画讀本』所載の『意地悪爺さん』は、外国マンガと思わせて、実は日本製だと思います。当時の小生の推測ではイラストレーターの霜野二一彦氏と思ってたのですが」と書いてきてくださったという知らせがあった。

そうか、日本製か、それならば情報がない理由は、よくわかる。

さっそく、霜野二一彦を検索したのだが、本のカバーのイラストしか見つからなかった。それだけでは、ボブ・バトルなのかどうかは、なんとも言えない。「意地悪爺さん」を何度も見直してみたのだが、どう見ても、欧米風なんですね。アイディアが、日本的ではない。霜野二一彦だとすると、この人のテクニックは半端ではない。そこに感動する。プロというのは、恐るべきものである。

ムーヴィーのカメラマンに、知り合いが何人もいるのだが、その人たちにも同じ感じを受けたことがある。どう見ても普通のおじさんなのに、映像を見ると愕然とするほど美しかったり、色っぽかったりする。実際に見ている風景と彼がファインダーの中に見ている画が、別世界だったりするわけだ。高所恐怖症だと言っていたのに、地上十メートルほどの不安定な足場の上で、命綱もつけずに身を乗りだして撮影をする。あるいは、ヘリコプターから半身を乗りだして撮影をする。大丈夫なの、怖くないの？　と訊くと、カメラを覗いていれば平気、と答えてきたりする。

霜野二一彦の話に戻る。

この話を聞いたときに、すぐ思いだしたのは、カナダのコミック・アーティストのSeth のことだった。１９９６年に出た彼の最初のグラフィック・ノベル『It's a Good Life, If You Don't Weaken』のことなんだけれども、Seth 自身の自伝という体裁。Seth が、大好きだったカートゥニスト、Calo が同じカナダ人であることを知り、彼の生い立ちを調べていく。そして、彼の母親を見つけだして、生前の Calo の話を聞く。とまぁ、こんな筋立てなのだけれども、50年代に Calo が「ニューヨーカー」に作品を売ることに成功したというのが、彼の人生のピークというあたりが、妙にね、泣かせる。

いかにも、実話という感じに仕上がっているのだが、実は、完全にフィクション。巻末に Calo のベスト・カートゥーンが載ってたりね、とても凝っているのだが、それも全部、Seth の自作。ちょっとがっかりしたが、同時に作風を完全に変えてしまうことができる Seth のプロとしての力量に感嘆もした。

だから、ボブ・バトル＝霜野二一彦説に、納得してしまうわけだが、ただ、不思議なのは、「漫画讀本」では、常にボブ・バトルは欧米作家として位置づけられており、60年代になると、E・C・タトル配給というようなクレジットまで付けられている。

このE・C・タトル商会は90年代までだったっけ、神田の神保町に店舗を持っていて、洋書の新本を販売していた。ぼくが探していたSFやカウンター・カルチャー系の本は少なかったので、あまり入らなかったのだけれども、コミック・マガジンとセールのときにはお世話になった。

ペーパーバックを中心とした洋書を漁るならば、東京泰文社、雑誌とペーパーバックなら、ブックブラザーというようになんとなく決めて回ることが多かったが、みんな前世紀のうちに消えてしまった。その後、新しい洋書の古本屋が、何軒か出来たけれども、ぼくが好きなポピュラー・カルチャーものを中心として扱っているところは、ない。

それは、おそらく仕入先の問題なのだろう。というのは、かって神田で手に入れたペーパーバックには、どう見ても、残飯や、バターとしか思えない汚れやシミが付いていたものが少なくなかった。

これきっと、米軍のゴミ箱から拾ってきたんだろう。そう思えたのだが、そんなことが気にならないほどに、ぼくはペーパーバックや雑誌が欲しかった。おそらく、その頃、60年代の半ば頃から70年代にかけての洋書の古本の供給源は米軍のキャンプであったに違いない。ベトナム戦争が終わってから、数量が減っていったのは、そうした米軍の兵士や家族が急速に減っていったからではなかったか。

そうしてみると、60年代は、実は戦後が継続していたようにも思える。米軍の存在が日常的なものであったということだ。それとともにアメリカという国、いや、国以上にそれが代表する文化に対する憧れというものが、きわめて日常的なものとして存在していた。考えてみると、これはとても不思議な状況だった。60年安保が象徴する反米的な気分と、映画やテレビに象徴される親米的な気分が違和感なく共存していたわけだ。ぼく自身のことを言えば、「マンハント」に素直にのめりこめたのは、ぼくの中にアメリカに対するあこがれがあったからだと思っている。そしてその多くはテレビや映画が作りだしたアメリカ像に拠っていたのだと思う。

また脱線しつつあるな。

まず、懸案の「笑の泉」から、始めようか。

「笑の泉」である。とは言いながら、実はわからないことばかりなのだ。まず、創刊も終刊もわからない。１９６０年の時点で百五十号を越えていたから、増刊号その他があったとしても、１９４０年代の終わりには創刊されていないとおかしい。第三種郵便物の認可を得たのが１９４７年だから、ま、その近辺というところだろう。最初の十年ほどは、発行元は「笑の泉社」、その後「一水社」。「一水社」は、現在もアダルト・コミックの「いずみコミックス」をはじめとして出版活動を続けている。この「いずみコミックス」というタイトルは「笑の泉」の泉から来ているという話を聞いたことがあるが、真偽のほどはわからない。

怠惰と言われれば、それまでだが、ま、データ的な部分についてはあきらめてもらうしかない。「笑の泉」の最大の謎は、なぜぼくたちは、この雑誌をエロ雑誌と思っていたのか、そのことだ。いまさら何を、という感じなのだが、いま読み返してみると、どこがエロなのか、わからない。

まず、「笑の泉社」時代の１９５７年の12月号を見てみようか。キャッチフレーズが「なんとなく人生が楽しくなる雑誌」としてある。あはは、適当でいい感じである。「一水社」になるとこのキャッチは、もっと真っ当な「粋と洒落との大人の雑誌」に変わる。たぶん、こちらの方が、この雑誌が目指していたものに近いのではなかったか、と思う。どちらにしろ、エロではないよな。

で、1957年の12月号。表紙は地味です。「特集ドン・ファンの末裔たち」と大きく特集のタイトル。「実録・当世色魔伝」とサブタイトルがついている。前にも書いたような気がするが、実話、ドキュメンタリーは、エロ雑誌の読み物の王道です。やたら硬いけれども、ま、納得できる。

ヴィジュアルとしては、展覧会の絵をモチーフにした写真。ヌード写真ですが、裸婦の絵画をモデルにしたもの。ハイ・ブロウですね。ただ、この写真がけっこう考えられていて、アメリカの一コマ・マンガのモチーフでよく見かけたスタッグ・パーティの一コマみたいに見える。男だけのパーティ。で、出し物がストリップだったりするのだけれども、よく見かけたのは、巨大なケーキの中から、ストリッパーが飛びだしてくるという光景。いや、ほんとにそんなことがあったかどうか知らないよ。でも、ジョークのネタとしては、かなり一般的で、たしかアメリカの時計のコマーシャルだったと思うが、ストリッパーが時間を間違えて飛びだしてしまい、誰もいないパーティ会場で呆然とする、というようなものもあった。あるいは、眼鏡屋のCMで、せっかくのストリッパーがよく見えないというようなものもあったように思う。男だけのパーティに裸の女が付きものということです。

で、なぜ、こんな写真が表紙になったのかと言えば、それは12月号だったからです。クリスマスのパーティ。紙のテープに色とりどりの風船、それにどこのものかわからないけれども、シャンパンらしきボトル。そしてソファーの上にお目当ての美女のヌード。50年代60年代の日本のクリスマスというのは、家庭で過ごすものではなく、男たちは行きつけのクラブやスナックみたいなところで、どんちゃん騒ぎをするというのが、正しいクリスマスのあり方だった。いや、ぼくが経験したわけではない。そういう話やニュースを見聞きしたということです。念のため。

この表紙、もちろん、撮影したのではなくストック・フォトを買ってきたんだろうが、テーマに合わせて探す、このこと一つ取ってみても、「笑の泉」の方向がわかる。「粋と洒落との大人の雑誌」という気分がよく出ている。この方向で全ページが統一されていたら、本当におしゃれな雑誌になっていたんじゃないか、そう思うのだけれども、本文がなぁ、それを裏切っている。特集のタイトル、「未亡人専門の色魔教師」「新婚趣味の結婚魔」って、どんな奴なわけ？　こういう読み物が十四本。で、「笑の泉」の売り物は、実はこうした特集ではなく、巻頭の二十人のエッセイ集。「風流よもやま話二十人集」なんてタイトルです。この１９５７年当時は「風流滑稽奇談二十集」となっていますが、ま、ちょっと色っぽい話を様々な人が書く。作家、評論家、俳人、50年代ではほとんどが、なじみのない方々だったんですが、60年代に入ると、急速に著名人が増えてきた。

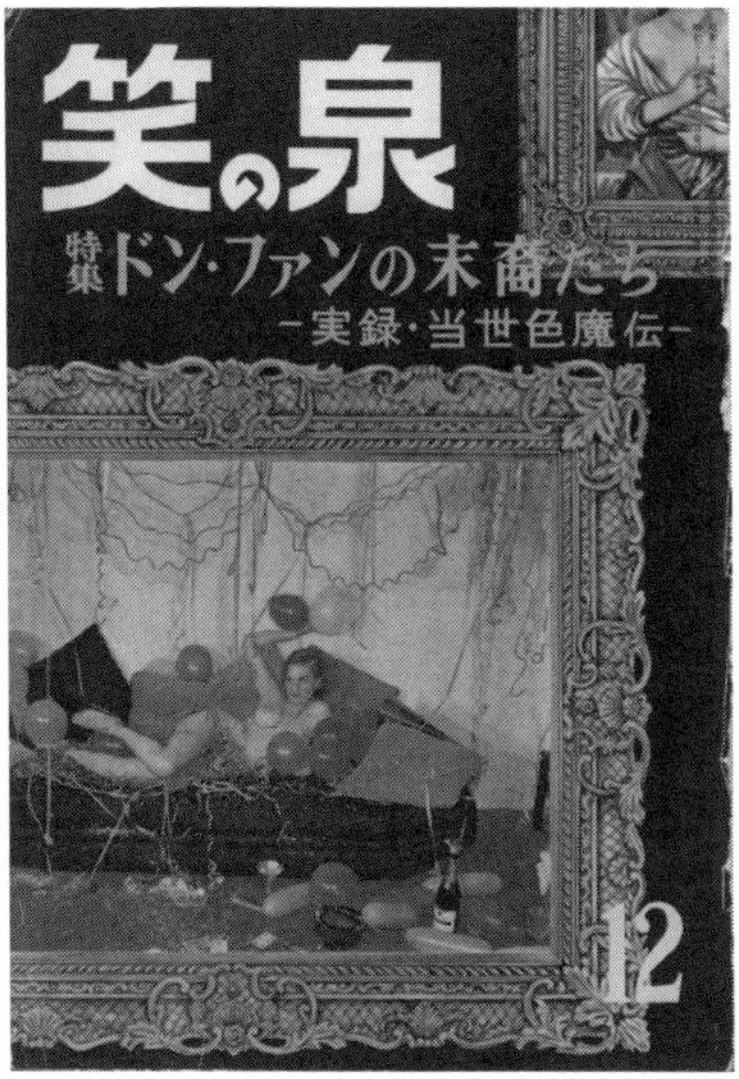

「笑の泉」1957年12月号

これは、やっぱり、「笑の泉」の価値というか、評価が高まった結果なんだろうと思う。その分エロ本のニュアンスはなくなっているように思う。巻頭にエッセイをまとめて載せるというスタイルは、「文藝春秋」が始めたような気がするが、だとしたら、菊池寛は偉いんだなぁと思うけれども、これまた、推測です。確かではない。どちらにしろ、「笑の泉」の巻頭のエッセイは、売り物であるとともに、「笑の泉」がある種の市民権を得る企画であった。

三回ほど前に薩摩治郎八のことに触れたけれども、そこに出てきた「笑の泉」への複数の寄稿という中には、このページが含まれているはずだ。このページの書き手というのは、60年代に入ると本当に多岐にわたってきていて、例えば、榎本健一、辰巳柳太郎、大田黒元雄、木山捷平、三鬼陽之助、大川博、藤沢嵐子、津村秀夫etc……。一時オカルト系の読み物で人気があった黒沼健の名前もある。でもね、テーマがお色気みたいなわけだから、苦労しているのがわかる。黒沼健の場合、アガルタという地下世界の話から始めて、アトランティスやらレムリアという失われた大陸の話になり、多くの子供が事故死しているという話になり、どうするんだ、と思っていたら、それはアガルタの世界征服の陰謀ではないか、という無茶な結論。お色気のかけらもない。でも、それでもよかったんだろうね。そういえば、谷内六郎の名前もあって、おもしろいのは肩書きが「漫画家」。イラストレーターとか、まだ存在していなかった時代だったのだ。１９６３年頃の話なんだけども。

もう少し、読み物の話をしておこうか。１９６０年の６月号の巻頭に、突然「今月の笑点」というページが出現、タイトルが「アメリカのユーモア」。書き手は政治家の松田竹千代。１８８８年生まれ、十四歳で、アメリカに単身で渡ったという。理由は西部の荒野に憧れて、ということらしいのだが、本当だったら、すごいよね。ニューヨーク大学を卒業しているが、ニックネームは、テキサス無宿。本当にテキサスあたりを放浪していたんだろうな。

政治家としてはかなり型破りであったらしく、その種のエピソードは数多い。最終的には衆議院議長を務めているから、政治家としては、大変なものだろう。１９５９年に第二次岸内閣改造で文部大臣。１９６０年の掲載ということは、現役の大臣か、それに準じる立場で、このコラムを書いたわけだ。「風流よもやま話」の一人というわけにはいかなかったんだろうな。畏れ多くて。

で、どんな内容だったかというと、アメリカ経験が豊富な人らしく、まず、日本人にはユーモアが欠けているというあたりから始めて、いわゆるコラムというものが、１７９３年にアメリカのローヤル・タイラーがニュー・ハンプシャー・ジャーナルで始めたのが最初であり、政治マンガは、１８１１年にやはりアメリカで始まったと書いている。いずれも、アメリカの読者にすぐ受け入れられ、人気を博したという。

このとおりだとすると、前回の文章はちょっと訂正する必要があるかもしれない。政治マンガ、エディトリアル・カートゥーンは十九世紀にイギリスでスタートしたんじゃないか、みたいなことを書いたが、松田竹千代の話が正しければ、十九世紀の初めにアメリカで始まったことになる。

このままアメリカのユーモアについての話が続いてくれれば、すごく参考になると思ったのだが、残念ながら、彼が体験したクラブでの体験談で終わってしまう。でね、おもしろいのは、日本の笑いに言及したあたりで、こんなことを書いている。「落語家や漫才のような、笑いを通じて人々を慰めるという専門家まで現れたが、ややもすれば、いたずらにエロティックな興味に陥ったり、野卑に流れたりして、健全な笑いから逸脱するきらいがあるのは、残念である」

ほぼおっしゃるとおりだと思うのだが、その流れで言えば「笑の泉」そのものがその残念に思えるものの典型ではないかという気がする。編集部はこの文章を読んで、どう思ったんだろう。こんな偉い人が寄稿してくれただけで、もう充分ということだったのかもね。

アメリカがらみでは１９６３年の３月号に「ユーモア文学新人賞佳作入選作」として「ミスター・日米不親善」という短篇小説が載っている。

かつての代々木練兵場が在日アメリカ軍将兵の家族宿舎になり、名前もワシントン・ハイツに変えられた時期の話。ワシントン・ハイツは独立した国のようなものであり、その中にはアメリカの街が持っている要素のすべてが備わっていたのだという。この短篇はそのワシントン・ハイツの消防隊に雇われた日本人たちが、日本人を劣った民族と認識していたアメリカ人の隊長にひどい目に遭うという話。ユーモアがあるとは思えないのだが、ま、異文化の接触の中で起きたドタバタ話と読めば読めなくはないというところか。タイトルは、このアメリカ人隊長のこと。まだ戦後だったかもしれないとさっきは言ったけれども、こういうアメリカ軍批判みたいなものが書けるようになったという意味では、健全な方向になりつつあったわけだ。もちろん60年安保の影響は大きかったと思うけど。

で、作者がね、若山三郎。作者略歴に昭和25年から36年にかけて、建設会社、及び米軍の通訳、としてある。知らなかったなぁ、若山三郎の本は春陽文庫で山のように読んだ記憶があるが、米軍の通訳をしていたとは知らなかった。いわゆる明朗青春ものを得意にした作家で、ヒットシリーズとしては「お嬢さんシリーズ」がある。60年代が主な活動時期だったと思うが、春陽堂だけでも五十冊以上あったのではないか。貸本屋の人気作家の一人だったはずだ。ぼくが通っていた貸本屋で言うと、入って右側にはマンガ、「影」とか貸本専門のマンガは、なぜかその一番下の棚。つきあたりがハードカバーと新入荷本、早川ミステリは、このつきあたりに並んでいたように思う。で、入って左側が、新書と文庫本。山手樹一郎、とか陣出達朗という時代小説、そして若山三郎が、ずらりと並んでいたのだ。明朗というと、いまでは会計という言葉しかつかないけれども、その頃は例えば青春というような言葉との相性は良かった。同種の作家としては、鳴山草平、園生義人、といった名前を覚えている。この種の明朗青春ものの書き手の中では、源氏鶏太が超一流。三橋一夫も、青春ものを書いていだった。アクションものでは、城戸禮。なぜだかわからないけれども、三四郎というのが主人公の名前だった。苗字が違っていたりして、同一主人公じゃなかったんだと思う。城戸禮の作品のいくつかは、日活アクション映画の原作にもなっていたように思う。でも、とにかくね、若山三郎の作品量は、圧倒的だった。その若山三郎のデビューが、「笑の泉」だったとはね。

こうしてみると、「笑の泉」は、エロ雑誌とは思えない。「笑の泉」がエロ雑誌らしかったのは、唯一、ヌードグラビアの存在だったと思うのだが、これも例えば下着ショウの写真だったりで、正しいヌードは少ない。ぼくたちが、過敏に反応していたのかもしれない。ただ、こうして読み直していると、発見がいろいろあって、例えば、目次の見開きに一コマ・マンガが入っていて、その漫画家のサインを読み取るとSALO。うーむ、これって、Sethの創りだしたCaloの元ネタなんじゃないか、という気がしてくる。あるいはまた「ポパイ」が50年代の「笑の泉」に連載されていたというのも発見であった。

このあたりはどう考えるべきなのかね。エロい部分は超ドメスティックなのに、マンガとなると妙に洋モノが目につく。SALOもそうだし、「ポパイ」に至っては、子供向きであると理解されていたはずなのだ。そうした流れの中で、60年代の「笑の泉」は、ある種の総合雑誌的なものになりつつあったように思う。

実はぼくが「笑の泉」をエロだと思っていたのには、一つ理由があって、それはそこに掲載されていたマンガの一つがやたらにエロティックだと思っていたのだ。作者は手塚治虫。で、どの号に載っていたのか、調べるのは不可能だと思っていたのだが、思いがけないところで巡り合った。1980

年代に出た「漫画讀本」のベストに掲載されていたのだ。あれ、「笑の泉」じゃなくて「漫画讀本」だったのだ。手塚治虫のマンガは、ぼくにとっていつもそばにあるものの一つだったのだけれども、エロだと思えたのは、このマンガしかなかった。しかも、全体ではなくその中の一カットだけ。が、いま見直すと、どうも印象が違う。エロというのは、妄想の産物なんだね、きっと。

「漫画讀本」は、日本のマンガの歴史ということからすると、敗者の代表ということになる。劇画という日本独自のマンガの形態に敗れたということなのだが、勝者から見た歴史というのは、敗者には何も残さないものだ。

だから、「漫画讀本」が消えていったのは歴史の必然であるとか、劇画というものがそれまでのマンガに対していかに優れていたか、というような話で終わることが多い。だが、本当に「漫画讀本」が駄目なものだったのか、価値がなかったのか。そのあたりはどうなんだろう。「漫画讀本」が目指したものは、大人のマンガというものだったと思うが、どうなんだろうね、この大人ということの意味が、どうも曖昧だったのではないか。もっと言えば「漫画讀本」が想定していた大人が存在していなかったのかもしれない、という気がしている。なんとなく、なんとなくですよ、読者として想定していたのは、三十代から四十代のサラリーマンではなかったか、というような気がする。いや、もちろんね、1950年代から60年代という時代にあっては、現在よりも大人と子供の区別は明確だったわけだけれども、その人たちが、大人だったのか。「漫画讀本」の読者として適当だったのだろうか。ぼくには、そのあたりがわからない。

例えば、いまぼくの手元に1956年の「漫画讀本」12号がある。当時は、月刊ではなかったわけで、1954年の創刊だから、二年目に入ったあたりなわけだ。目次を見ると半分ぐらいが欧米のマンガになっている。メインの読み物も、S・W・テイラーの「僕の顔を持つ男」。1998年に新樹社から『わたしとそっくりの顔をした男』というタイトルで単行本として出版されているものと同じものだろう。「漫画讀本」の方は百二十枚程度の抄訳だが、重要なのは、海外のものが中心になっていたということだ。これが60年代に入っていくと、国産の分量が飛躍的に伸びていく。問題は、その中身であったように思う。ストーリー・マンガが増えていったのだ。このことが「漫画讀本」の敗北の始まりだったように思う。

「漫画讀本」VS「劇画」という図式は、実は「輸入品」VS「国産」という図式であったのではないか。つまり、欧米的なものに対する受容度が高い人が「漫画讀本」の読者であると規定したら、どうなっていたか。ストーリーものを捨て、一コマ、あるいは四コマものしか載っていないマンガ雑誌という方向があったように思うのだ。

それはどういうことなのかというと、とても西欧化された雑誌が生まれたのではなかったか。もっと言えばアメリカナイズされたものが存在したのではなかったか、ということだ。ストーリー・マンガにこだわったのは、時代の流れからすると必然的なもののように思えるだろうが、その結果、逆に「漫画讀本」の特質が失われたように思う。

50年代の「漫画讀本」は、なんていうんですかね、文壇趣味、文春趣味とでもいうような感じがあって、あまり好きではない。大げさ、大時代的なんです。それが60年代に入ると明らかに変わってきた。感じで言うと63年、64年あたりがピークかな、ぼくの気分に合っていた。そのあとは、また、

「文藝春秋」という感じになっていったように思う。

雑誌は生き物というところがあって、変化、もっと言えば成熟していくところがある。それが雑誌を読み続ける楽しみでもあるのだが、こうした変化の要因は何かと言えば、当然のことだけれども、ライター。その雑誌が育てたライターが増えてくれれば、その雑誌のカラーははっきりしてくる。そこまでいかなくても、新しいライターを起用していくというのも、同じような効果がある。

63年前後の「漫画讀本」が、ぼくの気分に合っているといま思えるのは、そのライターの選択だったかもしれない。

例えばですよ、ディスクショッキングという音楽コラムがあってさ、そのライターは湯川れい子。福田一郎先生ほどではないにしろ、なかなかシーチョーな感じで、音楽ネタ、ゴシップ、なんでもありのコラム。1963年の9月号では新しいリズムとしてスカを紹介している。さすがですね。でも、あまりお気に召さなかったらしく、「第一スカなんて名前がねえ。総スカンのスカに、スカを喰うのスカ。スカスカのブカブカなんてのは、女としちゃ、最低だっていうしねえ」。ちゃんとエッチの方向でオチをつけている。そうそう、この号の特集は「にっぽん英雄伝」。なんと中原弓彦が「無責任英雄の胸の中」というタイトルで、植木等のことを書いている。やっぱりさすがだよなぁ。

こうしてみると、「マンハント」と「ヒッチコック・マガジン」が、この号では同居していたわけだ。ついでだけれども、この号の表紙はロミ・山田。「フラワー・ドラム・ソング」で日本人で初めてブロードウエイのミュージカルで主役を張った人。それ以後も誰もいないんだから、日本人で唯一のブロードウエイ・ミュージカルの主役。実は彼女の歌手五十年記念のリサイタルに行ったことがある。喜寿だっていうんだからね、大変なこと。声の質も声量も、年齢を感じさせない。すごいものだと思う。それにしても、1960年という時期にニューヨークのブロードウエイにいたということ自体、すごいことだけれども、そのことを誰も知らなかったというのも、すごいことだと思う。すごいの連発ですが、ラスヴェガスで一年余のロングランになったというのだが、その「フラワー・ドラム・ソング」を見た日本人は、たった四人しかいなかったというんだからね。その数少ない日本人観客の一人、永六輔がリサイタルのゲストだった。彼は渥美清と一緒に見たんだってさ。あとの二人のことにも触れていたけれど、名前、忘れた。

で、永六輔と渥美清は、日本に戻って「夢で逢いましょう」で、日本で初めてのまともな音楽バラエティ・ショーを始めるわけだ。ロミ・山田もゲストで何度も出てきたのをぼくも覚えている。でも、その背後には、そういう事情があったんだ。初めて知った。永六輔たちはエド・サリバン・ショーとかさ、アメリカの音楽ショーを勉強して帰ったんだという。それを紹介したのはロミ・山田だったという。60年代の初めの日本のテレビのバラエティ・ショーの話の中で「夢で逢いましょう」は、いつも特別のものとして語られている。ティーンエイジャーだったぼくとしては、その価値はわからなかったけれども、アメリカ的な感じがしたのは、覚えている。

ロミ・山田が表紙の「漫画讀本」
(1963年9月号)

このwebの時代では考えられないことだけれども、情報の伝播速度はきわめて遅かったのだ。ところが、アメリカとの距離はいまよりも近かったような気がする。どうしてなんだろう。

その答えの一つはぼくたちの前に生のアメリカが、置かれていたからではないかと思う。妙な言い方だけれども、テレビの番組はその例の一つではなかったかと思う。ぼくが毎週、必ず見ていたテレビ番組の半分以上はアメリカからの輸入物だったはずだ。もちろん、その背後にはアメリカの政治的な戦略、文化を媒介とした占領戦略があったのは、事実だろう。見せたいアメリカ、素晴らしいアメリカというものを感じさせる番組が、大量に日本で流されたわけだ。それだけではなく、アメリカのテレビの持つ長所を見事に消化してみせる才能がこの国にあった、ということも大きかったかもしれない。

こうした方法が破綻をきたしたのは60年代の後半、ベトナム戦争と反体制的な若者文化が輸入されはじめてからではなかったかと思う。

ぼく自身のことを言えば、ちょうどその端境期だったわけだけれども、60年代のカウンター・カルチャーの波をまともにかぶったという気がしている。

「漫画讀本」に戻る。

「漫画讀本」を見かけたら、買うようにしているのだけれども、なんていうのかね、波がある。一年前ぐらいまでは、突然古本屋の前に「漫画讀本」の山が出ていることがあったのだが、ここしばらく見かけなくなった。それはそれで仕方がないことなんだけれども、1968年の5月号を拾い読みしていたら、驚くべきことを発見してしまった。まずテディ片岡が小説を書いている。いや、この時期のテディ片岡はコラムニストというよりも、奇妙な味の小説を書いていたので驚くことではないかもしれない。でもね、それと並んで、小鷹信光の名前があるのを見て愕然。「メンズマガジン・ベスト5」というコラムなんですね、これが。

この号では「その4、硬派男性雑誌の巻」としてあって「トルー」「アーゴシー」「サガ」「リアル」（この「リアル」という誌名が「ソアル」という誤植になっているのが、妙にリアル）といったメンズ・マガジンをとりあげているではありませんか。ということは、この前後で他のメンズ・マガジンを取り上げているに違いない。あわてて、手もとの「漫画讀本」を探しまわったが、どういうことか、この一冊だけ。まいったよなぁ。「漫画讀本」恐るべしである。テディ片岡に小鷹信光。「マンハント」の売り物ライター二人をちゃんとカバーしている。

このあたりの編集者は、印南寛。その前の63年あたりは井上良。どのような人なのか、よくわからないが、選択眼はぼくの好みに近い。

編集者についてライターのぼくがどうこう言うのは僭越なんだけれども、結局はそこに落ち着くのかもしれない。「ニューヨーカー」のハロルド・ロスの名を出すのは、ちょっと場違いかもしれないが、彼の言葉にこんなものがある。

「編集者は自分をよろこばせるものしか印刷に回さない。もしその編集者の好きなものを気にいる人が充分にいたら、彼は成功するのだ」

ハロルド・ロスほど、矛盾する言動の多かった編集者はいないし、その種のエピソードで本が何冊も書ける。実際何冊も出ているし、本当に言ったかどうか、本人もわからないような名言、迷言もいくつもあるから、この言葉がロスのものかどうか、ぼくにもわからない。ただ、「ニューヨーカー」

という雑誌のすべてのページはロスの好みで出来ていたのは事実だ。ロスがいなくなったら「ニューヨーカー」も消えるとまで言われていたのだが、1951年にロスがこの世を去ってからも、「ニューヨーカー」は変わらなかった。最大の変化は、1969年だったと思うが、目次がついた。いや、それまで「ニューヨーカー」には目次がなくて、ぼくのような怠け者には、不親切極まりない雑誌だった。何が載っているか、全ページをめくらないとわからない。毎回目次を探すことから始まって、あ、目次ないんだと気がつく有様だった。探し物をするときはありえないほど時間がかかる。「ニューヨーカー」は、書き手にとっても、マンガ家にとっても、読者にとっても、特別なものであったわけだ。いやまぁ、目次があっても、小鷹信光とテディ片岡の名前に気がつかないんだから、ぼくにとっては同じかもしれないが。

でもね、なぜ、「ニューヨーカー」には目次がなかったのか。

ハロルド・ロスの答えが素敵だ。

「思いもかけないものに巡り合う楽しみが雑誌を読む楽しみだ」

ぼくの書くものが、思いもかけないものであるといいな、と思う。

「笑の泉」と「漫画讀本」にハロルド・ロスがいたら、どうなってたんだろうね。

ドン・フラワーズと「ヒッチコック・マガジン」

この世紀に入ってから、十年以上のあいだ、毎年、梅雨時に、カンヌとパリを訪れることにしていた。とまぁ、こう言うと、なんだかスノッブでいやな感じなんだけれど、仕事だから、そんなにかっこいいことではない。

ぼくは、いわゆるリゾートというのがどうも肌に合わない。カンヌからいつも逃げだしたいと思っているのだが、滞在のほとんどの時間はカンヌ。パリに着くと妙にほっとする。

別に何かするとか、行きたいところがあるのではない。ただ、自分の領域に戻ってきたという感じがあるのだ。うーむ、やっぱりスノッブな感じだな。

パリで一軒、時間が許せば、寄っておきたいショップがある。ぼくは、フランク・コジックというアメリカのフィギュアのアーティストが大好きなのだけれども、パリを移動中にショーウィンドウにコジックのフィギュアを飾っているショップを発見。二十一世紀の初めのことだ。ホテルに荷物を置くと、すぐ飛んで行って、コジックを購入したわけだが、この二年ほどのあいだに、コジックの数が急速に減っていった。代わりに、日本ものとアメリカン・コミックものが増殖する一方。時代なんですね。でもなぁ、キティちゃんとかナルトとかポケモンをパリで買うこともないし、興味もないし、もうこのショップには用がないな、そう思っていたら、思わぬものを発見した。アメリカのコミック関連の本。あ、フランス語ダメだからね、英語の本。これが、けっこう揃っている。しかも新しめのものが。

なにもねぇ、このwebの時代にパリでアメリカやUKの本を買うこともないと思うでしょ、重い思いをして運ぶのもバカみたいだし。

ところがね、本だけはダメなんですね。自分の手で触れてみたい。目で見てみたい。

シンクロニシティというものは、あまり信じていないのだけれども、自分の手と目で確認していくことが、シンクロニシティを引き起こすような気がしている。

今回はね、Don Flowers。本のタイトルは『The Glamor Girls of Don Flowers』。このドン・フラワーズは色っぽい女の子のマンガを描き続けた人。といっても、普通、知らないよね。ぼくだって、名前を知っていたわけではない。絵を見て、あ、これ見たことがある。そう思って、手に取ったわけだ。

この原稿がなければ、パスしたんだろうがね、ドン・フラワーズの描くものが、エロと笑いを融合させたもののように思えたんだ。シンクロニシティでしょ。いや、ドン・フラワーズの描く女性は、ソフィスティケートされたもので、色っぽくて、ユーモラスということなんだけれども、それでも、どこか、エロと笑いの感じがある。ドン・フラワーズと言ったところで、アメリカでも、ま、ほとんど知られていないと思う。１９７０年代の半ばに出た『The World Encyclopedia of Comics』には名前も作品タイトルも出ていない。この本はたぶん世界で最初のコミックスの百科事典で、世界という視野を持ち込んだという意味で評価されているものだけれども、水木しげる、とかね、日本の漫画家や、スペインの漫画家、世界の様々な国の作品や作者の名前は出ているのに、ドン・フラワーズの名前はない。最近の版はチェックしていないので、なんとも言えないけどもね。

では、ドン・フラワーズはただの無名のアーティストだったのかといえば、そういうことでもない。プロや、プロ志望の若者のあいだでは有名な存在だった。ことに彼の描く線は、カートゥーン作家にはありえないほど素晴らしい、と言われていたんだそうだ。フラワーズは、カートゥーン作家のふりをしたイラストレーターだ、という評もあったりする。カートゥーン作家を目指す若い人たちには大きな目標であったという。

ドン・フラワーズのカートゥーン
『CARTOON ANNUAL』(ACE BOOKS、1953)より

で、この本のタイトル「ドン・フラワーズのグラマーな女の子」ということなんでしょうが、実はそんな安易なことではない。もっと深い意味があったのだ。が、それを説明すると、ちょっと長い話になるよ。いいかな。

１９０８年、オクラホマのスターシティ生まれ。１９６８年にカリフォルニアで亡くなっている。十七歳（息子のフラワーjrによる。

他では十六歳とされている）で家を出てカンサスで新聞の仕事に就く。その後ニューヨークに出て、ＡＰ（the Associated Press）のアートのスタッフになる。全米の新聞や雑誌に写真やイラスト、コミックスを配信する会社です。フラワーズの最初の仕事は写真のレタッチ。でも埋め草のカートゥーンも描いたりしてたんだろうね。１９３１年には、「Oh! DIANA!」というコミック・ストリップを描きはじめ、全米に配給されるようになる。そして同じ年、ドン・フラワーズの名を一躍高めることになる「MODEST MAIDENS」を世に送りだした。「おしとやかな娘たち」とでも言うんですかね、新聞に載ってもおかしくないタイトルですが、実際に描かれたのは、長い脚をむきだしにした30年代でもその最先端にいるような女の子たちの生活であった。なによりも、コミック・ストリップの小さなコマ割りとストーリーから解放されて、ドン・フラワーズ本来の描写力が生きたということだろう。

40年代に入ると、フラワーズはカリフォルニアに移り、新聞王ウィリアム・ランドルフ・ハーストの目にとまり、ハーストの傘下の「King Features Syndicate」専属になる。「MODEST MAIDENS」の権利は、ＡＰのものだったから、フラワーズは新しいシリーズを始めることになった。そのタイトルがね「GLAMOR GIRLS」。形式は「MODEST MAIDENS」と同じ、一コマか二コマで、女の子たちを描いていく。これがまた大ヒット。アメリカン・ガールズの典型的な姿だけではなく、男どもの夢の女たちを描いたことが大きな理由になるのだろう。本のタイトルは、ここから来ているわけ。ね、長くなった。

ドン・フラワーズの絵を見て、あ、見たことがあると思ったわけだけれども、具体的にどこで見たのかは思いだせない。新聞で見たはずはないので、雑誌だろう。が、「プレイボーイ」あたりのスリック・マガジンではない。同じスリックでもその一つ下のクラス、「キング」とか「キャヴァリエ」

とか「エスカペード」とかさ、そういう雑誌でもないと思う。というのは、それらの雑誌が出たのは60年代だからね、フラワーズは、そんなに活動的ではなかった時期だ。

そして、もっと大事なのは、それらの雑誌というのは当然「プレイボーイ」の成功を追いかけて創刊されたわけで、ともすれば同列に扱われてしまうもっと下のクラスのメンズ・マガジンと差別化を図っていたということ。つまりね、編集の感じが「プレイボーイ」や、「エスクァイア」あたりをモデルにしているようで、要はメンズ・マガジン的な部分を排除していたように思う。それはカートゥーンの扱いにも表れていた。

メンズ・マガジンでは、カートゥーンの多くは埋め草的に記事の中に放り込まれていることが多かったのだけれども、「キング」とか「ナイト」、「キャヴァリエ」では、それはイラストにとって代わられていた。「エスカペード」は、カートゥーンに最も力を注いでいたように思う。全頁の一コマ・マンガに何ページかが毎号使われていた。おそらくは、かつての「エスクァイア」をモデルにしたのではないかと思う。50年代から60年代にかけての大判の「エスクァイア」ね。ぼくはあの頃の「エスクァイア」が、最高だったと思っている。大きなサイズがヴィジュアルという意味で最もよく機能していたからだ。そしてそこではカートゥーンも大きな役割を果たしていた。いや、カートゥーンに対する態度ということでは、「ニューヨーカー」だって、すごく力を入れていたわけで、「エスクァイア」にかぎってのことではない。カートゥーンのレベルを見ればその雑誌のレベルがわかる。そう言ってしまうとちょっと大袈裟だけれども、間違いではない。

そういう意味では、「ニューヨーカー」は、カートゥーンを描いている人間にとっては、最終目標に近いところがあった。前の章でちょっと触れたSeth のコミックでも、「ニューヨーカー」に自分の作品が載ることの意味について語っているところがあった。でも、どうやったら、「ニューヨーカー」に自分のカートゥーンを売り込むことができるんだろう。そんなことを考えていたら、思いもかけないことがわかった。

ぼくの友人の一人が、90年代になるのかな、「ニューヨーカー」にカートゥーンを売りこんでいたのです。彼はイスラエル人なんだけれども、「ニューヨーカー」に四、五点のカートゥーンを売り込むことに成功したんだ。どうやったのかというと、若い頃にニューヨークにいて、どうせなら、「ニューヨーカー」に作品を載せたい、そう思って編集部のドアをノックしたというんだね。何度か作品を見せていくうちにその中の何点か、買い上げてくれたのだという。いまはイスラエルに戻って広告関係の仕事をしている。

その話を聞いて、へぇー、「ニューヨーカー」も意外とおおらかじゃないか、という気がしたが、それよりも、イスラエル人の彼が、どうせなら、「ニューヨーカー」だ、と思ったことが、素敵だと思う。やっぱり、「ニューヨーカー」というのは特別なのだ。

それらの雑誌に比べれば、「エスカペード」は、はるかに劣るけれども、方向としてはそちらを目指していたのではないかと思う。なによりも、「エスカペード」のカートゥーンは、アイディア中心で色っぽくなかったからね。メンズ・マガジンとは違うのだぞ、という主張がそこにあった。ま、大量のヌード写真が、それを裏切っていたし、なによりも記事の選択がメンズ・マガジンっぽかったんだよなぁ、残念なことに。

ドン・フラワーズから、話は大幅にそれつつあるが、もう少し。

この60年代の二流のスリック・マガジンは、十代から二十代の男性を対象にしていたはずだ。「プレイボーイ」ほど高級ではなく、「エスクァイア」ほどソフィスティケートされていない読者。「キャヴァリエ」が典型だと思うのだが、記事の中身はロックであったり、政治であったり、その時代の気分をつかもうとしていたのだ。ぼくの好みから言えば、「キャヴァリエ」が一番良かったように思う。アメリカの若者の気分がわかるように思えたのだ。ただ、その方向に行くと、実は「ローリング・ストーン」や「クロウダディ」というロック系の雑誌が存在していたわけで、そちらの方がよりリアリティを持って若者のカルチャーをとらえていた。「キャヴァリエ」は、そのあたりを理解していたように思う。「クロウダディ」の創始者であるポール・ウイリアムスをかなり早い時点で取り上げたり、アンダーグラウンド・ペーパーを特集したりしていた。

前に、68年の「漫画讀本」で小鷹信光の名前を発見して焦ったというようなことを書いたけれども、67年に小鷹信光が出した『メンズ・マガジン入門』との関係を知りたかったのです。この本は何回か前に触れたけれども、アメリカのメンズ・マガジンに関しては唯一の本だし、なかでも「キャヴァリエ」が最も好きな雑誌であるとしてある。いや、その影響をぼくが受けているとは思わない。だって、その頃のぼくはどちらかと言えば、SFやロックの側からアプローチしていたからなんだけれども、無意識にそうなっているのかもしれないとは思う。植草甚一も「キャヴァリエ」の愛読者だったみたいだしなぁ。みんな同じような本を、神田の同じような洋書の古本屋で探していたのかもしれない。雑誌の最新号を手に入れるのは、東京泰文社か、ブックブラザーしかなかった。新刊で取り寄せるよりも明らかに早かったのだ、古本屋の方が。不思議な時代でしょ。しかも、一ドルが三百六十円の時代だからね、本の値段になると倍とは言わないけれども、一ドル五百円くらいの計算になっていたんじゃないだろうか。これは古本屋を探しまわるに決まっている。

このままでは、別の話になってしまいそうだ。ドン・フラワーズに戻らなければ。ぼくがどこで、ドン・フラワーズを見たのか、当時いろいろ出ていたカートゥーンのベストみたいなもので見たというのが、正解のような気もするが、ま、それはぼくの個人的な探求ということにしておく。個人的というのなら、ここまで書いてきたことのほぼすべてがぼくの個人的なことなんですけどもね。

ドン・フラワーズという名前がぼくの頭の片隅にもなかったというのは、彼が「プレイボーイ」のヴァーガスのようにメジャーな存在にはならない種類のカテゴリーのアーティストだったからだと思う。さっき、『The World Encyclopedia of Comics』に触れたけれども、ぼくの記憶力の問題だけではない。

ただ、彼のカートゥーンの影響力は意外と大きくて、似たような絵が少なからずある。ぼくが見たと思っていたのは、実はフラワーズ本人のものではなく、そのコピーだったのかもしれない。ちょっと色っぽくて、ユーモラスな感じというのが、それらのメンズ・マガジンのカートゥーンの王道ということなのだ。その最高峰にドン・フラワーズがいたと言ってもいいのではないかと思う。

ここしばらく、ぼくはカートゥーンにこだわっているけれども、それはどうしてエロと笑いが、こんなに親和性が高いのか、そのことが気になっているからだ。いや、そんなにまじめに考えているわけではないよ。ただ、十代のぼくにとっては笑いの混じったエロは、どうも不純物が入っているように思えたのだ。でも、「マンハント」のシェル・スコットやピート・チャンバースのようなちょっとエッチな軽いキャラクター・ストーリーが大好きだったわけで、その意味からすると、不純物も好きだったことになるから、やっぱり、まじめに考えているわけではない。ま、言ってみれば、エロを望んでいるときには、笑いは不要、笑いを望んでいるときにはエロ歓迎ということなんだろうな。いい加減なものです。

日本における一コマ・マンガの歴史は、1970年の「漫画讀本」の休刊で、ほぼ終わったというようなことを述べたような気がするけれども、一コマ・マンガを日本に定着させようという試みがその後にもあったことを思いだした。1979年から始まった「読売国際漫画大賞」のことなんだけれども、プロもアマチュアも含めて世界中から作品を公募するという大胆なものだった。過去形になったのは、2007年で終了してしまったからだが、課題応募と自由応募に分けて応募させるという方法がいかにも新聞社的でおもしろい。

あのヴァージル・パーチが課題に応募してきて、最高賞ではなく優秀賞どまりだったりして、公平と言おうかなんと言おうか困るようなこともあった。

その三回分をまとめた『ユーモア美術館』という本が新潮文庫から出ていたけれども、その中で、この企画の提唱者の一人、漫画家の牧野圭一が、「『画分』『漫分』の落とし穴」という文章を寄せている。「画分」と「漫分」という言葉を見たのは、これが初めてだったけれども、要は、一コマ・マンガは画とアイディアの二つから出来ているわけで、「アイディアはいいけれども、画がねぇ、とか逆に画はいいのにアイディアが」とか言われることについて、それを分けること自体が本質を理解していないことになるという主張のわけ。つまりその二つを分けて論じてはいけないということだ。それはそのとおりで、異論はないのだけれども、そのようなことを語らざるをえない状況であったということだろう。ちなみに牧野圭一は、西欧的なカートゥーンを描いていたように思うのだが、漫画家という呼称にも異議を立てていて、ユーモア・アーティストと呼ばれるべきだと主張していたという。

つい、概念はわかるけれどもその呼称はいただけない、と、画分漫分的思考になってしまうのは、まずいよな、やっぱり。

コミックなり、カートゥーンを語ろうとすると、どうしても、絵とアイディアのどちらかについて語ることになりがちだ。

例えば、植草甚一は『ぼくの大好きな外国の漫画家たち』という本を出しているけれども、その視点は明らかに絵から入っている。それは植草甚一という人がアート志向だからなのだと思うけれども、ドン・フラワーズにしても評価の多くは彼の絵に対するものだ。もっと言えば、ヴィジュアライズされたものがすべてを語っているわけだから、そこには当然アイディアに対する評価も含まれている。例えば、「MAD」の最も「MAD」らしいマンガ家、ドン・マーティンの作品を見て、絵がうまいとか下手とか言うこと自体、無意味だし、ドン・マーティンが「マッド」なのは、あの狂ったような絵があってこそなのだ。そういえば『The Glamor Girls of Don Flowers』の序文を「マッド」の看板アーティストの一人、セルジオ・アラゴネスが書いているけれども、その結びに、「美人を描くときにはいつも、ドン・フラワーズのように描けているといいなと思う、いや、願っている」としてある。絵なのか、やっぱり。

ま、このような、話しはじめたことが次につながる連鎖がおもしろい。『ぼくの大好きな外国の漫画家たち』はスクラップ・ブック版で読みなおしたのだけれども、解説を草森紳一が書いていたことに気づいた。で、彼が婦人画報社に入り、植草甚一に原稿を頼んだことの経緯に触れているのだが、草森紳一がどの雑誌編集部にいたと思う？　なんと「メンズクラブ」！

しかも、草森紳一の年譜をチェックしたら、「男の服飾」から「メンズクラブ」への誌名変更は、草森紳一の発案だったという。「エスクァイア」のようなソフィスティケートされた雑誌を目指していたというんですがね、いまごろ気がついて、びっくりしている。青い鳥というのは本当だよなぁ。

草森紳一は、中国文化の専門家で、あ、広告やプロパガンダの研究者でもあるというような認識だったからね、「エスクァイア」とは程遠い人だと思っていたのです。できることなら、草森紳一のアメリカの雑誌の話というのも読んでみたかった。

雑誌の売れ行きが世界中で落ちてきている。雑誌好きのぼくとしては、なんだかさびしくてしょうがないのだけれども、買いたくなる雑誌よりも、立ち読みで充分な雑誌ばかりになってしまったのかもしれない。買いたくなるというのは、手元に置いておきたいということなのだ。雑誌にとって、それは邪道なのかもしれないがね。ではどんな雑誌が、と言われると、結局、50年代や60年代のアメリカの雑誌になってしまうのだけれども、これもなんだかなぁ、さびしい。各年代毎に代表的な雑誌があるはずで、考えれば、90年代ぐらいまでは、日本と英米あたりなら、いくつかの雑誌の名前は出てくるだろう。でも、2000年代となると、自信がない。

一言、思いつきだけれども、付け加えておくとすれば、70年代から80年代にかけて、雑誌の視覚的な側面で様々な試みがなされた。それは雑誌というメディアの可能性を探る試みだったと思うのだけれども、見る雑誌という概念自身が必ずしも正解とは言えないということを証明しただけではなかったかと思う。やはり雑誌は、読まれるものであって、誌面のデザインは、二次的な要素だったのではないか。ではカートゥーンは何なのかということにもなるが、見るだけではなく、そこには読むという動作が含まれているように、ぼくは思うのだ。いや、キャプションを読むという即物的なことだけではなく、絵を読むということも含めての話ですが。
まぁいいや、この話を続けていくと本当に別の話になってしまう。

50年代や60年代のアメリカの雑誌を素敵だと思うと言ったけれどもこれはぼくに限ったことではない。ぼくは後追いでそれらの雑誌に触れたりしたわけだが、同時代にそれらの雑誌に触れた人たちの気持ちは、草森紳一の例からもわかるように、もっと強いものだったに違いない。

考えてみると、日本の雑誌で言えば、「新青年」、アメリカの雑誌なら「エスクァイア」あたりが、一つのモデルになっていたように思う。そのキーワードはソフィスティケーションであったと思うし、別の言い方をすれば、都会的ということだった。

「ヒッチコック・マガジン」という雑誌について、ぼくとしては触れたくないのだが、この流れで行くと、やはり少しは触れざるをえないだろう。どうして触れたくないかといえば、簡単です。「マンハント」のライバル誌ということもあるけれど、それ以前の問題がある。1959年から64年にかけて全部で五十冊ある「ヒッチコック・マガジン」の中で、ぼくが読んでいるのはその五分の一から四分の一といったところか、この程度で何か言ってはいけない、と思うからだ。ちなみに「マンハント」は全冊読破している。と、思う。弱気ですね。抜け落ちがあるかもしれないからね。ついでに、60年代から70年代の半ば過ぎまでの十年ぐらいのあいだで、ぼくが、ほぼ全ページに目を通していたと言えるアメリカの雑誌は、すぐなくなったけれども、「クロウダディ」、それから「フュージョン」、「キャヴァリエ」あたりか、まぁまぁ、ちゃんと読んでましたと言ってもいいのは、「エスクァイア」、「ローリング・ストーン」、そんな程度です。たいしたものではない。ま、この本を書くために昔の雑誌を読み直すことが増えたのだが、そのページにはその時代と今現在が二重に投射されているような感じがする。当時の自分といまの自分が交互に出てくる。古い雑誌はタイムマシンだ、と言ったのは片岡義男だったと思うが、ぼくの気分からすると、タイムマシンよりも、タイム・シーソーのような気がする。と言っても、わかりにくいよね。A・E・ヴァン・ヴォークトの読者ならすぐわかるんだけどさ。それが、どのようなものか、説明を始めると、長くなるというか、SFの話になってしまうので、さすがに遠慮せざるをえない。気になる人は「イシャーの武器店」のシリーズを読むように。

さてと、手元に「ヒッチコック・マガジン」の創刊号がある。１９５９年の８月号。タイトルの上に「都会人のためのミステリーズ」というキャッチフレーズが付けられている。このフレーズは、１９６０年の１月号では「スリラーの巨匠が編集する新型推理小説雑誌」となっている。いまのぼくからすると、創刊当時の「都会人のためのミステリーズ」の方がはるかに優れているし、この雑誌が目指すものが明快に出ていると思うのだが、事情があったんでしょうね。ちなみに、この年の９月号のGUN特集がヒットし、当時の日本のガン・ブームの先駆けとなった。「マンハント」もそれに追随したかたちで、GUN特集をやったりして、「ヒッチコック・マガ

「ヒッチコック・マガジン」創刊号
（1959年8月号）

ジン」で揶揄されたりしたものだ。

この創刊号の編集後記「死体置場の片隅から」に、実質的な編集長（編集、としか奥付にはしていない）の中原弓彦（小林信彦）は「このマガジンを、一部の推理小説マニアだけの雑誌にはしたくなく、広く都会趣味の方方に喜ばれるようなハイ・ブラウな娯楽雑誌にしたい」と書いている。もう一つ、「このマガジンにもし新らしいところが少しでもあれば、それはぼくらの若さ（最年長の私が二十六ですから、平均年齢は二十四ぐらいでしょう）の賜物でありましょう」と書いている。

二十六歳かぁ。すごいことだと思う。もちろん、その若い人間に編集を任せた宝石社というか、江戸川乱歩が、すごいのかもしれない。そして、その年齢にしかできないことをやってのけた中原弓彦がすごい、ということだろう。

1950年代の終わりから、60年代の初めは、言ってみれば翻訳ミステリのブームだった。「エラリイ・クイーンズ・ミステリ・マガジン」「マンハント」「ヒッチコック・マガジン」という三誌が存在したわけだし、「ヒッチコック・マガジン」の発行元だった「宝石」も「別冊宝石」で世界探偵小説全集として海外ミステリの翻訳を出していた。

その中で、「ヒッチコック・マガジン」は最後発だったが、そのセンスという意味でも、最も新しかったと思う。中田雅久さんにインタビューしたとき、「ヒッチコック・マガジン」のセンスの新しさに触れていらしたが、当時のミステリ業界では、大きなインパクトを持っていただろうと思う。

センスが新しいと言ったけれども、もう少し具体的に「ヒッチコック・マガジン」の何が新しかったのか、そのあたりを考えてみる。

ヒントは「都会趣味のハイ・ブラウな娯楽雑誌」というあたりだと思うのだが、なかでも、ハイ・

ブラウという言葉が重要だったと思う。

都会趣味の娯楽雑誌、ということなら、「マンハント」も同じ文脈にある。あるいは、「マンハント」がモデルとしていた「新青年」はまさしく都会趣味の娯楽雑誌だった。では、ここで言うハイ・ブラウとは、どういうことなのかということだけれども、「ヒッチコック・マガジン」の創刊号の寄稿者にそれが表れているように思う。

横溝正史、江藤淳、花田清輝、開高健、すごいですね。しかも、横溝正史と江藤淳は連載。飯島正、双葉十三郎、荻昌弘、植草甚一、河野隆次。こちらのメンバーは、エッセーというよりも、テーマがはっきりしている。順に言うとヒッチコック、映画、ヒッチコック、ヒッチコック、ジャズ。おもしろいのはコラムの中にもジャズのコーナーがあって、ライターは福田一郎。「マンハント」とかぶっているわけだ。

ヒッチコックの話は、「ヒッチコック・マガジン」だからね、多くなってもおかしくはない。ジャズに関して言えば、都会趣味ということでは、必需品だったのだろう。おもしろいのはね、この福田一郎の文章。ものすごくまじめ、「マンハント」の福田一郎と同一人物とは思えないほど違う。

それはそれとして、注目すべきは江藤淳、花田清輝、開高健の三人の名前だろう。推理小説マニアを相手にするという思考過程からは出てこない名前ではないか。言ってみれば、ハイ・カルチャーが入り込んできたという感じがあったのではないかと思う。アウト・オブ・ボックス、という言い方がある。枠を超えるというような意味だが、まさしくアウト・オブ・ミステリという感じがある。

いや、これは、もちろん、いまのぼくが考えていることで、当時の読者がどう感じていたのかは、わからない。ぼくにしたって中学生だからね、「ヒッチコック・マガジン」を手に取ったのは。一応ミステリ、ことに翻訳ミステリに関してはそれなりの読書量はあったたし、不純な動機だったけれども「マンハント」も何冊も読んでいた。でも、「ヒッチコック・マガジン」を手にしたのは、古本屋で「マンハント」の近くに置いてあったからとか、あるいは、GUN特集を読みたくて、というような読者だったわけで、ハイ・ブラウという部分についてはまったくわかっていなかったと思う。ただ、例えば、高平哲郎は、友人に教えられて、「ヒッチコック・マガジン」を知り愕然としたというような思い出をどこかで書いていた。それは都会的で、ハイ・ブラウな部分を感じてのことだったんだろう。それはどのあたりなのかということなんだけれども、ハイ・カルチャー的な部分とジャズそして映画といったサブ・カルチャーが混在していたことだったのではないか、と思う。そういえば、高平哲郎は60年代から70年代の日本のサブ・カルチャーのベースにはジャズと落語があったのではないかと語っていたと思うのだが、おもしろいなぁと思う。

というのはね、ぼくはどちらかといえば、ロックと漫才で育ってきた。ジャズはどうも肌に合わない。落語は好きで、ラジオやテレビでよく聴いていたけれども、本当に笑ったのは漫才の方だった。エンタツ&アチャコとまでは遡らないけれども、秋田Aスケ Bスケとか、中田ダイマルラケット、いとしこいし、とかね、東京的なものよりも関西的なものの方が好きだった。芸を味わうというよりも、直接的な笑い、刺激を好んでいたということになる。

ロックも同様なことになるような気がする。ぼくのロックの原体験はプレスリーなんだけれども、なんだか聴いてはいけないものに触れたという感じがあった。小学生の頃ですね。正しい認識だったと思う。ただ、その刺激は、強烈だった。急速にのめりこんでいったわけ。でも、どこで聴いていたんだろうね。個人でラジオを持てたのは中学に入ってからで、それ以前はどうしていたのか記憶にない。自分のラジオが出来てからは、洋楽の番組、そして米軍放送を聴いていた。英語なんてまったくわからなかった。でも、アメリカのポップスやロックをほぼリアルタイムで聴くことができるというのは、とても魅力的だった。もしかしたら、このあたりが、ぼくの「マンハント」熱への布石になっていたのかもしれない。

まあいいや、とにかくですね、その頃のぼくは典型的なロー・ブラウ趣味、いまでも同じかもしれないが、ハイ・ブラウな部分がわからなかったのも、当然だね。理解の外にあったわけだ。

「ヒッチコック・マガジン」がジャズを重視していたのは、わかると思うけれども、落語はどうかというと、創刊号のO・H・レスリーの「アンパイアを殺せ」という短篇に付けられた編集部のコメントのタイトルは「落語的ミステリ」。

アメリカの野球の観客はアンパイアに不満を抱くと「Kill The Umpire!」と叫ぶんだそうだ。この短篇は、それを文字通り実行してしまったアンパイアの妻の話。で、落語的というのは、そのオチの付け方なんだろうね。おいおい、それ、マヌケでしょ、という感じ。笑えるとは思わないが、サゲとしては成立している。が、このラストの一行で決着をつけるという形式は、ショートショートのフォーミュラーとして認知されていくことになるわけで、落語的という言い方は一般的にはならなかったんだろう。

そういえば、創刊号の編集後記「死体置場の片隅から」はまさしくこの落語的な形式を取っている。ま、毎号巻頭に置かれているヒッチコックの編集前記も、サゲのあるものが多かったからね、そちらの影響かもしれないが。

読者の投稿欄は「くたばれ編集者!」というページなんだけれども、このページもね、どこまで本当、どこまで洒落かわからないところがある。例えばさ、1960年の1月号に、「川崎市の稲葉由紀さん、貴方に百円かりたのはN氏でも都筑氏でもなく、小生です。都合がありますので、もう少し貸しておいてください」というような投書が載っているのだけれども、投稿者の名前は「〃マンハント〃編集長中田雅久」。なんだったんだろうね、これ。わからん。

さっきも書いたけれども、「都会的な娯楽誌」という意味では、「マンハント」は「ヒッチコック・マガジン」最大の競合誌であったし、方向としては同じ方向にあったように思う。例えば、フレッチャー・フローラをはじめとする何人もの作家、植草甚一をはじめとする日本人のライターにも「マンハント」と共通している名前がある。

ただ、同じ作家でも、「ヒッチコック・マガジン」と「マンハント」には違うテイストの作品を売るわけで、そこには違いが出て当然のことだ。逆にそれができなければ、アメリカで作家としては生きていけない。日本のライターでも、福田一郎のケースのように、文体を変えていたりする。名前が同じでも、雑誌によって違うものになるから、同じ名前だから同じ方向だと言い切れるものではない。それでも、そうした差異があっても、方向としては近似していたように思う。

さてと、ぼくの個人的な気分で言えば、やっぱり「マンハント」なんだ。「マンハント」のページをめくるときのわくわくした感じは、「ヒッチコック・マガジン」では、ついに感じることがなかったのだ。

〈追記〉
ユーモラマその他のドラマ。

HUMORAMAという出版社があった。1938年から1980年代まで何十という雑誌を出し続けていた。が、日本で、この出版社の存在に気がついていた人はほとんどいないように思う。少なくともこの出版社について誰かが紹介した文章を読んだことはない。アメリカでさえ、ウィキペディアでは1950年代から1960年代まで存続したというきわめて曖昧な記述になっている。

それも当然かもしれない。このユーモラマという出版社は、ちょっと色っぽいカートゥーンとジョーク、そしてヌード写真の専門誌、しかもダイジェスト・サイズという、いかにも三流という感じの雑誌ばかり出していたのだ。ぼくも、二年ほど前までは、こんな出版社のことなんて知らなかった。「LAUGH」「CARTOON PARADE」「FUN HOUSE」といった雑誌は知っていたけれども、それらが同じ出版社のものだとは気がつかなかった。ま、同じ出版社だからといってどうということもない。それはそうなんですがね、ぼくとしては、ちょっと悔しい。

ぼくが神田をはじめとする洋書の古書店に出入りするようになったのは、60年代の後半だったけれども、その頃にはこのユーモラマの雑誌はけっこう見かけたのに、手を出さなかった。理由は簡単で、「MAD」や、「ナショナル・ランプーン」といったユーモア系の雑誌や、「マーヴェル」「DC」といったコミック・マガジンの方に関心があったからだ。編集方針も、意図もなく、本当に寄せ集めでしかないそれらの雑誌を買うほど余裕がなかった。

ユーモラマに興味を持ったのは、ALEX CHUNとJACOB COVEYというコミック研究家のチームがFANTAGRAPHICS BOOKSから出しはじめた50年代から60年代のピンナップ・アーティストのシリーズがきっかけだった。ドン・フラワーズのことを知ったのも、このシリーズのおかげなんだけれども、ユーモラマについても『THE PIN-UP ART OF HUMORAMA』というかたちで一冊にまとめてくれている。

ピンナップ・アートというのは聞き慣れない言葉なんで、ピンナップ・カートゥーンといった方がいいような気がするが、要するにグラマーな女の子たちをメインにした一コマ・マンガ。一応一ページに一枚というかたちが多かったのだけれども、ユーモラマの雑誌のサイズはダイジェスト版なんでピンナップには小さすぎるんじゃないかという気もするし、カラーも単色か二、三色というシンプルなものだけれどもね、実際にピンナップとして使われていたんだそうだ。

これ以外にも、GOOD GIRL ARTという言い方もあって、こちらの方が気分としては近いかもしれない。ピンナップとしてどうかということよりも、女の子の方がメインなんだからね。どちらにしろ、この種のカートゥーンに関しては、正式な呼称はないようだ。これまでほとんど無視されてきたことを表しているように思う。

この数年のあいだにこれらのカートゥーンのアート的な価値が生まれてきた。専門の売買サイトも出来ているし、その意味では、市民権を得てきたということだろう。まあね、それはポピュラー・カルチャーがハイ・カルチャーになっていくという例の一つになるわけで歓迎すべきことなんだろうが、なんだか、違うような気もする。なんといったって、一点十ドルにも満たないような金額で買いとられていたようなものが、その何百倍、何千倍という値段で取引されていくのは、奇妙である。なによりも、この粗悪な紙と印刷のものを切り取って、壁に貼っていた若者たちの気分がどこかに追いやられている感じがあって、釈然としない。まあね、誰も認めてくれなければ、腹が立つし、認められてくれれば、また何か違うと言いたくなるのは、よくあることで、ぼくのこの「マンハント」についての文章も、同じことをやっているような気もするから、何も言えないけれどもね。

ユーモラマという出版社の最盛期は50年代から60年代だったという。一コマ・マンガの最大の買い手だったというんですがね、すごく安い金で、最低一点七ドルぐらいで買っていたというから、いくら50年代でも、買い叩きすぎではないかという気がする。それでも、多くのマンガの書き手が売りにきたというのは、50年代の半ばに、悪名高いフレデリック・ワーサムのコミック・マガジンの子供たちへの悪影響を訴えた反コミック・キャンペーンや、そしてテレビの台頭ということもあって、多くのコミック・マガジンが廃刊に追い込まれたからだ。その結果として、職を失ったコミック・アーティストたちが、なんでも買ってくれるユーモラマに集まってきたわけ。

そこに集まってきた作品は安かろう悪かろうということで、ひどいものばかりだったかというと、世の中はよく出来ていて、素敵なものがちゃんとある。基本的には、ほぼすべての女の子たちは、大きな胸、くびれたウエスト、そして長い脚、それにゴージャスな髪型というパターンになっているわけですが、ま、ジェイン・マンスフィールドとかマミー・ヴァン・ドーレンといった50年代、60年代のハリウッドのB級女優たちを思いだしてくれればいい。うーん、この例そのものに無理があるか？要するに、ある種の男の妄想の元型ということだと思ってくれればいいということなんですがね。いや、この女の子たちが素敵だということではない。アーティストたちです。彼らをアーティストと呼ぶのは抵抗があるかもしれないけれども、どう見ても三流以下としか思えない人たちも含めて、彼らに敬意を示したいからね、ここではアーティストと呼ぶことにする。

ユーモラマを代表する二大巨匠は、Bill Wenzel と Bill Ward ということになっている。この二人のビルで一万五千点の作品をユーモラマに売り込んでいたという。どうやって数えたのかわからないけれども、半端な量ではない。この数からもわかると思うけれども、カートゥーンとは言いながら、アイディアやひねりがあるものではなく、色っぽい女の子たちの絵がすべてということだ。ピンナップ・アートとかグッド・ガール・アートと言われるわけがわかる。

ぼくの好みから言うと、最初のビル、ビル・ウエンツェルの方がいい。ぽっちゃり系の女の子ばかりなんですが、表情がね、良い。ぼうっとした目元とちょっと突きだした唇。ルーベンス的な女性像を得意としていた、なんて評されたりするけれども、肉感的ということなんでしょうね。

もう一人のビル、ワードの方は、ベティ・ページとかソフィア・ローレンのような野性的な女の子を得意としていた。売り物は太腿までのブラック・ストッキングというんですが、要は、いつも太腿をむきだしにしたポーズの女の子たちを描いていたわけ。あ、ソフィア・ローレンはいまではイタリアを代表する大女優ですが、この時期のアメリカではセックスシンボル、いまで言えばグラビア・アイドルの一人とみなされていたんですね。

ピンナップ・アーティストとしての評価からすると、ユーモラマのアーティストの中では、このビル・ワードが一番高いかもしれない。実際の売買の場でも、ユーモラマのアーティストの中では最も高額なんじゃないかと思う。もともとSM的なものを描いていたこともあって、マニアックなセクシーさがある。コレクター好みなんでしょうね。

この二人のビルに Kirk Stiles を加えた三人が、ぼくの選ぶユーモラマのグッド・ガール・アーティストのベスト3という感じかな。カーク・スタイルズは、そうだな、二人のビルの中間、いやビル・ワード寄りという感じです。ブラック・ストッキングだしね。

こうしたアーティストの作品は、本文で紹介したドン・フラワーズと似ているように感じるかもしれないけれども、そこには明らかな違いがある。簡単に言えば、ドン・フラワーズの作品はカートゥーンとして成立しているけれども、ユーモラマのアーティストの作品は、そうしたソフィスティケーションとは関わりのない地点にいる。セクシーな女の子が描かれていれば充分なのだ。もっとも、ほとんどのものは、水着だったり、半裸であるという記号だけで、セクシーとは思えないレベルで、つけられているキャプションもひねりも何もない説明というレベル。こうしたキャプションは、ギャグ・ライターを雇う余裕なんてないからね、アーティスト自身の手によるものもあったけれども、大部分は編集者が書いているのだから、仕方がない。

もっとも、この手の雑誌にはジョークやらギャグが必需品らしく、例えば、ここにユーモラマの競合出版社の一つ、CARLTON PUBLICATION の「CARTOON CARNIVAL」の１９６７年の12月号があるのだけれども、表紙には大きく「OVER 200 GAGS and GALS」とうたっている。ＧＡＬＳというのは写真ではなくグッド・ガール・アートのことですが、ＧＡＧの方は、数行のジョーク、ま、笑えるものはほとんどない。こうしたジョークはどうしても同工異曲になっていくわけで、ぼくの大好きなジョークのことを思いだした。それはこんなものなんですがね。

世界ジョーク大会での出来事。参加者はみんなジョークのことは熟知しているから、いちいちジョークを語る必要はない。ステージに上がったスピーカーはジョークのナンバーを言うだけなんですね。「19番!」大笑い! 「で、７９０番」また爆笑。それを見ていた初めての参加者、なるほど、あれでいいのか、さて自分の番が来て「35番」誰も笑わない。焦って「19番!」シーンとしたまま。まったくだめなんですね。ステージを降りてきて、近くにいた知り合いに、どうしてなんだろう？　と訊くと、一言「話し方が悪い」。

なんとなくジョークの本質を突いているようで、気に入っている。

しかしまぁ、月刊とはいえ、二百以上のグッド・ガール・アートとギャグを集めるというのは大変なことで、しかも一誌だけではない。十誌としても、月に二千以上、年間にすれば二万点か、クオリティなどと言っている場合ではない。「カートゥーン・カーニバル」で言えば、集められたすべての中で、良いと思えるものは一つもない。ギャグの数は五十ぐらいだから、残りの百五十以上のグッド・ガール・アートはほぼ誰もピンナップにはしないだろうというレベル。値段は三十五セント。コミック・ブックはたしか十五セントぐらいだったと思うから、倍以上か、でもシェル・スコットのペーパーバックは五十セントだったから、それよりは安いけれども、ま、高いよなぁ。70年代に入るとこの手の雑誌はほとんど消えていったというのもわかる。

それでもユーモラマは80年代まで生き延びていたが、いわゆるハード・コアなポルノやヌードに対抗できずにマーケットから消えていった。最初は十三歳未満はNGだったのが、60年代には成人指定というように内容をハードにしていったけれども、それでも、状況を好転させることはできなかった。

『THE PIN-UP ART OF HUMORAMA』を眺めていて気がついたのだけれども、１９５０年代のユーモラマの雑誌には、こんな注意書きが付いていた。

「この雑誌はあなたの地元の店で買ってください。あなたもお店も幸せになれます」

いい時代だったという気もするし、それとともに、アメリカの雑誌は広告収入と定期購読料で経営を安定させているのだけれども、ユーモラマは店頭売りをメインにしていたこともわかる。広告がたくさん入る雑誌ではなかったし、定期購読を当てにできる雑誌でもなかったわけだ。そういう意味では、特異な雑誌群だと思うし、競争力に欠けるところがある。それにもかかわらず、30年代から80年代のほぼ半世紀を生き延びたというのは、すごいことだけれども、もちろんユーモラマは独立して存在していたのではなく、MARTIN GOODMANという出版社の一部門だったわけで、そのおかげということもある。このマーティン・グッドマンはマーヴェル・コミックの出版社ということで、歴史に残ることになるんだろうが、ぼくとしては「FOR MEN ONLY」とか「MALE」「STAG」といったメンズ・アドヴェンチャー・マガジンを出版していたことの方に価値を感じる。

ちなみにユーモラマを経営していたのは、ABE GOODMAN、グッドマン一族の一人です。彼は、とにかく持ち込まれたものは、内容も出来も問わずに、ほとんど買うというやり方で、ユーモラマの黄金時代を築いたということになっている。安く買い叩くというやり方には問題があったかもしれないが、それで、何十人、いや数百人というコミック・アーティストの生活を助けていたことになるわけだから、もちろんその原稿料だけで食べていけたわけではないけれども、それはそれで評価してもいいのではないかと思う。

ユーモラマがマーケットから消えて、それらのアーティストはどうなったかというと、ほとんどのアーティストは一緒に消えていったわけだが、なかには、「PLAYBOY」に描くようになったジャック・コールのように、よりメジャーな舞台に出ることができたものや、Dan DeCarlo、Basil Wolverton、Davy Berg、Vic Martin、Jim Mooney、Stan Goldbergといった「MAD」やその他のコミック・マガジンに移っていったアーティストたちもいた。

感傷的な言い方になるが、そうしたアーティストたちのシェルターになり、次のステップのための踏み台になったのが、ユーモラマの最大の功績であり、意味であったのかもしれないと思う。それらのアーティストは、ユーモラマがなくても、自分の力で飛び立つことができたのかもしれないが、やはり、ここではユーモラマが必要だったと思っていたい。それこそが雑誌の一つの役割だと信じているし、「マンハント」もそうした役割を果たした雑誌だったと信じるからだ。

「洋酒天国」をなぜ忘れていたんだろう?

「洋酒天国」のことを書いておこうと思う。

ほぼ完全に「洋酒天国」のことを忘れていた。理由はいくつかある。

まず、ぼくがこの小雑誌のことに気がついたのは、けっこうあとになってからで、60年代の半ば過ぎだったのではないかと思う。古本屋でたまに見かけて、十円ぐらいだったから、特集がおもしろそうなときに買っておく。その程度のことだったわけだ。また、サントリーのPR誌だと思っていたので、軽く見ていたということもあっただろう。

もう一つ、たぶんこれが最大の理由だと思うのだが、この雑誌の編集者であった小玉武が書いた『「洋酒天国」とその時代』という素晴らしい本があって、ぼくの中では、これでもう「洋酒天国」のことは充分だと思ってしまったのだ。この本については、どうも不思議なことがあって、いま手元にあるのは三冊目の『「洋酒天国」とその時代』である。

ぼくは本の整理が苦手で、適当に段ボールの箱に詰めこんでいるのだけど、その一つから「洋酒天国」の2号から50号までの揃いが出てきて、あ、まずい、この小雑誌のことを書いておかなければと思ったが、すぐに『『洋酒天国』とその時代』のことを思いだして、探したのだが、出てこない。仕方ないので、ちくま文庫版を買ったのだけれども、これがまた、行方不明になってしまった。「洋酒天国」のことはあきらめろという啓示かとも思ったのだが、ちょうど、京都に行く用事があり、京都の古本屋ならこの本が見つかるような気がして、もしも見つかったら、書いてみようと思ったのだ。で、なんとまぁ、京都のブックオフで発見してしまったんですね。文庫版ですがね。ま、新刊ならまだ手に入る本だけれども、同じ本を三冊も新刊で買うというのも、なんか間抜けだ。いや、だからといって、京都で探すというのはもっと間抜けだとも思うのだが、ブックオフで手に入るとはなぁ、さすが京都である。感心する方が変か。

「洋酒天国」のことをまず。判型は50号まではA6判だった。昭和31（1956）年4月の創刊から昭和39（1964）年2月の61号まで八年間続いた。「マンハント」は、1958年から1963年まで続いたから、「洋酒天国」とかなりの期間重なっていたことになる。そして、ライターの何人かは、やはり、共通している。

このPR誌のアイディアを出したのは、開高健だったという。ぼくはサントリーのPR誌だと思って、軽く見ていたと言ったけれども、実はそのことが「洋酒天国」の本質を表していたのではないか。いまは、そう思っている。「洋酒天国」が目指していたのは、PR誌ではないPR誌だった。もちろん中心にあったのは、アルコール文化だったけれども、それにとどまらない視野の広さがあった。

ぼくはPR誌の専門家ではないけれども、PR誌の企画を何度もしたことがあるし、実際に何冊か手伝ったことがある。そのとき、ぼくが考えていたのは、どんなに立派な雑誌を作っても、誰も読みたいと思わないものは無意味だということだった。自分の書くもののことを棚に上げているという気もするが、それがぼくがPR誌を考えるときの基本だった。が、それを実行するときの難しさもいやというほど知っている。クライアントは、投下した費用の結果をすぐに求める。すぐに結果が出ないということを理解したとしても、だったら、自分たちの製品やサービスについての情報や推薦をPR誌に求める。そんなもの、誰も読みたいと思っていませんよ。そう言ったところで、だったら、普通の雑誌を作ることになるではないか、それを自分たちで作る意味がわからない、といった議論になるわけだ。

「洋酒天国41」（1959年11月発行）

「洋酒天国」のバックナンバーを読み直してみて、ため息が出るのは、ぼくが考えていたPR誌の理想の姿に近いものがすでにここにあったという実感があるからだ。感心するような、そして悔しいような複雑な気持ちになる。こんなものが半世紀以上も前に作られていたんだ。おそらく、現在でも、PR誌という枠組みの中では、「洋酒天国」を超えるものは少ないだろう。

その成功の秘密の一つは、もちろん、編

集スタッフの素晴らしさにある。8号の編集後記に、六人の編集スタッフを、開高健が紹介している。名前だけを挙げれば、開高健、坂根進、杉本直也、柳原良平、山崎隆夫、尼野久留美。最後の女性は本名ではないとしてあるが、独立して生きていくことのできる才能が集まっていたことがわかる。その上、二年後には山口瞳まで、編集に加わるのだ。強力なメンバーではないか。このメンバーだけで、普通の雑誌なら一冊出来そうだ。

けれども、「洋酒天国」が成功したのは、このメンバーの才能だけの問題ではないと思える。このメンバー全員がサントリーの社員だったこと、そのことがきわめて重要だと思う。つまり、外部の人間が最初にぶつかる企業の壁が存在しないか、低いものであったということになるからだ。もちろん、だからといって、まったく新しいタイプのPR誌を作る、というのは、簡単ではない。その難しいことを可能にしたのは、この素晴らしい編集スタッフの力であり、また、サントリーという企業のカルチャーであったことは間違いない。

『『洋酒天国』とその時代』によれば、開高健は、若い頃から、雑誌が大好きで、サントリー入社後も得意向けの雑誌「発展」の編集に携わっていたという。「新青年」に出会ったのは、その頃で、夢中になっていたというのだ。やっぱり、ここにも「新青年」がある。「新青年」は、大正、そして昭和初期のモダニズムを体現したものの一つと言われることが多いが、ぼくが考えているのは、西欧文化の輸入装置としての雑誌ということだ。ぼくにとっての「マンハント」は確実にそうであったし、「洋酒天国」も同じ機能を持っていたように思う。

「洋酒天国」でおもしろいのは、アメリカよりもヨーロッパ、特にフランスに関する文章が多かったことで、例えば、3号から始まった薩摩治郎八の自伝的エッセイ「おとぼけ回想記」の連載は、その良い例の一つだろう。この連載の依頼の際に、開高健は「酒か香水の話を」と切りだしたところ、薩摩治郎八は、「酒」と即答したと3号の編集後記に書いている。酒で身上つぶしたんだから、恨みつらみが山ほどある、というのがその理由だったというのだが、酒の会社のPR誌だよね、「洋酒天国」は。普通なら、「酒の話でけっこうですが、身上つぶしたというのは、ちょっと」みたいに考えるだろうが、開高健はすごいよなあ、それでOKしている。実際に書かれたものは、つらい話よりも、幸せな気分にしてくれる話が多かったから、この開高健の判断は正しかったわけだ。

もう一つこの短いエピソードで感心したのは、「酒か香水」というところだ。変な取り合わせだよね。「酒か女」というのが、普通ではないか。薩摩治郎八という人物のことを考えれば、なおさらだ。でもね、これはぼくの推測だけれども、男が香水のことを書くとなれば、当然、香水をつけている側の話になるだろう。必然的に女のことに触れることになる。そういう意図があったのではないか。女の話を書いてください、と直接的に言うのは下品だ。香水かあ、うまい言い方だ、と、ぼくは感心したのだ。もっとも、『洋酒天国』とその時代』には、開高健が、香水に興味を持っていて、床まき香水の話を載せたところ、重役の一人が、自社の宣伝もせずに床まき香水の宣伝をするとはどういうことだ、と怒ったというエピソードが出てくる。床まき香水の話はどこに出ていたのか、探してみたが、見つからなかった。探し方が悪いんだろうね。ただ、開高健が香水に関心があったのは確かで、第5号にマダム・マキコが、香水の話を書いている。ただ、女性にとっての香水と、男性にとっての香水の差ははっきりしていて、ものとしての香水の話だった。ゲランとか、シャネルとかね、そんなブランドの話もあったりする。シャネルについて、かつては洋裁店だったのに、いまでは香水の店になっている、なんて書いてある。洋裁店ていうのは、聞き慣れないけれども、オートクチュールの訳語なんだろう。ディオールも、洋裁店としてあったからね。マリリン・モンローが、ナイトウエアはシャネル№5、と言った頃だったのか。日本でも「シャネルの5番」は有名だと書いてあった。
というということからすると、開高健が「酒か香水」と言ったのは、文字通りの意味にも思えるのだが、それでも、ぼくとしては、女の代わりに香水と言ったということにしておきたい。

PR誌であることが、「洋酒天国」の本質であるなんて言ったけれども、それは、売れ行きを気にしなくてもいいということでもあるからだ。編集者たちの理想の雑誌を作ることができる。一般の商業誌では、そういうわけにはいかない。いや、もちろん、そんなことが簡単にできるわけではない。なによりも、編集する側のセンスが必要だ。ぼくの感覚で言えば、「洋酒天国」が、「洋酒天国」らしくなったのは、3号からなのではないかと思っている。2号までは、一般的なPR誌を引きずっていたように思えるのだ。

なんて言ったらいいのかね、どこか実用的であろうとしているところがある。例えば、「ダイスの遊び方」とか「手軽に作れるカナペ」それから「一、〇五〇円で出来るホームバー」といったページがある。この三番目のページを開いてみると、見開き二ページで、自作用の寸法と材料費が出ている。材料費を見ると、杉板とかネジとかね、工作用の材料費は二百九十円、千五十円の残りは、トリスと赤玉ポートワイン、炭酸、それにグラスといった消耗品なんですね。たしかに酒がなければ、ホームバーとしては機能しないから、良心的という気もするが、このページのイントロで「どこの家庭にも洋酒の2、3本はあるでしょう」というようなことを言っているから、洋酒棚を作るだけでいいところを、トリスと赤玉をつけている。そして「一、〇五〇円で出来るホームバー」というタイトルより大きな活字で「日曜大工の日曜酒場」とうたっているのを見ると、なるほどね、要は家庭内での洋酒の消費を促進しようというわけだ。いや、もちろん「洋酒天国」のやることだからね、そんな下心だけではないだろう。「洋酒天国」は、サントリーの傘下にあるトリスバーと、サントリーバーに置かれることを前提にしているけれども、そこで読み捨てられるものではなく、家に持ち帰ってほしい。そんな気持ちがあったのは、間違いない。この2号の表2にこんな文章が載っている。

「お待たせしました
新緑の風にのせて
二号をおとどけいたします
お読みになった後
どこか本棚の隅にでも
そっと保存して
おいてやってください
捨てるには
ちょっと惜しい小冊子です」

たぶん、開高健の文章だと思うが、「一、〇五〇円で出来るホームバー」の意図と明らかに共通するものがある。このホームバーを作ろうと思ったら、当然、この「洋酒天国」を持ち帰ることになるわけだ。が、本当にこのホームバーを作った人はどれくらいいたのだろう。少なくとも、いまの感覚で考えると、限りなくゼロに近いはずだ。ただ、昭和30年代ということを考えると、自分で何かを作る人は少なくなかったのかもしれない。例えば、ぼくの父親のことを思いだすと、けっこう様々なものを自作していた。扇風機の台とか、小さなストゥールのようなものを一日二日で作ってしまったように思う。もっとも、ぼくの父親は、平均的なケースではなかった。家を改築したときに、大工が、よく道具を借りにきた。こんなに道具が揃っている家はないよ。彼らがそう言っていたのを思いだす。

ほとんどの家庭にはミシンがあったし、新しい服を買うのは、進学したときとか、何か特別なことがあったときだけだったように思う。昭和30年代というのはそういう時代だった。いまならDo It Yourselfということになるのだろうが、その頃は必要なものは自分で作るというのは、特別なことではなかったのだ。それでも、この「一、〇五〇円で出来るホームバー」という企画には、無理があった。「洋酒を生かすためのこんな手軽な思いつきが他にあれば、どしどし本誌編集部までお知らせくださいますように」というのがこのページの締めの文章だった。つまり読者参加のページにする意図もあったと思うのだが、実際にはこの一回で終わっている。

持ち帰りたくなるPR誌というのが「洋酒天国」の理想像であったはずだが、それはやはり内容がそう感じさせるものであるべきだ。そしてそれが現実的なものになったのは3号以降なのだと思う。2号と3号の最大の違いはページ数だった。

2号は三十八ページ、3号は四十四ページ、値段はあってないようなものだけれども、同じ二十円だった。8号のクリスマス特集号は五十八ページと大幅にページを増やしているが、だいたいは本文四十二ページ立てであった。10号から値段を三十円に上げ、これ以降50号までは同じ値段だった。そして、51号から、判型を大きくして百円になった。ただ、その結果としてPR誌的な感じは消えてしまった。ここでは、50号までの「洋酒天国」の話にしておく。

さてと、3号からページが増えたわけだが、その原因は先ほど書いた薩摩治郎八の連載ではなかったかと思う。巻頭の五ページが、この連載のために使われている。というよりも、このページ数がほぼ増ページ分にあたっているわけだ。編集部の意気込みがわかる。で、薩摩治郎八が何を書いたかと言えば「葡萄酒の本場フランスでは子どもに水を飲まさない」という文章から始めて、自分も葡萄酒好きだった祖父の影響で、子供の頃から葡萄酒を飲み続けていたと書き、そしていまの自分が健康で二十代の女の子を追いかけていられるのも、その葡萄酒のおかげで、日本人はもっともっと葡萄酒を飲むべきだとまとめている。そして最後に、有名な「酒のない一日は、太陽の照らぬ一日」というフランスのことわざを紹介して連載の一回目を終えている。文中にちゃんとトリスバーと一言入れてスポンサーに敬意を表しているのも、彼なりの礼儀なのだろう。

ぼくが、初めてフランスに行ったのは三十年も前のことだけれども、そのときにも、フランスの水は飲むなと注意されたことを思いだす。子供も、水ではなく、ワインを飲むくらいだと言われたことも思いだしたが、こういう話の出所が、もしかしたら、この薩摩治郎八の文章だったりしたらおもしろいのだけれどもね。

ただ、フランスの水は飲めないというのは当然、間違いで、フランスの友人にフランスの水は飲用に適さないんだよね、と言ったら、本当に馬鹿にしたように、そんなことあるわけないだろう、自分も飲んでいるし、赤ん坊のミルクも水道の水で作っているぞ、と言われた。たしかにね、それ以来、ぼくは水道の水を飲むことがあるけれども、何の問題もない。しかし、水道の水を、ワインがシャトー○○というのになぞらえて、シャトー・ラ・ポンプって言うなんて知らなかったなあ。いまでも使っているんだろうか。

ぼくがこの3号を「洋酒天国」らしいというのは、この薩摩治郎八の連載だけを取り上げて言っているのではない。2号までの実用的な記事が影を潜めていることと、ヴィジュアル的になっていたこと。このヴィジュアル的というのは、「洋酒天国」がいかに先進的であったのか、それを示している要素だと思っている。それはスタッフの中にグラフィック・デザイナーの柳原良平がいたことが大きかった。柳原良平は、アンクル・トリスの生みの親として知られているが、それ以上に「洋酒天国」のアートディレクターとしての働きが大きかったのではないかと思っている。

小林信彦が「ヒッチコック・マガジン」の編集をしたときに、弟の小林泰彦をアートディレクターに起用したことが、あの雑誌にシャレた雰囲気をもたらしたわけだが、「洋酒天国」はそれに先駆けて、雑誌にアートディレクションという概念を持ち込んだのだ。アメリカの雑誌では珍しいことではなかったが、日本の雑誌では「洋酒天国」が初めてのケースではなかったかと思う。柳原良平はアンクル・トリスのあとで、朝日新聞に「ピカロじいさん」という五コマ・マンガを連載することになるが、この題名をつけたのは開高健だそうで、「漫画讀本」で人気があったボブ・バトルの「意地悪爺さん」になぞらえてつけたのだという。世の中はどこでどうつながっているのか、わからないものですね。

また、この3号には、初めてカラーの折り込みページが登場した。のちにこの折り込みページはヌード・ピンナップになっていくのだけれども、この最初のカラー折り込みに起用されたのは、女性の下着に革命をもたらしたデザイナーの鴨居羊子だった。どうしてかわからないのだけれども、ぼくは鴨居羊子の文章が好きで、けっこう読んでいるのだが、この「洋酒天国」のものは知らなかった。

「ココ娘！乾杯」というタイトルだったが、ココというのはフランス語でハスッパ娘という意味なんだそうだ。で、その何人ものココ娘たちの下着姿や半裸、全裸の姿が可愛らしいイラストで描かれていた。なんだか得した気分になる。女性の書き手が登場するのは「洋酒天国」の先進性の表れだと考えているけれども、この3号では十五人中四人も女性が入っている。

そして書き手たちのバラエティ。双葉十三郎が「映画と洋酒」を書き、早川雪洲が「呑んべは呑んべで」でフランスとイギリスの酒の話を寄せている。アメリカの酒については批判的であるのが、おもしろい。

3号は「洋酒天国」のかたちを決めた号だという気がする。ここからしばらく、安定した号が続くのだが、それは同時にマンネリになりつつあるということだ。誌面に変化が現れたのは、「洋酒天国」唯一の合併号、23－24号あたりのような気がする。メインの写真ページがニューヨーク・シティ・バレー団の「檻」という前衛的な演目なんだけれども、何の説明もない。どうしちゃったんだろう。この号のあたりから山口瞳が編集に参加しはじめたというのだが、こうした変化は、山口瞳がもたらしたものとは思えない。もっと大きな変化がその背後にあるように思う。

それは、たぶん、この頃になると、それは昭和33年なのだけれども、日本人の海外に対するあこがれのかたちに変化が出てきたということなのではないか。海外に行くということが、一部の人間のものではなくなってきたのではないか。初期の「洋酒天国」は、海外にはこんな酒や酒場がある。そこでこんなおもしろい経験をしたという体験談や蘊蓄が記事の中心をなしていた。海外文化の輸入装置というには、俗っぽいかもしれないが、それでも、そこにあるのは酒を中心にした文化であるのは事実だ。そうした紹介すべきものが少なくなってきたのかもしれない。そして、それよりも重要なことは、海外と日本の距離が近づいてきたということだろう。海外というものが、より身近なものになってきたのだ。昭和31年の創刊時から二年しか経っていないが、その短い時間のあいだに大きな変化があったのだ。

28号は、カラーページ特集なのだが、その理由がいい。「洋酒天国」が、ある広告賞で一位になり、その賞金でカラーページ特集にします、と編集後記に書いている。読者に還元するというわけだ。では、どんなカラーページになったのか。全部で二十八ページ。半分以上のページがカラーになっている。まず、目次がカラーのヌード付き。そして「今月のカクテル特集」で三ページ。これはわかる。「洋酒天国」だものね。巻頭に哲学者で美術評論家でもある矢内原伊作の「スイスの葡萄祭」が七ページ。葡萄とくればワイン特集だと思うでしょ。ところが、ワインの写真なんてない。いや、みんながワインを飲んでいるスナップが、一枚あった。でもそれだけ。そして、これがすごいんだけれども、ボリショイサーカスが八ページ。何の解説もなし。ただ、ボリショイサーカスの写真が並んでいるだけ。で、極めつけというか、なんというか、サンドイッチとハンバーガーで五ページ。

ぼくとしては、サンドイッチも、ハンバーガーも大好きだからね、うれしいと思うけれども、これがなかなかシュールなんですね。サンドイッチで言うと「グリルドハム&チーズ・サンドイッチ」、ちゃんとグリルドとしてあるところが時代を感じさせる。「ツナフィッシュ・サンドイッチ」「ハム&エッグ・サンドイッチ」ちゃんと略さずに書いてある。そしてBLT「ベーコン・レタス&トマトサンドイッチ」も入っている。問題は写真で、上からの写真。ということは、一応中身が覗けるように斜めから撮っているのだけれども、結局、パンの上面が画面のほとんどを占めることになっている。パンのヴァリエーションがあれば、まだ救いがあるが、この時代のパンと言えばほとんどが白いパンだからね、せっかくのカラーページが白い。残念。

　考えてみれば、サンドイッチの写真は、意外と難しい。パンのかたちと中身を見せるために角度を付けて撮る。余裕があったら、上部のパンを外した写真と完成形の二枚を見せるということになる。でね、サンドイッチ写真で革命的な本がある。翻訳も出た『Scanwiches』（邦訳『LOVE♡サンドイッチ』、グラフィック社）なんだけれども、外形を捨てて、サンドイッチの断面をスキャンしてしまったんですね。この本のおかげで、パンに挟まれた中身がどのような状態になっているか、初めて明らかになった。普通にナイフで切ると、パンも中身も圧力で歪んだり、ソースがはみだすわけで、ここで初めてナチュラルな状態のサンドイッチの断面を見ることができたわけ。革命的というのはそういう意味です。しかも、英米のものだけではなく、世界中のサンドイッチとおぼしきものを撮りまくっている。当然、日本代表も入っていて、それが何かというと、焼きそばパン。ウーム、サンドイッチか、あれは。意表をつかれた。ぼくとしては、ライスバーガーという手もあるのではないかという気もするが、焼きそばね、日本オリジナルではある。

　いけない、つい脇道にそれた。「洋酒天国」のハンバーガーに移るけれども、ここでも写真の難しさについては同じ。バンズが画面の大半を占めている。それと、ハンバーガーなのに、ホットドッグ、しかも「チリ・ドッグ」。チリー・ホットドッグとしてあるのだけれども、チリーが何であるのか、説明がないまま写真に写っている。「エッグバーガー」も入っていて、それはいいんだけれども、ぼくの認識ではエッグバーガーのエッグはフライドエッグだと思っていたのだが、この写真で見るとスクランブルエッグのようだ。もしかしたら、オムレツなのかもしれないが、目玉焼きではない。うーん、不思議だ。もう一つ、このハンバーガー群の中に「デラックス・バーガー」というものが入っているんだけれども、これ、一般名詞ではないよね。しかも中身が判然としない。『Scanwitches』なら一目でわかるのにね。ぼくのおぼろげな記憶では六本木にあった「ハンバーガー・イン」に「デラックス・バーガー」というメニューがあったような気がする。もしかするとこのハンバーガーは、みんなその店のものだったのかもしれない。

すまん、サンドイッチとハンバーガーについ夢中になってしまった。ちなみにぼくが大好きなサンドイッチは、コンビーフとチーズ、それにザワークラフトのルーベン、ハンバーガーはシンプルにベーコン・チーズだな。

さてこの28号のカラーページ特集が、示していることは何かというと、カラーページのほとんどがアルコールとは無関係なものに使われているということだ。

いや、もちろん、サーカスを見るのにビールを飲みながらという人もいるだろうし、ハンバーガーとビールという人だっている。けれども、普通に考えれば、この号は「洋酒天国」が洋酒の束縛から離れようとしている、と感じるはずだ。

これは、ぼくの憶測でしかないが、PR誌ではないPR誌を目指した「洋酒天国」の方向からすると、洋酒離れを志しても不思議ではない。そして、この時点での環境の変化を考えると、もはや、洋酒というものが、外国の特別な酒、エキゾチックなものという意味を失いつつあったのではないかという気がする。言い方を換えれば、洋酒が日常的な存在になってきたのではないか、ということだ。もちろん、海外旅行の土産にウイスキーやブランデーを買うという行為は、それから何十年も続くことになるのだけれども、それでも、洋酒の日常化という流れは進行していたのだと思う。

そしてそれは、当然「洋酒天国」の編集にも、影響を及ぼした、と考えていいと思う。

それが明確に出たのは30号だった。「Coffee Guide」と銘打ったコーヒー特集だったが、コーヒーを使ったカクテルのページ以外はアルコール抜きで、コーヒーのおいしい入れ方をはじめとして、コーヒーの輸入の現状に至るまで、コーヒーだけで全ページを構成している。

そしてこのアルコール離れの方向は、35号の「テレビ特集」で明確なものになった。この号は表紙から最後のページまで、ひたすらテレビ。テレビ番組のテーマソングやCMソングの特集があったり、タレント名鑑があったりして、この時代のテレビの雰囲気を見事につかんでいる。笑ってしまったのは、各局の最高視聴率のご自慢番組の紹介として、放送事故時のテロップ、このまましばらくお待ちくださいと書いてあるテロップを全局分、載せていたことで、たしかにこの時代には、放送が中断することが少なからずあったことを思いだした。

この35号は、編集方針の明確な転換がなされた号で、この四号後の38号の編集後記で、「35号以来編集方針を変えまして、今号のように洋酒と関係のない号もつくるようにしております」と宣言している。この38号の特集は「戦後は遠くなりにけり」で、戦後の十五年史を一年ごとに、ほぼ日誌のように出来事を記載している。

この特集形式は、その後、40号で、逆に全ページ、アルコールの話になった「Drink Book」、43号では「西部劇と拳銃」、48号では「野球」と続き、49号では「旅」「ガン」「遊び」「酒」と四本の特集を組んでいる。そしてA6判の最終号50号に至る。

A5判の新生「洋酒天国」は、この50号から半年以上経った1961年の6月に51号としてスタートした。A6判は隔月刊だったのだが、この判型を大きくした「洋酒天国」は年二回刊。結局1964年の61号「SF特集」で終刊することになった。編集発行人には、実際はどうだったかわからないが、最後まで開高健の名があった。

「洋酒天国」を読み直してみると、「マンハント」のコラムの雰囲気に近い部分がかなりあると感じる。また、植草甚一や都筑道夫、名前は出てこないが片岡義男も関係していたようで、そういう意味では、「マンハント」と共通する書き手が何人もいたわけだ。「西部劇」特集をやってみたり、「ガン」を扱ってみたりするところは、「マンハント」や「ヒッチコック・マガジン」と共通するところが、ことに後期になると目につく。が、全体の感じで言えば、これらの雑誌に「洋酒天国」が影響されたというよりも、逆に、「洋酒天国」が、これらの雑誌に影響を与えていたのではないかという気がしている。これも感じでしかないが「マンハント」よりも、「ヒッチコック・マガジン」の方が印象としては近い。ソフスティケーションの度合いの違いということだろう。

が、どちらにしても、「新青年」については誰もが語るのに、この「洋酒天国」の存在とその影響については誰も語らないというのは、やっぱり不思議なことだと思う。どうしてなんだろうね。

ゼーン・グレイとシェル・スコット

「マンハント」の編集長だった中田雅久さんが亡くなった。このことを、まず書いておきたい。2010年9月1日。1922年生まれ、八十八歳だったという。

中田さんは、ぼくの大事な読者だった。毎回、感想だけではなく、いくつもの示唆を下さった。ボブ・バトルが日本人ではないか、というような新事実、あるいは薩摩治郎八のことに触れたとき、パリ時代ではなく、日本に戻ってきてからの彼の活動が知りたい、と書いたのだけれども、すぐに獅子文六の『但馬太郎治伝』に詳しく書いてあるという連絡をいただいた。もしもこの文章がまとまったら、誰よりも最初に感謝の気持ちをお伝えしたいと思っていたのだが、かなわぬこととなった。残念だ。

何度も書いていることだが、もしも「マンハント」がなかったら、いまのぼくはなかった。ぼくはSFファンであったろうし、ミステリファンであっただろうと思うけれども、文章を書く側にいたとは思わない。

すべて「マンハント」のおかげだし、それは「マンハント」をあのようなかたちに作り上げた中田さんのおかげなのだと思う。

もしかしたら、中田さんにとっての「マンハント」は、ベストのものではなかったのかもしれない。中田さんが雑誌作りの目標にしていた「新青年」には、とても及ばないと思っていたのではないかという気がする。インタビューしたときにそのような感じがしたのだけれども、とてもそれを口にする勇気がなかった。ただ、いつかは訊いてみたいとは思っていた。

もはや、確かめようがないのだが、インタビューの中で、「ヒッチコック・マガジン」の新しさに触れているところがあった。たぶん、「ヒッチコック・マガジン」の新しさ、それは明らかに編集のセンスの新しさだと思うのだが、そのことに中田さんはショックを受けていたのではなかったかと思うのだ。あるいは「マンハント」があるべき方向をそこに見ていたのかもしれない。

「ヒッチコック・マガジン」の新しさについて、もう少し、書いておいてもいいだろう。

編集のセンスが新しいと言ったけれども、それは実質的な編集長だった中原弓彦のセンスそのものだった。小林信彦の『夢の砦』は60年代の文化状況とそのただなかにいた作者の自伝的な作品だが、翻訳ミステリの新雑誌の創刊にまつわる話を一つの軸として、ラジオやテレビといった業界やその周辺の人々の話になっていく。60年代の雰囲気ということでは、そうしたマスメディアの方がメインという感じではある。が、ここでは新雑誌創刊の話に絞る。もちろんこの作品はフィクションだから、すべてを額面通りに受け取るわけにはいかないだろう。それでも、ぼくとしては、うなずけるところがいくつもあった。

その新雑誌は「パズラー」という名前で、「エラリイ・クイーンズ・ミステリ・マガジン」と「マンハント」「ヒッチコック・マガジン」とすでに三誌ある翻訳ミステリ誌の中に参入するという設定なのだが、モデルとなっているのは「ヒッチコック・マガジン」の創刊時の話であるのは明らかだ。

ゴシップ的なエピソードはそれはそれで興味を引くところはあるのだが、ぼくがおもしろいと思ったのは、主人公前野辰夫の雑誌観だった。例えば「新青年」。「パズラー」の編集を任されることになった主人公が、目標としたのは、「新青年」の現代版であったわけだが、「新青年を懐かしむ編集者たちは新青年を模倣して必ず失敗する」と、主人公の考えを述べる。その失敗の理由は、それらの編集者たちが雑誌が時代の空気を呼吸しているものだということを理解していないからだという。

ぼくとしては、この意見にほぼ全面的に賛成だ。ほぼ、というのは、例えば「マンハント」のようなミステリ専門誌というきわめて限定された領域の雑誌で同時代的というのは可能なのか？　という疑問があるからだ。

この疑問に対して小林信彦は、やはり前野辰夫の言葉の中で回答を示してくれる。前野は新雑誌の企画会議で、自分の考えている雑誌のかたちについて、三つのポイントを挙げる。まず、小説よりも、それ以外の読み物が重要だ、ということ。それもミステリに限定するのではなくモダン・ジャズからテレビというように幅を広くとる。二つ目のポイントは、雑誌全体に共通したレイアウト。そのために外部の才能が必要だということ。三番目は折り込みのヌード。この最後の案は、予算の都合で不採用となる。実際にはどのような事情があったのかはわからないが、「ヒッチコック・マガジン」にはヌードはなかったし、他の二点に関しては、ほぼこのとおりの方向にあったように思う。レイアウト、表紙、イラスト、目次、つまりアートディレクションは小林信彦の弟の泰彦が担当していたことを思いだした。彼、この時点では二十代の前半ではなかったか。

実はこの「ヒッチコック・マガジン」のあり方に対して毎日新聞がその雑誌評で、この雑誌はコクがない。いい作品をつかむことがコクを増すことで、「『よみもの五番街』と称する映画やジャズの日本人の書いた色ページが長々とあるのは、よけいに探小雑誌としてコクをなくすから、どうも感心できない」、と批判した。つまり、編集サイドの意図を全否定したわけだ。

探小雑誌という言い方は初めて見たが、探偵小説雑誌の略だろう。が、この探偵小説という概念そのものがあまりにも古い。「マンハント」でも初期には探偵小説と言っていたが、当時でも、すでに推理小説なり、ミステリという呼称が定着していたはずなんですけどね。どちらにしろ、「ヒッチコック・マガジン」の小説よりもそれ以外の読み物を充実させるというアイディアは、旧来の考え方に凝り固まった人には理解できなかったということだ。新しすぎたのだろう。

もう一つ付け加えるならば、この作品の中で理想の雑誌について語られている箇所がある。それは前野が自分の夢について語るところだ。「まず、理想の雑誌を作る。今の『パズラー』から推理小説を消したものと思ってくれればよい。ぼくらの世代の作家の小説三つぐらいと詩が重要な構成要素になる。これは精選しなければならない。それから評論とユーモア・エッセイが必要だ。もちろん外国の短篇小説やエッセイ、パロディの良いものが見つかれば、その都度、翻訳権をとって、邦訳する」

おもしろいよね。ミステリ雑誌から、ミステリを消す。では、何が残るかと言えば、時代感覚が残るということなのだろう。「ヒッチコック・マガジン」のバックナンバーを見ていくと、そこにはいくつかの試行があったことがわかる。例えば、1961年の7月号。

表紙を見ると、焦るよ。「日本のコマーシャル拳銃・矢野庄介」と大きく出ていて、その下に「自動車特集」としてある。この特集の上に小さく「ショートショート版」と付いていて、もしかしたらパロディなのかもしれないという感じはあるが、普通は気がつかないだろう。実際に読んでみると、パロディ的なところはあるが、けっこうまっとうな特集。スバル360や、パブリカといった国産の軽自動車が出現し、車が高根の花ではなくなりつつあった時代を感じさせる。

しかしまぁ、これはどう見てもミステリ雑誌の表紙ではない。ちなみに8月号の特集はレジャー。マリンスポーツを中心にしたもの。やっぱり、ミステリ的ではない。

こうして見ると、どこか刹那的にも思えるのだが、編集のキーワードはソフィスティケーションということだろうと思う。ミステリではないミステリ誌。「ヒッチコック・マガジン」の新しさは、こうしたソフィスティケーションの中から出てきたのだろう。それは「マンハント」にはない感性だ。

言い方が難しいのだが、「マンハント」にあったのはモダンというキーワードではなかったかと思う。それは明らかに「新青年」から出てきたものだ。大正、昭和の初期に言われたモダンボーイ、モダンガール、モボ、モガと略されるもので、時代の最先端を行く若者という意味だが、「新青年」が想定していたのはそうした読者だったように思う。ソフィスティケーションという概念と比べれば、明らかに一時代前の感覚だし、ストレートなものだ。

「マンハント」は、ハードボイルドという新しいかたちの物語を中心に据えていた。そして、そこからはみだすことはなかった。ハードボイルドを捨てたハードボイルド・ミステリ誌という感覚はなかった。小説以外の読み物を充実させるということでは、「マンハント」も同じであったのだが、ミステリという枠の中での話であった。しかも、翻訳小説誌という枠を守っていた。テーマも、基本的にはアメリカを素材にしていたと思う。植草甚一だけはフランスを含めたヨーロッパを素材にすることがあったが、それでも、海外の話題を中心にしていたことには変わりはない。

それに対して「ヒッチコック・マガジン」は、日本的なものに向かっていったように思える。

いや、どちらが正しいということではない。ぼくにしてみても、アメリカ文化へのあこがれということもあって「マンハント」の方がおもしろかったし、いまでもそれは変わらない。まあね、当時、中学生だからね、新しいか古いかなんてことは考えたこともなかった。みんな新しかったんだ。

「ヒッチコック・マガジン」の話が長くなった。本題に入る。個人名を冠した雑誌の話をしたいと思っていたのだ。

なんだそりゃ、と思うでしょ。なんだそりゃなんですね、これが。

要は「ヒッチコック・マガジン」や「エラリイ・クイーンズ・ミステリ・マガジン」のように個人名を誌名にした雑誌。どこかでその総称を見た覚えがあるのだが、見つけられなかった。アメリカ特有のスタイルという気がするのだが、これまた確実ではない。例えば日本でも「小松左京マガジン」や「手塚治虫マガジン」といったものがあったわけだから、アメリカだけということではないのだが、その原型はやっぱりアメリカのもののように思う。

その多くは小型の版型で、いわゆるダイジェスト・サイズ。で、このサイズの名前はあの「リーダーズ・ダイジェスト」から来ているらしい。1922年創刊です。というのが、ま、アメリカ起源ということの傍証ということか。ちなみに「マンハント」の本国版も、大判の時代もあったが、基本的にはこのダイジェスト・サイズです。

さて、これらの個人名を冠した雑誌には二種類ある。一つは、例に挙げたような作家の名前を冠したもの、もう一つは小説の主人公やキャラクターの名前を冠したものだ。これらの主人公の名前を誌名にしたものは十九世紀のダイム・ノベルの時代からすでに存在していたわけで、それらは、もちろんダイジェスト・サイズではなかったけれども、考え方としては共通している。作者名の方が明らかに新しいはずだ。これは少なくとも大衆小説の世界では作者の地位が高くなかったことを示している。まずは、作家の名前の方から始めてみようか。

ま、どちらにしろ、これらの雑誌はジャンル・フィクションに偏ることになる。考えてみれば当然のことで、例えば「村上春樹マガジン」とか「ドストエフスキー・マガジン」というのだってなくはないだろうが、内容をイメージしにくい。そこへ行くと「エラリイ・クイーンズ・ミステリ・マガジン」とくれば、本格ミステリが中心なのだろうな、とか、「ヒッチコック・マガジン」とくれば、ま、クライム、サスペンスものなんだろう、というようにタイトルが中身のガイドになっているわけだ。でも、これはそのジャンルの読者にしか通用しない。ジャンル・フィクションに偏るというのはそういう意味。あ、「エド・マクベイン・ミステリ・マガジン」というのもあったな。ミステリ以外では、「アイザック・アシモフズ・サイエンス・フィクション・マガジン」、現在は「アシモフズ・サイエンス・フィクション」とぐっと短い誌名になっているけれども、SF、やっぱりジャンル・フィクションです。ただ、SF雑誌ではこれだけじゃないかと思う。

ウエスタンでは「ゼーン・グレイ・ウエスタン・マガジン」という大物がある。ゼーン・グレイは、大衆ウエスタン小説の巨匠。ほぼ国民作家と言っていいんじゃないか。1872年生まれ。1939年に没するまでに九十作以上の作品を書き、死後を含めれば百以上の映画になっている。彼の代表作は『RIDERS OF PURPLE SAGE』、邦訳もあって『ユタの流れ者』というタイトル。オリジナルは訳しにくいよね。Purple Sage はサルビアの一種。紫の花の騎手たち、といったところでピンとこない。いっそ、リボンの騎士ならぬスミレの騎手、ぐらいまでやった方がいいかもしれないが、まてよ、これだとなんだか宝塚っぽくなってしまう。

SF作家のフィリップ・ホセ・ファーマーにこのタイトルをもじった短篇があったように思うし、カントリーでは同名のバンドが三つあるという。NEW RIDERS OF PURPLE SAGE というバンドもあって、こちらはグレートフル・デッドから派生したロック・バンドというか、本気でロックのミュージシャンたちがカントリーにトライしたというケース。本家のデッドは、60年代のサンフランシスコのサイケデリック時代に結成されたロック・バンド。リーダーのジェリー・ガルシアはぼくの中では文化英雄の一人なんだけれども、同時期に生まれたバンドの多くが解散したり、方向を変えていく中で、初期の方向性を守り続けている稀有なバンドです。彼らのファンもまるでファミリーみたいな感じで、ツアーについて回ったりする。でも、『ワーキングマンズ・デッド』みたいにカントリーやってたりするから、よくわからん。ま、わからないなりに、そのメンバーがカントリー・バンドを作るのは、当然の流れなのかもしれない。それでも、バンド名にこの「ライダーズ・オブ・パープル・セージ」を使っているということが、いかにこの作品がアメリカに根ざしているかを示しているわけだ。

で、この物語の中身なんだけれども、中身は宝塚というか、韓流ドラマ的。でも、ウエスタンにおける物語の原型の一つということになっている。主人公はユタの牧場の一人娘。気丈な美人。彼女はモルモン教の信者なのだけれども、その伝道師から結婚を迫られている。彼女のまわりには、彼女を支えるカウボーイたちがいる。そこに一人のガンマンがやってくる。彼は、モルモン教徒たちと決闘をし、何人も撃ち殺している。それをやめさせようとして主人公はガンマンに気があるふりをする。それがやがて本当の恋に変わる。カウボーイの一人のもう一つの恋物語が同時に進行していって……。うーん、こう書いていても、なんだか、馬鹿な話にしか見えないな。最後は当然ハッピー・エンドになるわけだけれども、そこに至るまでに、え！　そういうのありか？　というような展開が何度も起こる。

それはそれとして、例えば、女性が守っている牧場にさすらいのガンマンがやってくるというのは、『シェーン』を連想させるところがあるし、様々なところで、いくつかのウエスタンを想起させるところがある。ウエスタンのフォーミュラーの一つだと言われれば、なるほどと思うわけ。

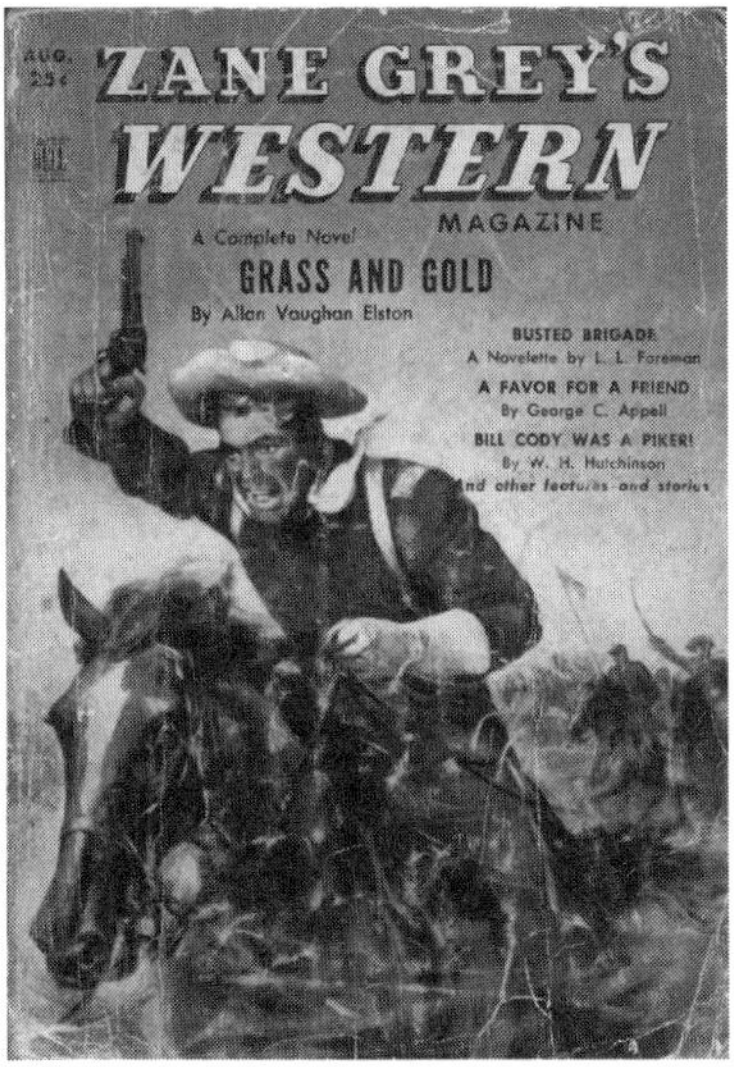

「ZENE GREY'S WESTERN MAGAZINE」
1951年8月号

「Zane Grey's Western Magazine」の話に戻る。

このダイジェスト・サイズの雑誌は1946年に創刊、1954年まで続き、その後、1969年に再創刊、サイズが違っていたように思うのだが、1974年まで発行された。ダイジェスト・サイズ・マガジンの多くは三号雑誌で、あっという間に消えていったりするのだけれども、一度廃刊になったのに十五年後に再刊されるというのは、珍しいケース。60年代の終わりのニユー・ウエスタン・ムーヴィーのブームのおかげなんでしょうが、その時点でもゼーン・グレイの名前は絶対的な力を持っていたということです。

この雑誌は、ゼーン・グレイの死後に創刊されたから、他の個人名雑誌が売り物にしていたその作家の新作を載せるわけにはいかず、他の作家のウエスタンの新作を掲載していた。新作長篇一つに新作の中篇、短篇三、四本、それにときにはクラシックと称して、過去の大家の作品を載せたりする。これは、ダイジェスト・サイズの小説雑誌の典型的な編集パターンです。それにウエスタンにまつわるノンフィクションものがいくつか。例えば、バッファロー・ビルとして知られるビル・コディは実は大した奴ではないし、殺したバッファローの数も少なかった、などという記事だったり、拳銃の吊るし方をイラストで紹介して、その人間の職業で、吊るし方が変わるというようなもの。ま、この程度のことなら、ぼくだって知っている。「マンハント」や、「ヒッチコック・マガジン」の拳銃特集とかさ、映画雑誌の西部劇特集その他で学んでいたからね。ただ、例えばカウボーイのことをカウハンドと書いてみたり、カッティング・ホースなんて言葉が注釈なしに出てきたりする。カッティングは、牛の群れをいくつかの集団に分割する作業。カウボーイたちにとっては、重要な技術で、カッティングのコンテストがあったりする。カッティング・ホースは、その作業のために訓練された馬のことだけれども、普通は知らないよ。コアなウエスタンのファンなら当然知っているという前提で全体が編集されているんですね。

ぼくは、ウエスタンのファン、映画だけではなく、小説のファンなんだけれども、うーん、よくわからないことがけっこう出てくる。ぼくがこの雑誌を手に入れたのは60年代の終わり頃だったと思うのだが、あまり見かけない雑誌だった。手元にあるのは1951年の7月号と8月号、他にも二、三冊あるはずなのだが、見当たらない。でこの二冊とも、神田で手に入れたのだが、一冊はバンクーバーの古本屋のスタンプが押してある。この雑誌を売った人は、カナダの古本屋でこのウエスタン雑誌を買い、日本で手放して、それをぼくが買ったわけだ。そこに特別な意味はないだろうし、前にも書いたけれども、こうした洋雑誌の古本屋への道はゴミ箱から通じていることが多いので、なんということもないと思うのだけれども、それでもね、このスタンプを見つけたときにはこれは絶対買わなければいけないと思った。いや、たいした値段じゃないから、そんなに気張ることもないんだけれども、なんだか不思議な感じがしたんだ。

このダイジェスト・サイズの個人名雑誌の歴史を語るつもりも資格もないけれども、この「ゼーン・グレイ・ウエスタン・マガジン」は、1941年創刊の「エラリイ・クイーンズ・ミステリ・マガジン」の次ぐらいに古かったんじゃないかと思う。

ぼくはどういうわけか、このダイジェスト・サイズの小説誌が妙に好きで、もしかしたら50年代から60年代のSF雑誌の多くがこのダイジェスト・サイズだったりしたから馴染みがあったということかもしれないが、なんていうのかね、中身が詰まっているお得感みたいなことかもしれない。

さてと、キャラクターもののダイジェスト・サイズ・マガジン。

たぶんレスリー・チャータリスが生みだした紳士泥棒のサイモン・テンプラーをフィーチャーした「THE SAINT MYSTERY MAGAZINE」と、ブレット・ハリディのマイアミの探偵マイケル・シェーンの「Mike Shayne Mystery Magazine」が双璧なんだと思うけれども、ぼくの自慢は「シェル・スコット・ミステリ・マガジン」。といっても一冊持っているだけなんだけれども、このマガジンは、

1966年に創刊、その年のうちに休刊。全部で九冊しか出ていない。実は、もう一冊持っているのだけれども、これが同じ号というお粗末。

どうしてそんなことになったかというと、この二冊目、表紙がない。その頃はよくあったことだけれども、表紙がなかったり、誌名の部分が切り取られている雑誌が、古本屋に出ることがあった。たぶん、輸入元が、売れ残りを処分する際に商品価値をなくして廃品回収業者に出していたんじゃないかと思う。それが、結局古本屋に回ってきたんだろう。

で、ぼくとしては、二冊目の「シェル・スコット・ミステリ・マガジン」だと思って、表紙がないのも気にせずに買ったわけ。で、読みはじめたら、あれ、これ読んだ気がする。でもね、シェル・スコットはね、どれも同じような書きだしなんだ。

突如として美女がシェル・スコットの前に現れる。ときにはオール・ヌードで彼の事務所に現れたりする。入浴中に男が押し入ってきたんだそうなんだが、あわてて車を運転して、事務所にやってきたというんですがね。どんなにありえない設定でも、シェル・スコットなんだからね、気にしてはいられない。

この美女の登場のあとで、お決まりのシェル・スコットの自己紹介が続く。「おれは、海兵隊上がり。6フィート2インチ。260ポンド。シャワーから出た状態で、だ。1インチに刈り込んだ髪は天に向かって突っ立てている。髪だけではなく、灰色の目の上の折れ曲がった眉毛も真っ白。鼻は二度折られ、うまくつなげられたのは一度だけ。右目の上には薄く傷跡が残っている。左の耳はちょっぴり欠けているとくる」みたいな感じです。これがほぼどの長篇にも出てくる。しかも、年齢は三十歳。1950年にデビューしてから1987年の『SHELLSHOCK』まで、ずっと三十歳のまま。いいでしょ。つまらないつじつま合わせを最初から捨てている。

そうだ、表紙なしの「シェル・スコット・ミステリ・マガジン」を読みはじめたところだった。でもさ、あまりにも似ているので、チェックしたら、なんとすでに持っているのと同じ号ではありませんか。しかもその上、このあいだネットでチェックしたら、この号の「THE BLOODSHOT EYE」は全文ｗｅｂにアップされている。理由は、これだけが本になっていないからなんだという。くくく、なんということをしてくれるんだ。ぼくの二冊もある１９６６年の６月号は、何の価値もなくなったということじゃないか。

それでもですね、この「シェル・スコット・ミステリ・マガジン」は、ぼくの自慢なのだ。なにしろシェル・スコットは、ぼくの最も好きなキャラクターの一つなんだから、この程度のことで、失望なんかしない。

「SHELL SCOTT MYSTERY MAGAZINE"」
1966年6月号

「マンハント」の名物探偵、というかキャラクターを、三人挙げるとすると、まず、カート・キャノン、それからピート・チャンバース、そしてシェル・スコット。ジョニイ・リデルを挙げる人もいるかもしれないが、ま、そんなところだろう。でも、ぼくに言わせれば、もうぶっちぎりでシェル・スコットなのだ。

50年代に生まれたアメリカ産の私立探偵の中で、シェル・スコットは二番目に有名な探偵という説がある。一番はマイク・ハマーなんだけれどもね、ぼくとしては異議がある。少なくとも、50年代の半ばから60年代にかけての十年間をとれば、絶対にシェル・スコットが上だと思うのだ。例えば、シェル・スコットが紙上を飾った雑誌の数。「マンハント」がホーム・グラウンドであったのは事実だけれども、その他に十誌以上の雑誌がシェル・スコットの物語を掲載している。その中には、「エスカペード」「キャヴァリエ」「アダム」「スワンク」といったスリック系の雑誌も含まれている。「マンハント」のライバルのはずの「エド・マクベイン・ミステリ・マガジン」にも登場したりする。

このことを考えれば、シェル・スコットが最もポピュラーな私立探偵であったはずだというのは、ぼくの思い込みだけではないと思うのだけれども、どうですかね。なんたって全部で四千万部売ったというんだからね。

でも、シェル・スコットのどこが特別なのか。

これははっきりしていると思う。ユーモアだ。それもソフィスティケートされたユーモアではなく、限りなくスラップスティックに近いユーモアだ。

このドタバタ路線を生みだしただけで作者のリチャード・S・プラザーは評価されるべきだと思う。それは彼が初めて開発した路線だと思えるからだ。ハードボイルド・ミステリは、都会の物語であり、また現実の社会を舞台にするということをテーゼにしている。だからその創始者の一人であるダシール・ハメットを例にするまでもなく、社会的な問題や社会悪というものに立ち向かわざるを得なくなる。その意味では、荒唐無稽と言われたミッキー・スピレーンのマイク・ハマーでさえ、基調はシリアスなものだし、その当時の社会を悪いものにしていった犯人として共産主義者やインテリたちを糾弾することになっていったわけだ。

そうした流れの中にあってシェル・スコットだけは、そうしたことには目を向けず、かわいい女の子たちを追いかけ、目の前の悪人たちだけと戦っていた。そしてユーモアも、前にも触れたけれども、素っ裸で気球にぶら下がって、ロサンゼルスの上空を飛んだりしてしまうというようなものだ。それは『STRIP for MURDER』という作品でのことだったが、この部分を高く評価して、アメリカではこの作品をシェル・スコットの最高作とする向きもある。ぼくはシェル・スコットのシリーズを全部読んでいるわけではないから、なんとも言えないが、最高傑作と言われれば、なるほどね、そんな気がする。少なくとも、他のいかなるおバカ探偵でも、ここまではやっていないと思うからだ。

「MIKE SHAYNE MYSTERY MAGAZINE」
1966年7月号

こうしたおバカなユーモア路線は、例えばカーター・ブラウンも同じ路線にいるようだが、ここまで、馬鹿げてはいない。カーター・ブラウンにはいくつものシリーズがあるが、女探偵のメイヴィス・セドリッツぐらいではないか、主人公がシェル・スコットと同じような悲惨な目に遭うのは。

ぼくの知る限り、シェル・スコットほどドタバタに徹した物語はなかったように思う。その意味では、このシリーズは、ワン&オンリーなのだ。

カーター・ブラウンで思いだした。ぼくの手元に1966年7月号の「マイク・シェーン・ミステリ・マガジン」があるのだけれども、この号の特別長篇が、カーター・ブラウンの「PLAY NOW, KILL LATER」。リック・ホルマンものです。未訳。

カーター・ブラウンは一時期日本でも、毎月のように訳されていたので、カーター・ブラウン・マガジンなんて呼ばれていたことがあるけれども、本当に雑誌一挙掲載なんてこともあったんだ。でも、マイク・シェーンとカーター・ブラウンというのは相当相性が悪いという気がするんだけどなぁ。ただね、こうした感覚は日本にいるぼくたちの感覚で、本国のアメリカではカーター・ブラウンの読者とマイク・シェーンの読者は重なり合っていたということを示しているように思う。日本のぼくたちの方が、こういう分類にこだわっていたのかもしれない。

さてと、ダイジェスト・サイズ・マガジンの話は、これで大体終わりです。

この他にも例えば「THE MAN FROM U.N.C.L.E. MAGAZINE」とかね、テレビから来たノベライゼーション系の雑誌もあったりするけれども、ま、それはまた別の話。

ダイジェスト・サイズ・マガジンは、最低限のイラストが入っているくらいで、基本的には活字だけ。それも雑文はきわめて少なくて小説が中心になっている。その意味では日本の「ヒッチコック・マガジン」とは対極にあると言っていいだろう。また読者もかなり限定されたものであったわけで、雑誌としては特殊なものであったように思う。60年代以降、雑誌がヴィジュアルを中心になっていく流れの中では明らかに時代遅れだったと思う。

いや、「マンハント」の日本版がスタートした50年代の終わり頃でも、時代に遅れはじめていたのではないかと思う。それは小説というものがエンターテインメントの王座にいた時代で初めて価値を持ちえると思うからだ。

こうしてみると、中田雅久さんが「マンハント」でやろうとしたことは、ダイジェスト・サイズ・マガジンであった本国版の「マンハント」の限界を超えるということだったのだろう。

中田さんは、小説以外の部分に力を入れ、ヌードのピンナップを入れ、ヴィジュアルを補強し、訳文の新たな文体を開発した。そして、本国版の持つエロの部分をはっきり前面に出した。このエロの部分は競合誌の「ヒッチコック・マガジン」にはなかったものだ。それは、当時のぼくにとってはとても大きな要素だった。そういえば、アメリカのシェル・スコットのファンたちの文章を読んでいると、その多くは初めてシェル・スコットを読んだのは十代の頃だったと言っている。同じなんだ、ぼくと。そしてみんなはっきりとは言わないけれども、シェル・スコットの色っぽい部分が好きだったんだと思う。

中田さん、ありがとうございました。みんな、あなたのおかげです。

「マンハント」を作った探偵たちと訳者たち

「マンハント」のことを書くにあたって、決めていたことがあった。

「マンハント」は、ハードボイルド・ミステリの専門誌なのだけれども、ミステリには触れずに、この雑誌のこと、その周辺のことについて書こう、そう思った。

変ですよね。でもね、ぼくが「マンハント」のミステリについて書きはじめたら、ものすごく細部に入り込んでしまって、誰にも関係のないことばかりになってしまう、そう思ったからだし、もっとまともなことは、小鷹信光さんたちの本を読めば充分だと思ったからだ。

もう一つ決めていたことは、思い出話はやらない、ということだった。

思い出話というのは、話している本人以外には、だいたい退屈なものに決まっているからね。

が、ここまでのところで言えば、けっこう思い出じみた話が多くなっていたように思う。となれば、ミステリの方も少しぐらい触れてもいいかもしれない。

探偵の話をしよう。

ぼくが、「マンハント」を読みはじめたのは、繰り返しになるけれども、折り込みのヌード・ピンナップが欲しかったからだ。それが、「マンハント」の全巻を揃えることになってしまったのは、コラムが大好きということもあったけれど、やはり、「マンハント」の小説に惹かれるものがあったからだ。もちろん最初はヌードと同じこと、つまりポルノ的な小説を望んでいたのだけれども、そのうちそんなことはどうでもよくなって、結局、ハードボイルドのファンになってしまったわけだ。物語だけではなく、その作者というものを意識するようになったのも、「マンハント」のおかげだと言ってもいい。

ハル・エルスンの不良少年もの、ハーラン・エリスンではないよ、やっぱり不良少年ものを書いているけれどもね。デイヴィッド・アレグザンダーの社会の落伍者もの、言い方が難しいけれどもね、アル中だったり、どうしようもない落ちこぼれの話。「ずぶろく」なんて単語は、そこで知った。名前を見ただけで、べとついた熱気を思いだすギル・ブルワー、やっぱり、粘液質のブルーノ・フィッシャー。優しい名前とは逆に暗い結末のものが多いフレッチャー・フローラ。何人かの作家の名前は、すぐに記憶の中からよみがえってくる。

いま読みなおせば、異なる印象になるかもしれない。中学から高校のときの印象だからね。逆に言えば、そんな年齢だからなんでも読めたのだろう。そして、ぼくが本当に夢中になったのは、こうした作家たちではなかった。例えば、R・S・プラザーだし、ヘンリー・ケーン、フランク・ケーン、リチャード・デミング、ハロルド・Q・マスル、というような作家なんだね。

それぞれが、売り物の探偵を持っている。順に行くと、シェル・スコット、ピート・チャンバース、ジョニイ・リデル、クランシー・ロス、スコット・ジョーダン。ぼくが大好きだったのも、ほぼこの順かな。

シェル・スコットのことは、何度か書いているから、これ以上は触れないけれども、もうぶっちぎりで一番。ピート・チャンバースはニューヨークの私立探偵。オシャレで、頭も切れて、腕っぷしも強くて、女にもてて、警察からも一目置かれていて、ま、理想的に過ぎるかもしれない。ジョニイ・リデルもニューヨークの私立探偵。ピート・チャンバースよりは、肉体派。いや、頭よりも行動で事件に関わっていくという感じ。その分、地味な感じがした。もしもベスト3ということになれば、前の二人と、その次のクランシー・ロスの三人かな。

探偵なんて書いてしまったけれども、クランシー・ロスはナイトクラブと非合法カジノの経営者でギャンブラー。セント・スティーヴンという街がホーム・グラウンドなんですがね、架空の街。セントがつく街といったらセント・ルイスぐらいしか思いつかないけれども、たぶん、そのあたりがモデルなんだろう。

私立探偵という存在は、きわめてアメリカ的な存在ではないかと思っている。西部開拓時代の自警団的なものの末裔ではないか。いや、シャーロック・ホームズはどうなる？　というような反論はあるだろうが、ハードボイルド系の私立探偵というのは、シャーロック・ホームズたちとは明らかに異なる種族だ。ま、ハードボイルドという概念自身がアメリカ産だから、同義反復という気もするが、西部における自警団とか保安官というものは本来的に、大きな権力に頼るのではなく、自分たちで自分たちを守るという精神が生みだしたもので、それと同じものが私立探偵にはある、ということです。

クランシー・ロスはどちらかと言えば、非合法の世界の住人であるわけで、私立探偵というものからは遠く離れている。ただ、自分のことは自分で守るという精神はそのまま継承されている。その意味で、他の私立探偵たちと同列に扱ってもいいと思うわけです。実際ね、クランシー・ロスの話の多くは、ギャングたちとの縄張り争いであったり、警察権力とのいさかい、あるいは腐敗した権力者たちとの争いというわけで、まさしく自分で自分を守る戦いなんです。殺人事件やその犯人探しというものも絡んでくるけれども、それは、ミステリという枠組みを満たすというだけの意味しかなかったのではないかと思っている。

たぶんこのことは、キャラクターを中心にした物語に起きることだけれども、読者が期待するのは、主人公の活躍であり、謎解きや、そこに至る論理は、あくまでも活躍の素材でしかない。探偵という役割を満たすためだけに、事件が存在すると言ってもいい。本末転倒かもしれないが、「マンハント」における探偵たちの物語は、そのように語られていたように思う。では、何が目的なのか。娯楽のためだけ、とまではさすがに言い切れないものがある。

そこで語られるのは、怒り、憎しみ、嫉妬、欲望、理想、あるいは正義、といったものであるように思う。「マンハント」だけではなく、多くのハードボイルド・ミステリの根底にあるのは、そのような感情ではなかったかと思う。

ミステリは、枠組みでしかないと言ったけれども、ポジティブな役割を果たしているのではないかとも思う。つまり、こうした感情の源泉を突き詰めていくと、それは個人の問題であるよりも、社会、そしてそれを持続させているシステムの問題になってしまうことが多い。が、それを改変するというのは、ほぼ不可能だし、アメリカで言えば、民主主義という聖域と衆愚政治、そしてその結果としての格差社会という矛盾の塊みたいな話になったりする。ま、ハードボイルドの創始者の一人であったダシール・ハメットが、共産党員だったっけ、社会主義者であったこととも、関連してくるかもしれないが、そういう大げさな問題に至らずとも済む、ということにミステリという枠組みが機能していると思うわけ。思考停止の道具みたいで、あんまりポジティブではないか。

クランシー・ロスに戻る。

作者のリチャード・デミングは日本版の「マンハント」のお気に入りの作家らしく、1961年と1963年、二回もデミング特集をやっている。デミングにはもう一人、義足の探偵、マンヴィル・ムーンを主人公にしたシリーズがある。元プロボクサーという経歴。肉体派ですね。こうして見るとデミングという作家、職人というか、プロ好みな感じがある。で、ぼくが、クランシー・ロスの方に肩入れするのは、訳者の山下諭一のファンだったということに尽きる。

「マンハント」の訳者の話を始めるとまた長くなるので、後回しにする。

「マンハント」はたまに特集を組むのだけれども、作家特集は、デミング以外だと、フレッチャー・フローラが一回あっただけかもしれない。いや、くだらない特集もあってね、59年の2月号では「ケーン特集」なるものがあった。先ほどのヘンリー・ケーン、フランク・ケーン、それにマックス・ケーン。もう一人ジェイムズ・M・ケインの四人を集めたもの。おいおい、どうして最後だけケインなんだよと、翌々月の読者欄でクレームをつけられて、いや他の三人はKane、ケインだけCainだったので、とスペルを理由にした言い訳があったりした。だったら、ケーン特集なんてやるなよ、という感じがするし、もうほとんど意味のない特集。でもね、このあたりのいい加減さが、好きなんですね。

この二号後では「ハードボイルド名探偵特集」。こちらは、なかなかすごいラインアップ。H・Q・マシュー（マスル）「スコット・ジョーダン」、フランク・ケーン「ジョニイ・リデル」、リチャード・デミング「マンヴィル（マニイ）・ムーン」、クレイグ・ライス「J・J・マローン」、ロス・マクドナルド「リュウ・アーチャー」、リチャード・エリントン「スティーブ・ドレイク」、ヘンリー・ケーン「ピート・チャンバース」、R・S・プラザー「シェル・スコット」というわけです。ぼくのご贔屓がずらりと並んでいる。

読み返していたら、これらの主人公たちにつけられたキャッチフレーズに、思わず笑ってしまった。ピート・チャンバースの「生っ粋のニュー・ヨーカー」はまぁいいとして、シェル・スコットは「女にヨワいスーパーマン」、マニイ・ムーンは「孤児院育ちの隻脚の騎士」、リュウ・アーチャーは、なんと「哲学的・銭形平次」。なんだそれ、フィリップ・マーロウと同じくきわめて思索的な探偵ということなんだけど、どうして銭形平次となってしまうかわからない。J・J・マローンに至っては「船来・小原庄助さん」だもんね、いや、酔いどれ弁護士というような呼び名もあったから、わからなくもないけれども、小原庄助はやっぱりないでしょ、うん、ありえない。スティーブ・ドレイクは「芸界一手の私立探偵」。ま、まともか、芸界という言い方が見慣れないけども。

スコット・ジョーダンは「結婚させてもらえない」。これはね、第一作で恋人と結婚させて、夫婦探偵というシリーズにするはずだったのが、他にも同設定のシリーズがあったので恋人同士のままにしてしまったからなんだそうだ。これはまだわかる。が、ジョニイ・リデルの「恐妻の産物?」になると、もうキャッチフレーズでさえない。要は処女作の献辞が奥さん宛だったというだけの話。そんな例はいくらでもある。色っぽいところが少ないシリーズなんで、恐妻家ではないか、ということになったんだろうね。

　文句を言っているのではない。逆です。この種のいい加減さが、「マンハント」の良さなのだと思う。最近の言葉で言えば、ユルいということですかね。


　もう少し探偵の話。

　ピート・チャンバースは、シェル・スコットの次に好きな探偵なんだけれども、正しくはチェインバースということなのだが、最初に「マンハント」で覚えたチャンバースのままで、話を続ける。

　ピート・チャンバースは、最も「マンハント」らしい探偵の一人だと、ずっと思っていたのだけれども、この連載のために調べ直していたら、ピート・チャンバース、そしてヘンリー・ケーンのデビューは、なんと「エスクァイア」だったんですよ。１９４７年って言うんですがね、そう言われてみれば、全体のソフィスティケートされた感じは、「マンハント」というよりも「エスクァイア」という感じだ。実を言えば、このあたりのヘンリー・ケーンの話はすでに「マンハント」の「行動派ミステリィ作法」の中で小鷹信光が紹介している。ぼくは「マンハント」の小鷹さんの文章は全部読んでいるはずなのだが、まったく記憶になかった。うーむ、まずい。

　小鷹信光が63年の7月号、「マンハント」の最終号、翌月から「ハードボイルド・ミステリィ・マガジン」と改称するのだけれども、その最終号で「マンハント」の歴史と作家たち、そして日本版との翻訳作品の対照表をまとめている。それを見ると一位は日本版、本国版とも共通でエヴァン・ハンター（日本版34作／本国版45作）、ま、リチャード・マーステン、エド・マクベインといった別名も含めてだけれどもね。二位はこれも共通でリチャード・デミング（31／37）。デミングは「マンハント」のお気に入りの作家だなんて書いたけれども、これを見るとそれは日本というよりも、「マンハント」本国版の人気がそのまま反映されていたということかもしれない。三位は翻訳本数がガクッと減るけれども、フランク・ケーン（18／19）、もう一人フレッチャー・フローラ（18／18）。数は少ないのだけれども、翻訳の割合を見ればわかる。フランク・ケーンの未訳は一本だけ、フレッチャー・フローラは全作品が訳されているわけ。

人気があったかどうかは、単純な数だけではなく、翻訳された割合を考えた方がいい。つまり、四位のジャック・リッチー（15／21）、五位のロバート・ターナー（14／19）よりも、七位のリチャード・S・プラザー（12／12）、八位のヘンリー・ケーン（10／10）の方が人気があったということになるし、その方が正解という気がする。

ピート・チャンバースに戻る。

「マンハント」にピート・チャンバースが登場するのは1953年。それ以降、「マンハント」はピート・チャンバースのメインの舞台になっていくのだけれども、それ以外にも、「ヒッチコック・マガジン」「マイク・シェーン・ミステリ・マガジン」「エド・マクベイン・ミステリ・マガジン」といったミステリ系の雑誌にも進出していった。

でも、もともとは「エスクァイア」出身なわけで、もっとスリックなメンズ・マガジン系の雑誌がマーケットになってもいいと思う。例えば「プレイボーイ」は、ちょっと敷居が高いかもしれないが、「メイフェア」とか、「キング」とかね、ピート・チャンバースにお似合いの舞台はいくらでもあるような気がする。もしかすると「マンハント」に移行したことが、その後のピート・チャンバースの運命を決めてしまったのかもしれない。おかげでぼくは彼と知り合ったわけだから、それでいいのだけれども。

ピート・チャンバースのシリーズの特徴は、いくつもあるのですがね、ぼくの感じたところを言えば、けっこう儲かる商売なんだ、ということだったと思う。それまでの私立探偵というのは、ダウンタウンの古ぼけたビルに事務所や住居があったり、ポンコツ寸前のクルマに乗っていたり、ま、どう見ても儲かっているとは思えない。郵便物といえば請求書ばかりというような描写が、この手のハードボイルドの探偵もののお決まりのものだった。でも、大きなマンションに住み、金をかけた服を着て夜のマンハッタンを楽しむというピート・チャンバースのライフスタイルは、とても新しいものだったように思う。

さてと、このピート・チャンバースについては、どうしても話しておくべきことがある。

それは、訳者のことなんだ。


「マンハント」を作ったのは訳者だったかもしれない。

本当にそう思っている。「マンハント」の文体を作ったのは、訳者たちではないかと思っているわけだ。

初期の「マンハント」では、訳者がまとめて紹介されていて、具体的にどれを誰が訳したかわからなくなっていた。そこに大きな狙いがあったのではないかと思っていたのだが、中田雅久編集長にインタビューした際、確認したら、深い理由はなく、その方がオシャレな気がしたからと言われて、それ以上突っ込めなかったことを思いだす。

それでも、結果としては「マンハント」の文体は訳者によって作られたという思いは変わらない。

個別の作品に訳者名が記されたのは1960年の7月号からだった。創刊以来ほぼ三年間、訳者は翻訳スタッフとしてまとめて目次に載せられていたわけだ。それでも、読者には誰が何を訳しているのか、おぼろげにだがわかっていたように思う。人気のあるシリーズの訳者はほぼ固定されていたからだ。有名なところでは、カート・キャノンは淡路瑛一、それが都筑道夫であることはあとでわかった。どの号か覚えていないのだけれども、淡路瑛一が死去しましたというようなことが載っていたことを思いだす。シャレなんですが、ぼくは文字通り、そうなんだとそのまま受け取っていた。ピート・チャンバースは中田耕治。これはピート・チャンバースのことを中田耕治が書いていたので、自然にわかった。クランシー・ロスは山下諭一、いやこれは訳者が明記されてからわかったのかもしれない。シェル・スコットの場合は、複数の訳者がいたから、誰とはわからなかった。田中小実昌も訳者の一人であったけれども、ここは山下諭一でしょ、やっぱり。ぼくのシェル・スコットのイメージは山下諭一によって作られたと思っている。

こうしてみると、文体は訳者が作ったと言ったけれども、具体的には山下諭一と中田耕治だったのかもしれない。少なくとも、ぼくが、わっ「マンハント」ぽいなと思ったのは、この二人の訳文のような気がするからだ。

具体的に見てみようか。まず、ピート・チャンバース。最初期のもの。

女性の依頼人に、信頼できる人、逞しい人に助けてほしいんです、そう依頼されたチャンバース氏。

強くて逞しい男でアルです、私は。さっそく彼女に寄って行って、強くて逞しいところを見せてヤリました。いささか事情と立場に乗じたキライはあったが、人間誰だって、ある場合には役得みたいなものがあるんじゃないかね？　白い咽喉のフモトにヒクヒクと脈打っている血管の上を愛撫して、低い声で言った。「まかしときー」
（「鍵穴にささった鍵」1959年4月号）

この時期はまだ翻訳スタッフというかたちでまとめて表記されていたから、中田耕治の訳文かどうかは、わからないが、まず間違いないだろう。

けっこう、「マンハント」しているが、ちょっと「新青年」が入っているようにも思う。これが1962年5月号の「安全な女」になると、ここまでくる。

小生、チリメンジャコよろしくオ家のなかで寝そべっていた。チリメンジャコでなければ、燻製のシャケ。ぐっと食欲をそそるオ店の燻製よろしく、おなかを上に向けてフニャッと家のなかでひっくり返っていた、といい直そうか。この家は、セントラル・パーク・サウス、テラスつき、三部屋のアパート。

燻製のオサカナみたいにブリブリゴロゴロだが、ありようは退屈。私立探偵だって退屈はする。探偵退屈男。下ッ引きよろしく足と鼻でかぎまわる。借金のカタのとりたて、借金のとりたてにきたやつからおゼゼをとりたて、東に浮気の虫につかれた亭主があれば、よろめきの現場をおさえ、西に浮気の虫につかれた奥さま族がいれば、おもしろいことは大いにやれといい、雨にもまけず風にも夏の暑さにもまけぬ丈夫なカラダを持ち、瞋るとなったら手が早く、いつもニマニマ笑っている、そういう探偵に私はなりたくない。つくづく俺の稼業がヤになった。

ちょっと長い引用ですが、感じをわかってもらうためです、すごいでしょ。翻訳とは思えん。例えば、チリメンジャコという比喩はないでしょ。原文に当たってないのでなんとも言えないが、少なくともサイズ的に小さすぎる。ブリブリゴロゴロしてないし。たぶん、オイル・サーディンってところじゃないのかな。燻製のシャケは、いまでいえばもちろんスモーク・サーモンでしょうね。グタッてヘタッてる感じ。シャケって、東京弁という気がするので、その意味では正しい。後半は、宮沢賢治なわけで、当然、意訳。時代小説の語彙が入っているのもおもしろい。瞋るには（おこ・る）というルビが振ってあった。正しくは、いかる、いからすと読むんだそうだけれども、史記に出てくる漢字。このごちゃごちゃなあたりが、マンハント的という気がしている。あ、オ家、とかヤになった、というようなカタカナの使い方もマンハントデス。

ニマニマ笑う、というのはニヤニヤ笑うという言葉の誤植だと思うのだけれども、「マンハント」のコンテクストだと、こういう言い回しもあるのではないか、という気がしてくる。この時期の中田耕治の翻訳はほとんど悪フザケと言ってもいい。もっとも、それはピート・チャンバースに限ったことで、ジョニイ・リデルものを訳すときには、ここまでのことはない。訳者としての演出ということだろう。

山下論一の方は、もっと真っ当。というよりも、翻訳の枠組みを守りながら、どこまでいけるか、というトライをしていたような気がする。こちらも、サンプルを見てもらった方がいい。シェル・スコットの「道化を殺せ！」（１９６１年１月号）。

相手がなんにも言わないうちに、おれのほうで雇われる決心をしちまったのは、わがシェルドン・スコット探偵社創設以来、このお女性がはじめてだった。相手の気持がどうあろうとも、また それがどんな事件であろうとも、お女性の口が開く前に、おれの心はさだまっていた。とにかく、口を開いたのは、おれのほうが早かったのだ。お女性の姿を見たとたん、自然にぱっくり開いちまったんだから。

とまぁ、こういう感じなんですがね、「お女性」という言葉は、たぶん山下諭一の発明だと思う。が、それ以外は、真っ当ではないか。けれども、充分にシェル・スコットらしさを感じさせてくれる。で、そのお女性とやらは、どういう女なんだ？　つい、次を読みたくさせる。裸で現れたわけではないよ。そういう格好で現れた依頼人がいたこともあったけれども、今回は、ちゃんと服を着ている。燃え立つような赤毛。ブルーの瞳。そして素晴らしいプロポーション。名前はドリス・ミラーっていうんですがね、無実の罪で刑務所にいる兄を助けてほしいという依頼。

ところが相手が悪い。ギャングのボス。それでもそのボスのところに出かけていったシェル君、殺されかけるわ、脅されるわ、ひどい目に遭いながらも、何度もドリスを口説こうとするのですが、キスどまり。シェル・スコットの場合、ベッドを共にした女性は犯人ではないというきまりがあるので、もしかしたら、このドリスが、悪女ではと思っていたのですが、結果としては、ボスの仮装パーティに潜入したりするというドタバタ騒ぎの末、めでたく事件は解決。

で、ドリス嬢から、ご褒美と思ったら、なんと相手は兄ではなく彼女の夫でしたというオチ。シェル君はすっかり騙されていたわけで、その意味ではドリスは悪人、悪女ということになるな、やっぱり。タイトルの「道化」にはピエロとルビがふってあるのは、仮装パーティでのシェル君の扮装がピエロであったことからくるんだけれども、このエピソードにおけるシェル君の役割そのものがピエロであったということにもなる。

ま、ある意味では、アンハッピー・エンドなんだけれども、シェル・スコットの場合、それでは、もちろん終わらない。ピエロのコスチュームを貸してくれたレンタル屋の受付嬢をデートに誘いだして、めでたしめでたし。ちなみに、この受付嬢、名前があきらかにされないままで終わるのだけれども、この話には登場人物の一覧が付いていて、そこでは、「ハニー・ブロンド」という名前になっている。それ、彼女の髪の色で、名前じゃないんですが。

脇道にそれすぎた。こうしたストーリーは、当然、作者に属するもので、訳者とは関わりない。もっとも、この時期だと思うけれども、こんな奴は生かしておくべきではないと、訳者が登場人物の一人を最後で殺してしまった、という話を聞いたことがある。誰のどの作品だか、覚えていないが、その作品を読んで、なるほどね、と思った記憶がある。いや、山下諭一がその訳者ということではないよ、念のため。

さてと、ストーリーの出来不出来は当然作者の問題ではある。が、意味だけではなく、その雰囲気を日本語に置き換えるのは訳者の問題である。で、シェル・スコットが山下諭一という訳者を得たのは、幸運だったんじゃないかと思う。山下諭一の訳文で、特徴的なことは、読点、句読点の使い方で、そこから生まれるリズムではないかと思っている。それは日本語的ではない。それがよく出ているのは、シェル・スコットの翻訳ではないか、ということだ。こうして読み返してみると、それがよくわかる。ぼくの文章もその影響下にあるように思う。ま、それはどうでもいいことなんだけれどもね。

「マンハント」の翻訳は、こうした言ってみれば、日本語的ではないものを生みだしたところに意味があったように思う。片岡義男が70年代に入って『ロンサム・カウボーイ』で、小説家としてデビューしたときに、日本語的ではない乾いた文体や表現が話題になった。でも、「マンハント」を読み慣れていたぼくにしてみれば、とても自然なことのように思えた。もちろん、悪フザケというか、オワライの部分はまったくなかったけども。

「マンハント」の訳者が、小説を書きはじめるというケースは少なくないというようなことを前にも書いたけれども、片岡義男はその最も成功した例だ。

でも、不思議だと思う。「マンハント」以外、翻訳雑誌の訳者から作家が次々に出ていったというケースはないのではないか。編集者では「エラリイ・クイーンズ・ミステリ・マガジン」というケースはあるけれどね。「マンハント」という雑誌の翻訳の自由度の高さが、こうした結果を生んだのではないか、と考えているのだけれども、もちろん、確証があるわけではない。

山下諭一も、ハードボイルド・ミステリを書いているし、小鷹信光は、「マンハント」では、翻訳をしていないけれども、やっぱりハードボイルドを書いている。

中田耕治も、小説を書いている。が、他の「マンハント」出身の書き手とは異なっている。ハードボイルドだけではなく、時代小説を数多く書いているのです。

中田耕治の活動を見ていくと、実に多岐にわたっている。「マンハント」時代に、翻訳だけではなく「推理的マリリン・モンロウ伝」というマリリン・モンローの伝記を連載していたりした。ぼくはマリリン・モンローにはなんの興味もなかったので、ちゃんと読んではいなかったけれども、文体はマンハント調。内容も、推理的ということで、小説的であったように思う。

翻訳家や作家だけではなく、文芸評論家、大学の教授、そして演劇の演出家でもある。演劇のフィールドでいえば、ルイ・ジュヴェというフランスの演劇人の評伝をまとめている。そのボリュームに負けて、まだ読み終えてはいないが、それにかけたエネルギーを考えると、ピート・チャンバースの訳者とは同姓同名の別人なのではないか、という気さえする。

実を言うと、中田耕治に関する疑問というか、危惧があって、それは、彼の経歴から「マンハント」のことが完全に消えていることなのだ。中田耕治のブログには、1950年代に神田の露天商でアメリカのペーパーバックのミステリを漁っていたというような話が出てきたりする。SF界における野田昌宏と伊藤典夫の出会いもまた神田の露店がきっかけだったというようなことを思いだす。ただ、そこから翻訳家への道のどこかに「マンハント」が存在していたはずなのだが、まったく触れられていない。

小鷹信光も、本人に同じことを尋ねたという。つまり、意図的にそのあたりの活動を消しているのではないかということなんですが、中田耕治の説明は、そのような意図はなく、あえて語るほどのことではないからだ、というようなことだった。なるほどねぇ。でも、なんだかなぁ。やっぱり、小鷹さんはいいなぁ。訊きにくいことをちゃんと訊いている。

ぼくは、中田耕治の小説はけっこう読んでいる。それは、「マンハント」の訳者としての中田耕治の小説ということだったからだが、残念なことに、ぼくの期待はいつもはぐらかされていたように思う。どちらかと言えば、時代小説の方を多く読んだかもしれない。たぶん「マンハント」の気分が一番強く出ていたのは『忍者アメリカを行く』（1966）だったように思う。

なんといっても、基本のアイディアに惹かれるものがある。十九世紀のはじめの西部を、隼秀人という忍者となんでついてきたのかわからない茂平次の二人が旅をする。いまで言えば、ロード・ノベル。文体がハードボイルド調だと思えば、時代小説風になったり、江戸の戯作調になってみたり、このあたりの遊びの感覚がちょっとね、「マンハント」デス。悪役との銃撃戦で、相手の名前が、ハリウッドの俳優の名前だったり、パロディ的なものを狙っていたはずだ。当時の西部劇ブームの中で生まれてきたもののように思う。

日本人が西部を旅するというだけで、わくわくする。ま、ウエスタンと時代物が大好きというぼくの個人的な好みの問題かもしれませんがね。ただ、結果としては、やっぱり残念な感じがした。どこかにシリアスな感じがある。破天荒なばかばかしさを望んでいたんですがね。自分自身もかつて西部劇とサムライものを合わせた物語を書きはじめたことがあるのだけれども、本人としては『シックスガン・サムライ』のようなものを読んでしまった影響だと思っていたのだが、もしかしたらこの『忍者アメリカを行く』の記憶がどこかに残っていた結果かもしれない。

ぼくがペーパーバックを読むようになったのは「もだん・めりけん珍本市」のおかげなんだ

「マンハント」のお気に入りのコラムベスト3を挙げるとすると、植草甚一の「夜はおシャレ者」、小鷹信光の「行動派探偵小説史」の系列、そしてテディ片岡の「もだん・めりけん珍本市」ということになるだろうな。

次点を挙げれば、山下諭一の「ポケットの中の本棚」あたりになるような気がするが、あれは、新着のペーパーバックの紹介ページだからね、コラムというのとは、ちょっと違うかもしれない。それでも、通俗ハードボイルドと呼ばれていたものを中心にして選ぶという視点は、例えばチェット・ドラムとかさ、知らなくてもいい探偵たちについての知識を増やしてくれたわけで、それはそれで、ぼくにとってはとてもためになっている。

でもね、ぼくがペーパーバックを手に取るようになったのは、実は、「もだん・めりけん珍本市」

のおかげだと思っている。

ぼくが小説を読むようになったのは、けっこう遅い。小学校の高学年、たぶん六年生ぐらいになってからだと思う。それまで、もっぱらノンフィクションしか読んでいなかった。いや、子供向けのSFとか、怪人二十面相とかは、読んでいたけれども、たぶんマンガの延長線で読んでいたような気がする。どうしてかというとですね、小説は嘘が書いてあって、そんなものがおもしろいわけがないと、本当に思っていた。で、何を読んで小説がおもしろいと思ったのか、残念ながら、その記憶はない。たぶん、シャーロック・ホームズだったんじゃないかと思う。それからポーを読んだんじゃないかと思っている。

ずいぶんあとになってから、ポーの『モルグ街の殺人』だったか、それが発表されたときの書評に、自分で謎を創ってそれを解くような小説のどこがおもしろいのか、まったくわからん、というようなものがあったという話を読んで、妙に納得できるように思ったことがある。嘘が書かれている小説がおもしろいわけがないと思っていた自分の気分と似ていたからだ。ま、この方向で行けば、ミステリ少年になるか、普通のたまには本を読む少年になっていたはずなんですがね、それが強力に小説を読むようになってしまったのは、中学校の図書館のせいなんですね。

なんと創元の『世界大ロマン全集』が揃っていた。『金瓶梅』とかさ、教育上いかがなものかというような巻は抜けていたけれどもね。いやぁ、ハガードに、完全にはまった。素晴らしいことにその図書館には同じく創元の『推理小説全集』も揃っていて、両方とも、半年足らずのあいだに完全制覇したように思う。その後、我が家に揃っていた新潮の『現代日本文学全集』と『世界文学全集』、それから河出だったか、『十八史略』を読んでしまった。プルーストやジョイスなんて中学生にわかるわけがない。でも、わからなくても読んでしまうということができるのが、中学生の強みです。ぼくの一般教養はこの時期にすべて終わっているのかもしれない。

ペーパーバックの話と関係ないように思うでしょうが、実は、大きく関係するんですね。自宅と図書館にあった小説本を、ほぼ読みきるまで、二年弱という感じだったと思う。最低一日三冊。ときには、七冊というようなペース、これは『デイヴィッド・コパフィールド』で、岩波文庫で七冊だったと思うけれども、飯も食わずに八時間ぐらいで読んでしまった。全部理解していたとは言わないよ。とにかく読みはじめたら、最後のページまで行く。こうして貸本屋を経由して古本屋に至ることになる。お金がなかったからね、当然たどるべきコースです。

高校に入ってしばらくした頃だったと思う。近所の古本屋にペーパーバックが並んでいるのを発見した。もうその古本屋はなくなってしまったけれども、狭い入口から見ると中央に書棚があって、左に「100万人のよる」とかエロ系があって、「マンハント」もその中にあった。右が単行本や文庫。その右の中央の書棚の入口に一番近い、一番上にペーパーバックが十冊ほど並んでいた。おお、その中に「もだん・めりけん珍本市」で教わったビーコン・ブックスが一冊あるではないか！　たしか『April North』というタイトルだったと思う。それともう一冊、ミステリを買った。一冊十円ぐらいだったと思う。実は、もう一冊欲しい本があったんだけれども、なぜか、それは高くて二十円、倍ぐらいしたように思う。それは E. C. Maine の『World Without Men』(『男のいない世界』)。そこに冬眠状態から、目覚めた男が……という話。何かそそられるものがある。しばらくしてから、購入して、読んだはずなんだけれども、中身はまったく覚えていない。つまらなかったんだろうな、たぶん。

でも、なぜ、このSFを買わずに、ミステリを買ったのかというと、値段の問題だけではなく、英語の本を読むならミステリから始めた方がよいというようなことを何かで読んでいたからです。なにしろミステリの方はタイトルも覚えていないし、この最初の二冊は、ぼくの家のどこかの箱の中に入っていて、発見できなかった。で、とにかく、読みはじめたわけですが、まったくわからなかった。なんたって中学の英語力ですからね、どうも誰かが殺されて、探偵が出てきて、警察よりも先に犯人を捕まえたらしい。この程度です。辞書はほとんど引かなかった。わかんなくても、とにかく最後のページまで読む。中学時代に培われた習性がそうさせたんです。

それから、『April North』に取りかかった。こっちが本筋ですからね。驚いたことに、最初に比べると、飛躍的に理解力が増しているではないですか。最初の一冊が10%ぐらいだったものが、そうだな、40%ぐらい、わかったような気がした。いまから考えてみれば、圧倒的に使われているボキャブラリィが少なかったんだろう。それこそ、ミステリの50%程度の単語しか使われていなかったかもしれない。対象としている読者のことを考えれば、それも当然。教養のかけらもない読者対象ということなんだと思う。

『April North』が、どんな話だったかというと、田舎の女子高生が、あまりにも厳しい親父がいやになって、家出する。都会に出ていくのだけれども、悪い男にだまされて処女を失い、あれやこれや、男遍歴、いや女もあったかな、を繰り返すのだけれども、結局、故郷の初恋の男のもとに帰っていく、というおきまりのお話。いや、似たような話が、「もだん・めりけん珍本市」にもあったような気がするが、とにかく、二冊目でここまで覚えている程度には、理解していたわけだ。我ながら大変な進歩です。

「もだん・めりけん珍本市」は、昭和36年の2月号から始まって、昭和38年7月号、「マンハント」日本版の終刊号まで、全部で十八回連載された。

「マンハント」の創刊は昭和33年だから、小鷹信光や植草甚一のコラムに比べれば、かなり後発ということになる。それなのに、ぼくが楽しみにしていたというのは、もうおわかりでしょうが、バックナンバーを古本屋で手に入れていたからです。実際の発行順に読んでいたのではない。

「もだん・めりけん珍本市」は、三流のポルノ、いや、いまではとてもポルノと言えるものではないのだけれども、ま、ソフト・コアという言い方もあるけれども、直接的なセックス描写はほとんどない、いまのフランス文庫の方がはるかに過激です、そういうものを紹介するコラムでした。タイトルやカバーはどぎついのだけれども、内容はそれほどではない。

以前紹介したメンズ・アドヴェンチャー・マガジンの感じとそっくりなんですね。書き手のテディ片岡は、そのあたりのことをちゃんとわかっていて、文章でそこをうまくカバーしていた。あるときは、江戸戯文調にしてみたり、漫談調にしてみたり、いろいろ遊んでくれていた。

もっとも、最初の頃は、まだまとも、まずは記念すべきビーコン・ブックス、ご紹介の一篇。何が記念すべきか、わかんないけど。


今回は、ビーコン・ブックスの看板作家、オリィ・ヒットくんの「よろめき女房」です。ビーコンとは、かがり火、灯台、指針といった意味ですが、トレード・マークに灯台の絵があるので、〈灯台文庫〉としておきましょう。

ヒットくんもずいぶん多作です。「未亡人」「私は燃えている」「秘密クラブ」「女体戸別訪問」など、もっぱら〝成人もの〟をやたら書きまくっています。おそろしく通俗的な筆致・ストーリーですが、ヒマつぶしに英語の勉強をするには絶好の材料です。

意外とまじめです。が、英語の勉強になるかといえば、それはどうかと思う。ま、慣れることが、近道という意味ならば、それなりの効果はあるかもしれないけども。

このオリィ・ヒットの紹介は、第四回目だった。これが、最終回になる十八回目になると、タイトルから「乗夢心地賃走艶録」、これ読めませんね。ちゃんとルビが振ってある。「のるはゆめごこちたくしいよろくばなし」ですって。原題は「THE FARE SEX」。テディ氏の解説によれば、Fair と Fare との掛詞、マイ・フェア・レディのフェアとタクシーの料金などを意味するフェアの掛詞、つまり、素敵なセックスとタクシー料金セックスという感じなんでしょうね。

淫雨ようやく晴れて、久しぶりに開けはなたれた破れ長屋の窓からは、路地裏のデッド・エンドが一望のもとであります。

この地にわびずまいの居を定めてはや一年と数カ月、矢のように去った光の陰は追うスベもないならば、いまひとたびフィクション虚構の世界に身を沈めて、登場人物をわが身とおきかえ、ささやかなスリルを楽しもうよ。

と、これがイントロの一文です。ラスヴェガスで一文無しになった主人公、モーテルで一夜を過ごすのですが、気がつくと隣はコールガールの部屋、外の窓からのぞいてみると、「あっと目をおおう男女秘技交悦極楽絵巻無修正写真多数上製箱入秘蔵版価二千円〒50であります」。

そこで主人公のマラ君、というこの手のものにはぴったりの名前なんですが、考えた。自分の唯一の財産、ジャガーを使って、隣のコールガール嬢のところに客を運んでくるという商売を始めたらいいんじゃないか。で、これが大当たり、女の子の数も増やして大成功。このあいだにも、いろいろセックス描写があるらしい。最後はラスヴェガスに遊びに来た田舎の女教師にほれ込んでしまうのですが、残念、うまくいかず、彼女を空港に送っていく。「ふっ飛ばす彼に彼女は最後のナグサメを与えます。彼女は音楽の先生で、器楽が専門。だからフルートを吹くのがあんなにじょうずだったのだ」というのがオチというおそまつ。

で、〆は「外はまた降りだした卯の花くだし、雨よふれふれ、悩みを流すまで、お米がどっさり実るまで。念仏をとなえつつ、珍本市のあるじはでっかいアクビをひとつして、ゆっくり窓をしめるのでありました」。

「卯の花くだし」とか「お米がどっさり実るまで」とか、どこかに出典があるのかもしれないけれども、浅学非才のぼくにはよくわからん。でも、まぁ、こういう感じなんですね。

ただね、ぼくとしては、そういう書き手の努力とは関わりなく、エロ専門のペーパーバックがあるんだ。素直に受け取っていたわけ。だから、ビーコン・ブックスを発見したときはものすごくうれしかった。しかし考えてみると不思議な感じがする。世田谷の片隅の小さな古本屋にビーコン・ブックスやその他のペーパーバックが並んでいるというのは、相当にシュール。そのペーパーバックを買っていたのは、ぼくだけで、この古本屋が閉店するまで、ずっと並んでいたし、補充されることもなかった。誰が、売ったんですかねぇ。

さてと、「もだん・めりけん珍本市」の中では、「成人もの」とか「成人向け」というような言い方をしているこの種の三流ポルノにはちゃんと名前が付いている。Sleaze Sex Paperback と言うんですがね、これを知ったのは、『SIN-A-RAMA』サブタイトルが「Sleaze Sex Paperbacks of the Sixties」という本。2005年の本です。この本を見つけたときはうれしかったなぁ。この種の三流ポルノについて語っている本というのは、ほとんどなかった。

ぼくが知っている限りこの種の三流ポルノについて語ってくれたのは、1977年に出たマイケル・パーキンスの『THE SECRET RECORD』くらいだったと思う。パリのオランピア・プレス(オリンピア・プレスが正しいのだろうが、植草甚一がオランピア・プレスと表記しているのを「マンハント」で見て以来、このフランス語の発音じゃないと感じが出ないと思っている)の話から、カリフォルニアのエセックス・ハウスの話まで、出てくる。わずかではあるけれども、ビーコン・ブックスやミッドウッド・ブックスにも触れている。データ的な部分は少なく、作家と作品を中心に書かれた本だけれども、先ほど出てきたオリィ・ヒットのこととか、ぼくがずっとすごいライターだと思っていたマーカス・ヴァン＝ヘラーのことも出てくるわけで、マイケル・パーキンスと同じ詩人のデヴィッド・メルツァーのことや、その「Agency」三部作にも触れてくれていて、ぼくにとっては、とてもありがたい本だった。マイケル・パーキンス自身、エセックス・ハウスでポルノ的な作品を何作も発表している。

不思議だよね、詩人とエロティック・ノベル、パーキンスはポルノという言葉ではなくエロティック・ノベルという言葉を使っているんだけれども、この二つの組み合わせって、どうしてなんだろう。この本では、わざわざ「エロティック・ノベルの作者としての詩人」という章を設けて、そのことを説明してくれている。

要するに、エロティック・ノベルは感情による物語で、詩もまた感情に多くを因っている。そして詩人の役割の一つは、社会的制約を超えていくことにある。その意味で、詩とエロティック・ノベルは共通点を持っている。そしてエロティック・ノベルを書く詩人は、両方とも同じような気持ちで書いている。とまぁ、こういうことなんですがね、本人も詩人であるマイケル・パーキンスにそう言われてしまうと、反論のしようがない。

ただ、こういうことが当てはまるのは、やはり文学性の高いものだけではないかと思う。ここでぼくが話したいと思っているような通俗的なものとは、若干違うように思う。

もちろん誰もがそのような文学性を追求していたわけではない。1953年にオランピア・プレスを立ち上げたモーリス・ジロディアスは、ベケット、ナボコフ、ジャン・ジュネ、ウイリアム・バロウズといった、英語圏でも、フランス語圏でも発禁になる作品をパリで英語で出版するという裏ワザを駆使したわけだけれども、そういった文学的な活動だけではなく、明確にポルノと呼ばれるべき作品も出版している。マーカス・ヴァン＝ヘラー、ハリエット・ダイムラー、アクバー・デル・ピオンボといったライターたちの作品だが、英語圏の旅行者を対象にしたこれらの作品が、オランピア・プレスの経営を支えていた。ジロディアスはそれらの作品をd.b.'s、つまりdirty booksの略だけれども、そう言っていたというが、決して低く見ていたわけではなかったという。でもね、商売上手。若干のアドヴァンスを払って、若い無名の作家たちに書かせていたわけだけれども、資金難になるとジロディアスは、近刊予告と称して売れそうなタイトルと惹句だけを発表する。スタニスワフ・レムではないが、存在しない本の広告を出すわけ。その売り文句には相当に無茶なものがあったというが、予約が集まるとそこでライターたちに一週間とか二週間でそのタイトルと惹句にふさわしいものを書かせて売るわけだ。いまで言えば、オンデマンド出版ということなのかもしれないが、要は、詐欺寸前のやり方だった。

そんなことは知らないからね、大学に入ったばかりの頃ぼくには、あのグリーンの表紙のトラヴェラーズ・コンパニオン・シリーズはどうしても手に入れたいものの一つだった。神保町の東京泰文社で、分厚いトラヴェラーズ・コンパニオンの一冊を見つけて、いくらだったのか、覚えていないけれども、たぶん一月分の食費に近かったように思うが、必死に金をかき集めて手に入れたことがあった。ところがですね、いくら読んでもお目当てのエロなところにぶつからず、茫然としたことを思いだした。それ、ベケットの『モロイ三部作』だったんですね。無知の悲劇です。

当時、日本で読めるオランピア・プレスの作品は、もっぱら海賊版だった。啓明社という出版社で、フォントからすると、オリジナルを写真製版したもののように思う。東京の出版社であるけれども、台湾で印刷されたものだという話を聞いたことがある。50年代の終わりから、60年代の後半まで、出版されていたように思う。

さてと、ここでも、この手の三流ポルノ、呼び名はバラバラです。マイケル・パーキンスは、エロティック・ノベルと呼び、ジロディアスはダーティ・ブックス、d.b.'sと呼んでいたわけだけれども、やっぱり最新版の Sleaze Sex Book ということにしておこうか。どういう意味かというと、いや

Sleaze Soft Core、とかいう言い方もあるらしいんですが、要はSleaze、という単語。日本語ではどうなるのか。ためしにGoogleの翻訳を見てみたら、「女癖の悪い」となってしまった。ちょっとなぁ、訳し過ぎというか、意味がわかんないというか。だって、「女癖の悪いセックス・ペーパーバック」って、ペーパーバックが女癖が悪いことになってしまうよなぁ、これでは。

たぶん、女好きというようなことなんだろうが、もとはと言えば、安っぽいペラペラの生地のことから派生した言葉で、安っぽいとか、薄っぺらとかいうことであるらしい。

だから、俗悪とか三流とかいうあたりが、妥当なんじゃないかと思う。三流セックス・ノベルとか言っても、なんだかニュアンスがない。ま、スリーズ・ブックスとでも略しておきますか。

で、オランピア・ブックスでもそうだったけれども、アメリカのスリーズ・ブックスには、けっこう有名なライターがペンネームで書いていた。おもしろいことにSF系の作家が多い。『SIN-A-RAMA』で、ロバート・シルバーバーグが、このあたりの事情について書いている。

実は、文学的とかそういうことではなく、はっきりと、金が目的だったと言っている。つまり、50年代の後半に当時のアメリカのSFバブルがはじけた。具体的には1958年だったというが、シルバーバーグがスリーズ・ブックス業界に足を踏み入れたのは、その翌年1959年、二十四歳だった。それ以降1964年までの五年間に百五十冊のスリーズ・ブックスを書いたという。ドン・エリオットというペンネームで書いていたわけだけれども、なんでそのようなことになったかというと、本当に金のため。しかも、その当時、ニューヨークに五部屋付きのアパートを借り、夏にはロンドンやパリで休暇を過ごすという、ま、ぜいたくな生活をしていて、そのレベルを落としたくなかったんだという。SFを書いてそんな生活ができるとは知らなかったけれども、とにかく雑誌も、ペーパーバックもあっという間に売れなくなった。さてどうするか？

持つべきものは友です。ＳＦ仲間のハーラン・エリスンは、ニューヨークからシカゴに移り、「ROGUE」というメンズ・マガジンの編集部に入り込んでいた。このあたりの動きの速さはいかにもハーラン・エリスンらしい。ＳＦが金にならないと見ると、すぐに別の業界に飛び込んでいる。ＳＦに新たな可能性があると見ると、１９６７年に『危険なヴィジョン』という分厚いアンソロジーを編んで、ＳＦ界に爆弾を投げ込んでみせた。もしもアメリカのＳＦに革命を起こしたアンソロジーを一冊選ぶとしたら、この『危険なヴィジョン』を挙げてもかまわないと思う。それまで、きわめて保守的なモラルに支配されていたアメリカのＳＦに対して、タブーを破る、例えばセックスや暴力を扱ってもいいのだということを示したわけで、これ以後のアメリカ、いやＳＦそのものに大きなインパクトを与えたわけだ。もっとも、日本で言えば『世界の中心で、愛を叫ぶ』というタイトルの元ネタ『世界の中心で愛を叫ぶけもの』の作者という方が通りがいいかもしれない。内容はまったく関係ないけれどもね。

「ROGUE」のオーナーはビル・ハムリンという男だったけれども、この人、ＳＦファンで、「Imagination」というＳＦ雑誌を出していたことがあって、シルバーバーグもその雑誌と契約していたことがあった。ハーラン・エリスンが「ROGUE」に入ったのも、そういうＳＦつながりだったのかもしれない。で、ハーラン・エリスンは、エロティック・ノベルのペーパーバックを出すべきだと、ハムリンに持ちかけ、ＯＫを取った。そして、シルバーバーグに電話をかけた。

「仕事があるんだ。君にやる気があればの話だけれども。月に一作、セックス・ノベルを書いてくれ。五万語、一冊、六百ドル。ただし、七月末までに書いてくれ」そのときはすでに七月に入っていたが、シルバーバーグは即座にOKした。その作品はそのままハムリン氏の新しいナイトスタンド・ブックスの第一作となったんだそうだ。それから月に一作が二作になり、最終的には三冊のペーパーバックを書くようになったのだという。

シルバーバーグによれば、五日か六日で一冊仕上げていったわけで、月三冊でも、充分に余裕があったことになる。月に千八百ドルの稼ぎというのは、相当なもので、二十部屋の豪邸に移ろうかと本気で考えていたという。ハーラン・エリスンが予期していたとおり、エロティック・ノベル・ペーパーバックは大当たりしたわけだ。ただ、そのために政府からにらまれるようになっていった。言葉狩りではないが、検閲にひっかかりそうな単語を使うなというような指示が来るようになっていった。

これがおもしろいんだけれども、例えばどんな単語かというと、it。ぼくにはそのニュアンスはわからないんだけれども、it にはどうもエロティックな感じがあるらしい。「Do it! she cried」たぶん「お××こして!」みたいなことなんでしょうね。かつてクララ・ボウだったっけ、IT GIRL と呼ばれてセックスシンボルになったことがあったよね。君は it を使いすぎだ。it の使用を控えてくれという指示がナイトスタンド・ブックスの編集長から来たりしたという。で、その編集長というのが、アルジス・バドリス。ぼくの最も好きなアメリカのSF作家の一人です。びっくりする。アルジス・バドリスの指示は it のかわりに that を使ってくれというものだったという。その月に出た自分の本を見ると、本当に it が that に変えられていたんだって。バドリスはある種の文学派として知られていたわけだから、その心中、察するにあまりある。ハーラン・エリスンはというと、その時点ではもうハリウッドに移っていた。本当に動きが速いよなぁ。

1964年にシルバーバーグが、この手のペーパーバックから手を引いたのは、百五十冊も書いて、もう飽き飽きしてきたことと、政府の目が光ってきたこともあったのだと思う。本当にFBIがやってきたんだそうだ。ブラックリストに載っているいくつかの出版社の名を挙げて、これらの出版社の仕事をしていませんか、というような世間話のような調査だったという。もちろん、シルバーバーグはそんな出版社、聞いたこともありません、と答えた。ペンネームの効用ということです。

このエッセイの中で、シルバーバーグは、噂だけれども、有名な何人かのミステリ作家もペンネームで、エロティック・ノベルを書いていたと実名は挙げずに述べている。ローレンス・ブロックやウェストレイクがペンネームで書いていたことは知られているし、マイケル・アヴァロンも書いていたことはわかっている。でも、シルバーバーグの話に出てくる作家とは違う気もする。ここで「マンハント」の作家の名前が出てくれたりしたら、話はおもしろくなるのに、不思議なことに、出てこないんですね。どうしてなんだろう。ミステリの方には、不況が来なかったということなのかもしれないけれども。

この時期のスリーズ・ブックスの出版部数がどれぐらいだったかというと、1969年のアメリカ政府の委員会の調査によると、ニューヨークの出版社の例で言うと月に二十タイトル、七万五千部。この業界の大手だったミッドウッドのケースでは、年間七百万部から九百万部、ビーラインでも、三百万部の売り上げだったんだそうだ。ちょっとしたものです。

ビーコン・ブックスはこの業界で最も古く、50年代の半ばにスタートしている。ミッドウッドは二番手でスタートしているが、最大手になったと思う。ビーラインは、BEE-LINEと書くけれども、60年代の半ばに参入してきた出版社。ぼくとしては、けっこう気に入っていて、見かけるたびに買っていた。パロディものを含めて、ユーモア系のものが多かったからだ。ビーコンとミッドウッドは、似たようなものだったが、ミッドウッドの方が、モダンな感じがした。ま、実際には、ビーコンのライターとミッドウッドのライターは、かなり共通していて、ペンネームを変えているだけというケースがかなりあったという。とすると、ぼくの印象の多くはカバーによるものかもしれない。

あとは、BRANDON HOUSE。この手のスリーズ・ブックスの中では一番高級感があった。ま、これも、カバーと製本の印象かもしれない。内容的に過激だなぁと思うようなものはあまりない。最終的にぼくが一番まじめに買い求めたのは、ESSEX HOUSE だったけれども、これはSFのポルノを中心にしているという特殊な出版社だったからで、今回の話とはずれる。マイケル・パーキンス、デヴィッド・メルツァー、フィリップ・ホセ・ファーマーとかね、1968年から69年までという短命なブランドだったけれども、アグレッシブなラインナップだった。

とまぁ、ここまで話を進めてくると、どうも、カバーの印象というものが実は重要な要素であったことに気がついた。

ミッドウッドがモダンな印象を持っていたのは、そのカバーを三百以上も描いた Paul Rader のおかげかもしれないな。ポール・レイダーは、スリーズ・ブックスだけではなくゴールド・メダルのような真っ当なペーパーバックのカバーも手掛けていた。題材とする男や女たちをファッショナブルに描くというのが彼の持ち味なんですがね、ミッドウッドからのオーダーは、もっとどぎつくしてくれというものだったんだそうだ。それでも、やっぱり、ソフィスティケートされたものになっていたと思う。同じようなタッチのアーティストには、Robert Bonfils、Fred Fixler、Bill Edwards たちがいた。最後のビル・エドワーズは、西部を描く画家として知られているし、ロデオのスターだったともいう。それからSMもので有名なErick Stantonもカバーを描いているが、一番エロだなぁと思ったのは、Gene Bilbrewだろうなぁ。一言で言うなら下品。いかにもスリーズ。便所の落書き感がある。とにかく他のアーティストたちとは明らかに違う。アフロ・アメリカンだったというけれども、たしかにそこに感じられるのは、異常な生命力という気がする。それがエロであり、下品なのだ。

最後はドラッグとアルコール中毒になり、五十一歳で亡くなったという。

ジーン・ビルブリューが、ポール・レイダーたちと明らかに異なるのは、コミックス、それも60年代に出現したアンダーグラウンドのコミックスのテイストがあるところだろう。スタントンとは友人であり、スタントンの勧めで、SM系のコミックスを書いていたこともあるというが、それもわかる気がする。

ぼくがスリーズ・ブックスを買い集めていたのは、60年代の後半から70年代にかけてのことだったけれども、その時点では、ジーン・ビルブリューなんて名前は知らなかったが、それでも、この独特の絵に惹かれて、何冊か買っている。

「もだん・めりけん珍本市」から、ずいぶん遠くに来てしまったけれども、最後は、「もだん・めりけん珍本市」の単行本の話をしておこう。1964年に出た新書版の本なんだけれども、いつどこで手に入れたのか記憶にない。古本屋で手に入れたに決まっているのだが、まるで覚えてない。

巻頭近くに、註のようなかたちでこんなことが書いてある。

この本に収めた十二篇は、アメリカでさかんに刊行されているペイパーバック(日本の新書判に当たる）の軽風俗小説を自由奔放にアレンジしパロディ化した愉快きわまる読物で、かつて久保書店から出版されていた飜訳ミステリィ雑誌《マンハント》に連載され大好評を博した「もだん・めりけん珍本市」の続編です。

今回、全部あたらしく書きおろしたもので、旧作は一篇も入っておりません。

この本を発見して喜んでいたぼくは、この最後の一行でがっかりしたことは、覚えている。そう、ぼくが期待していたのは、「マンハント」で読んだ「もだん・めりけん珍本市」をまとめたものだったからだ。全部で十二篇というのは月一篇で一年分ということだったが、作者や出版社のことにはほとんど触れられておらず、本当にがっかりした覚えがある。

おもしろいね、エロを目的に読んでいたのに、どうやら、ぼくはその周辺情報に飢えていたようなのだ。それもまた、「マンハント」の後遺症なのかもしれない。

やっと、山下さんと話せた。山下諭一インタビュー

「マンハント」の創刊の頃の話を知っている人は、もう少なくなっている。中田雅久さんに確かめたいこともあるのだが、それもかなわない。

小鷹信光さんからは、山下諭一さんに訊くべきだとアドバイスを頂いてはいたのだが、なんていうのかな、かつてファンだった人に会うというのは、意外に勇気がいることで、つい、延び延びになっていた。

今回、山下さんは、快くインタヴューに応じてくれた。ぼくが訊きたかったことは、そんなに多くない。

山下さんが、「マンハント」に関わるようになった経緯、当時の「マンハント」の編集と編集部の雰囲気、「マンハント」の独特の文体の成立の過程、様々なライターたちのこと、そして山下さんが

ハードボイルドにのめりこんでしまった経緯、というようなことだった。

山下さんは、ぼくが想像していたとおりの方だったけれども、杖をついて現れた。3月11日の大震災のときに転んで膝を痛めたそうだ。おやおや、大事にしてください。

＊

鏡　「マンハント」は日本で唯一のハードボイルド・ミステリの専門誌だったわけですが、この連載はミステリ雑誌という捉え方じゃないかたちで「マンハント」の話をしたいと思って、始めました。

山下　純粋な意味では、あれはミステリ雑誌じゃないですからね。

鏡　「マンハント」は、実はカルチャー・マガジンだったんじゃないか、そう思っていたんです。で、そういう話にしたいなと。小鷹（信光）さんにはずいぶんお世話になっています。大学のクラブの先輩なので、つい甘えてしまうんですね。それでも「マンハント」の最初の頃の話というのは小鷹さんもわからない。誰に訊いたらいいんだろうと相談したら、山下さんが一番いいんじゃないか、と言われまして、やってきました。

山下　小鷹君はちょっとあとからでしたからね。

鏡　相当あとです。最初は学生だったし。以前、中田（雅久）さんにもお話はさせていただいたんですが、中田さんもなぜ「マンハント」がこうしたかたちになったのか、そのあたりの話をあんまりなさらないんですね。「新青年」的な雑誌を自分としてはやりたいと思ってたんだけれど、御自分ではうまくいったか、いかなかったのかわからないという感じで。そのあたりの話を少し聞かせていただければと思ってます。

山下　「マンハント」は創刊号からぼくの原稿が載ってると思うんですけど、きっかけはね、田中小実昌さんなんですよ。

鏡　そうなんですか。田中小実昌さんは、最初、翻訳から始められたんですよね。

山下　ぼくは大学をいずれやめるつもりでぶらぶらしてて。ぶらぶらしてていってもなんか仕事はしたかったんですけどね。もうとっくにつぶれちゃったけど、角川書店出身の編集者の人がやってる小さい出版社があったんです。そこで、どんないきさつかわからないんだけど、田中潤司さんが声をかけてくれたんだと思うんですよ。その出版社から電話がかかってきて、一冊引き受けてくれないかって、ブレット・ハリデイの長篇と渡されたんです。マイク・シェーンの。ブレット・ハリデイなら大学に入りたての頃か高校生時分か、とにかくペーパーバックスで名前は知ってました。「マイク・シェーン」と呼ぶのかな、「マイク・シャイアン」と呼ぶのかなって考えてたんだけど、それをやってみないかって言われて、引き受けた。やってる最中に、その出版社は、校正刷が出た段階で、ポシャったんですけど。

鏡　小さな出版社が、翻訳ものを手掛けていた時代ですね。

山下　ぼくは角川で文庫の外校正をやって食いつないでましてね。校正屋さん、とくに文庫の校正屋さんてわりと率がいいんです。初校だと、どのくらいだったろう、ページ八円だか十円だかそんなお金なんで、月に何冊かやると一万円以上のお金になるんです。

鏡　当時だとけっこうな金額ですよね。大学卒の初任給ぐらいですか。

山下　これでどうにか食えるなって思ってたら、角川の編集部にコミ（田中小実昌）さんの知り合いで——こないだからその人の名前を思いだそうと思ってるんだけど、「新制作」、いまは名前変わっちゃいましたけど、そこの木彫ですごく魅力的な人が舟に乗ってぼうと立ってるようなものを作ってらっしゃる方がいて、その作品をぼくはいまも覚えてるんだけど——その方の奥さんが角川の文庫の編集部にいたんです。その奥さんに、「アメリカに『マンハント』って雑誌があるんだけど」って訊かれたから、「『マンハント』、知ってますよ。古本屋で買ってよく読んでました」って言ったら、そりゃあ好都合だ、久保書店っていう出版社があって、そこで「マンハント」の日本語版を出すことになったから、行ってごらんなさいって言われたんです。いきなり行ってもなんだから田中小実昌さんの紹介でというふれこみで行きなさいって。

鏡　そのときに初めて中田さんにお会いになったんですか？

山下　中田さんが、下訳の仕事がある、やりますかって言うんで、「やらせていただきます」。中田さんが元の「マンハント」をバラバラにしたのをポンと渡してね、これやってごらんなさい、って。これがブルーノ・フィッシャーのものだったんですよ。一枚百円やるって。一枚百円でも校正よりはいいかと。

鏡　けっこういい方ですよね。その十年以上あとに、ぼくが下訳をやったときと同じです。

山下　コミさんの紹介っていうのが効いたのかもしれないですね。で、それを持って帰ったんですよ。できたら明日持ってきてくださいって言われたけど、いやに頁数があって、完成したら四百字で七十枚から八十枚のはずなんです。あの編集のおっちゃんは全然英語知らんなあってかなり呆れたんだけど。

鏡　一晩ではきついですよね。

山下　しょうがないんで電話して、「早速読んだけど、どう計算してもあれ、四百字で七、八十枚ありますよ。ぼくらみたいな駆け出しが一晩でできる量じゃないですよ」って言ったら、じゃあ明後日で結構ですって。

鏡　アハハハハハハハ。

山下　結局徹夜だったと思いますけど、とにかくやっつけたんです。それで持っていった。そしたらポンと受け取ってご苦労さんって。その後のいきさつはあとから聞いたんだけど、ぼくが下訳をやった翻訳者は荒正人さんだったんです。

鏡　荒さんの名前は、「マンハント」の創刊号の翻訳スタッフに入っています。

山下　荒さんの下訳の仕事がぼくに回ってきたわけなんです。その頃は自分の原稿用紙なんて作れるわけないから、ぼくは出入りしていた角川書店の原稿用紙をもっぱら使ってたわけね。で、荒先生がひょっとしたら、あ、角川の原稿用紙やなということで、あんまり頼んないやつでもないと思ったのか、すぐに久保書店に原稿が送り返されてきたか、取りに行ったか知りませんけど、直すところないから、このまま使いなさいって言ってくれたらしいんです。

鏡　なるほど。

山下　しかも、百円という最初の言い値が、その一言で百五十円に上がった。こりゃあ儲かった(笑)。七十枚やって一枚百五十円なら当時のぼくにとってはけっこうな収入です。最初の頃はもちろん名前も出てませんけど。

＊

山下　それから、最初の号が出る頃か出たあとか、ちょっと記憶がないんですけど、中田さんから電話が掛かってきた。暇だったらちょっと来てくれって。それでまあ行ったんですよ。あなた何してるんや、っていうことになって、なんとか校正とここの下訳の仕事が入ったら食えそうだから、大学はやめちゃったような状態で、なんて話をした。そのときは正式にやめようとは思ってなかったんだけど、ぶらぶらしてて暇ですって言ったら、うちへアルバイトに来ないかって中田さんが言うんです。要するに下読みをする人間がいない。原書から下読みをして大体こんな話やということを聞かせてくれ、おもしろそうだなと思うもの、これわりあいいいですよ、みたいなことを言ってくれって。それで、日給いくらか忘れたけど、アルバイトで行ったんですよ。しかも自分でやってみようと思う作品があったら、どうぞやってください、今度は下訳じゃなくて翻訳だから一枚二百円あげますって。わずか二月足らずのあいだに原稿料が百円から百五十円になり、二百円になった（笑）。

それでアルバイトを始めたんですけど、そのうちに、中田さんが、これはあくまで娯楽小説なんだから、彼が彼女がなんとかという固い翻訳じゃ困るんだ、あなたの翻訳を見るとあんまりそういうのではない――あ、そのときにぼくは小説も書きたいんだってどっかでしゃべったんでしょうね――自分で娯楽小説を書いてるつもりで、そういう文体でやってみてくれって言われたんです。しかも、いろいろ話してると、中田さんは神戸生まれで、ぼくが生まれた家からちょっと歩いたところにある小学校の出身で、雲中小学校って言うんだけど、つまり関西弁が通じるわけです。関西弁のなんかニュアンスがあるでしょ。「あれおもろい」とか、「あれあかんで」とかね。それでわりあいウマが合った。そのうちにね、なんかコラムみたいなものを書けないかってことになって、それがきっかけで「マンハント」のコラムを書きだしたんですよ。最初は中田さんのつけたペンネームで「ジャック・尾木」っていうものだったんだけど、それも原稿料あげますって言われた。日当もあるから、「マンハント」だけで月に四、五万稼げるようになった。

鏡　お金の話ばかりで、すいませんけれども、それって、すごいですよね。

山下　こりゃあ楽でいいわと思ってました（笑）。たまには大学へも顔出しましたけど、そのときはぼつぼつ卒業してなきゃいけない頃だったと思います。

鏡　二十二、三ですよね。

山下　教室の一番うしろに座ってせっせと原稿書いてました（笑）。そしたら当時助教授だったと思うけど、先生が回ってきて、「お前何してる」「いやちょっとアルバイトで」って言ったらフンって顔された。いかにもそれが生意気なことをぬかすんじゃないって感じでした。それで嫌になって大学をやめようと思った。ふんぎりがついたんですね。ぼくが翻訳スタッフのところに名前が出るようになったのは何号目からかな？

鏡　二号目からです。翻訳スタッフ、ということで皆さんの名前がまとめて、目次に入っている。

山下　あれ、読者の投書がけっこうあったんです。誰が翻訳をやったのかがわからないって。

鏡　そうなんですよ。ぼくのように、あとから「マンハント」を読みだした人間にとっては、ものすごく困る。中田さんにどうしてああいうことをやったんですかって訊いたら、アメリカの雑誌でライターがまとまって載ってるようなやつがあって、かっこいいと思ってやったっておっしゃってました。

深い意味はないって（笑）。

山下　そうでしょうね。当時は稲葉由紀（稲葉明雄）もペンネームでしたね。久慈波之介っていう。

鏡　あれ、稲葉由紀さんだったんですか！　誰かわからなかったんです。山下さん、沖山昌三って名前も使ってましたよね。

山下　それはぼくですね。同じ号に載ることがあるから（笑）。これは「マンハント」には直接関係ないんだけど、「マンハント」の編集部のとなりに別の編集部があって、そこで須磨（利之）さんという人が、「裏窓」っていうSM雑誌を編集してたんです。ああいう雑誌でもよく穴が空くんですよ。須磨さんが、原稿のストックも欲しいし、なんか書いてくれんか、って言ってきた。しゃあないから「裏窓」のバックナンバー読んで、こんなんなら俺でも書けらあ、ってことで、「裏窓」にもけっこう書きました。覚えてないけど。

鏡　さすがに「裏窓」まで手を伸ばす気はないんですけれども（笑）、他にはどんなペンネームをお使いになってたんですか。

山下　神戸生まれだからっていうんで、神戸《かんべ》なんとかっていうのとかね、橘新太郎っていうのもあったな。もう一つぐらいあったけど、忘れました。で、この二つの雑誌が毎月でしょ。けっこう忙しくなっちゃった。

鏡　それなりのお金になるかもしれないですけどね。

山下　まあたいしたことないですけどね。それでも、自分のお金でテレビが買えましたよ、あこがれの。十万円くらいかな。もっとしたかもしれない。

鏡　へえ！　テレビ、買えたんですか。当時の贅沢品ですね。

＊

山下　いつ頃からだろう。中田さんがミニエッセイというかコラムを増やすというんで、ぼくなんかあまりラジオを聴かなかったので知らなかったんだけど、あの頃、永六輔と前田武彦の「昨日のつづき」という深夜番組があったんです。

鏡　あ、それ、ずっと聴いてました。ラジオ関東でしたっけ。

山下　二人が勝手にしゃべる番組だったんだけど、この二人にコラムを書いてもらうことになった。あと誰がいたかなあ。映画の人がいたなあ。ひと頃、湯川れい子さんもちょっと入ってたかな。

鏡　そうですね、湯川さん、ジャズのコラムを書いてましたよね。

山下　考えてみたら中田さんて編集者としては非常に目の高い人で、その頃の駆け出し連中が育ちましたね。

鏡　どういうふうにして集めてきたんですか？　ご本人はあんまり詳しくおっしゃらないんです。

山下　ラジオをよく聴き、テレビをよく見て、それでコミックなんかもよく知ってる方でしたね。

鏡　え？　マンガをよく読んでたんですか。でも「マンハント」にはマンガを載せていませんよね。

山下　マンガを載っけようという話はついに出なかったですね。

鏡　さきほどの、翻訳をもっとこなれたものにしたいっておっしゃった話もご本人はされなかったですね。あの「お女性」って言葉を発明したのは、山下さんですよね。「マンハント」の文体の典型だと思っています。あれが「マンハント」のカラーを作ったような気がしてるんですけど。

山下　あれは「読書人」か「図書新聞」だったかで、誰かに「お遊び調」って評してからかわれましたね。ぼくがああいうことやったら、すぐに中田耕治さんが張り合ってきてね――

鏡　そうなんですよね！　ピート・チャンバースで、やってましたよね（笑）。

山下　中田耕治さんのはいまから考えるとあれはちょっとやりすぎじゃないかっていう気もするんだけど。

鏡　極端ですよね（笑）。

山下　大学の先生になりましたよね。

鏡　明治大学ですよね、たしか。ただ中田耕治さんは、「マンハント」系の翻訳の仕事を著作リストに入れていない。どういうことだって小鷹さんが噛みついたことがある。

山下　そういえば、片岡くんも、「片岡義男」とちゃんとフルネームでやるようになってから、テディ片岡を使わないよね。

鏡　使わないし、ほとんど触れない。別人格ということじゃないですか（笑）。

山下　ずっとあとの話ですけどね、ぼくが高田馬場ホテルという安旅館で暮らしているときに、テディが電話をよこしてきた。近くで飲んでるんで来ませんかって。どっかの編集者と一緒だったと思うけど、ぼくが片岡のことを「テディ、テディ」って言うと、そのたびに彼は嫌な顔をすんのね（笑）。

鏡　片岡さんとは「マンハント」を通じてのお知り合いですか。

山下　そうです。他ではまったく知らなかった。

鏡　不思議な人ですよね。ハワイ帰りの二世だか、三世という話があるんですけれども、御本人はそれに対しては否定も肯定もしない。

山下　ぼくが「マンハント」に入って半分常勤みたいでやってる頃、たぶん創刊して一年くらい経ってたんじゃないかな、小鷹君が来て、本国版の「マンハント」の目次をすべて写したノートを持っていたんです。なんかよく読んでるなあという感じでしたね。そのときに片岡が一緒に来たか覚えてないんですけど、二人が仲良しで、小鷹君の方が大学では先輩なんですよね。小鷹君がぼくより二つくらい下なのかな。片岡はだいぶ下。それからしばらくたって、「アサヒ芸能」が小説を書けって言ってきた。ぼくは週刊誌みたいなところで連載を持ったのはあれが初めてなんですが、忙しくなってきちゃって、「マンハント」の方のぼくの仕事をかなり小鷹君に引き継いだんです。

鏡　小鷹さんはまだ学生ですよね。

山下　学生だったかもしれませんね。

鏡　卒業してからどこか小さい出版社に入ったのを聞いたことがあります。

山下　医学書院でしょう。それでも「マンハント」にはずっと書いてましたけどね。「アサヒ芸能」の方はかなりどたばたで、１９６３年に「マンハント」が休刊になってすぐに「ハードボイルド・ミステリィ・マガジン」になったでしょ。あれは三号ぐらい出たのかな?

鏡　６号まで出てます。

山下　そうですか。あれで二号くらいぼくは連作小説を書いた（「ハードボイルド・ミステリィ・マガジン」１９６３年12月号、１９６４年1月号）。これはわりにまじめに書いたんですが、未完になってて全部仕上げたいなと思いながら、そのままになってる。あれはもうだいぶあとですね。ぼくがまともに小説を書きだしたのは二十六か二十七のときだから。

＊

鏡　ちょっと話は戻りますが、「マンハント」に関わる以前から、けっこうペーパーバックをお読みになってたようですが、どういうきっかけで読みはじめたんですか？

山下　もともと探偵小説が好きだったんです。その頃は推理小説なんて言わない。探偵小説。でもあまり数は多くなかったんですよね。当時の宝石社が「別冊宝石」っていうかたちで「世界探偵小説全集」（１９５０〜）を出してて、ものすごい荒っぽい抄訳で一冊に三本くらい入ってたけど、そんなのぐらいが海外のミステリの入口でした。当時、ぼくの住んでた家が京都の東山区で、いまのじゃない、元の都ホテルが蹴上にあって、そこが戦後、進駐軍の第五軍、フィフス・アーミー、たしかアメリカ陸軍で一番強い師団だったんですが、のヘッドクォーターだったんです。ぼくが住んでたのは住宅街と、もうちょっとまずしい長屋なんかのあるとことのちょうど境目で、二階をオンリーさんに貸してる家があったんですね。オンリーさんを囲えるようなのは兵隊ではなくて士官、オフィサーなんですけど、その頃の若いオフィサーは大学の途中で引っぱられた連中が多かった。

ご存じですかね、当時進駐軍用の細長いペーパーバックス、アームド・サービス・エディションっていうのがあったんですけど、どこかでぼくがディテクティブ・ストーリーが好きだって言ったんでしょうね、あれをくれたんですよ。クリスティーだとか、名前だけは知ってる憧れの作家たちのを。高校生だからろくに読めなかったんだけど、一所懸命それを読んだ。最後までちゃんと読んだのは数えるほどしかないですけどね（笑）。それでミステリにはある意味で親しんでたんですよ。だから

「マンハント」の仕事をするときもあんまり抵抗なかった。とにかく読みやすくしろ、自分で小説を書いてるつもりで書けっていう中田さんの注文もあったし、同時にこっちもだんだん中田さんの好みってわかるじゃないですか。落語が好きとかね。この調子なら中田さんが気に入るだろうとか。「お女性」っていうのもそこから生まれてきたんだと思います。

鏡　でも、アーミー・エディションに入っているミステリはほとんど本格ものでしたよね。ハードボイルドはあまりなかったような気がします。

山下　なかったです。

鏡　あとは一般小説ですよね。

山下　ええ。

鏡　アーミー・エディションのミステリと、ハードボイルドのあいだにはずいぶん距離がある。ハードボイルド系のものはどうやって見つけたんですか。

山下　大学に入ってからだと思うけど、六本木の古本屋さんにペーパーバックスをいっぱい置いてる店があったんですよ。進駐軍の払い下げだろうけど、そこで見つけては買ってました。「マンハント」のアメリカ版もたぶんそこで買ってたんだと思います。

鏡　おそらく誠志堂ですね。ぼくも、十年ぐらいずれてますけれども、あそこにはお世話になってます。小鷹さんたちはほとんど神田なんですよね。神田でペーパーバックを探してた。

山下　神田も行きましたけどね、愛用してたのは六本木でした。売ってる本は汚れてたけど、六本木の方が神田にないようなのが多かった。神田の方の古本屋さんっていうのはどっちかっていうと、名の知れた作家が多かったような気がするなあ。

＊

鏡　山下さんは「ヒッチコック・マガジン」にも登場されてますが、その頃の「ヒッチコック・マガジン」と「マンハント」って、ライバルとかそういう関係ではなかったんですか？

山下　ライバルという感じではなかったですね。ただ、中原（弓彦）さんも、もちろん中田さんも意識はしてたでしょうね。

鏡　ガン・ブームのときに、「ヒッチコック・マガジン」が「マンハント」のことをからかっていたんですよ。

山下　そうでしたかね。ぼく、ピストルの話をコラムで、「ヒッチコック・マガジン」に書きましたよ。

鏡　ガンの話については、「ヒッチコック・マガジン」の方が先に始めたので、「マンハント」が後追いだったのは確かなんです。中田さんは「ヒッチコック・マガジン」の方が自分の理想像に近いと思ってたようなんですよね。

山下　ああ……。

鏡　つまり「ヒッチコック・マガジン」の方がセンスがやっぱり若い。自分はどうしても少しセンスが古いと。

山下　ぼくがまた中田さんと同じで、落語やなんかが好きだったんで、下手したら中田さん以上にセンスが古かったかもしれない（笑）。

鏡　そういう感じでもなかったんですけど、すごく意識はされてたみたいです。

山下　中田さんはさっきも言ったようにコミックなんかもすごく読んでて——

鏡　もったいなかったですよね。やればよかったのに。なんか一線を引いてたのかな。

山下　「えろちか」（1969年創刊）はご存じですか。

鏡　はい。

山下　中田さんが「えろちか」を始めてすぐになんか書けって電話があって、それで二、三回書いたのかな。で、たしか四号目が出るか出ないかのときに、「あんた編集やってよ」って言われて、「俺も一回編集長って書いた名刺が作りたい」ってことで、編集を始めることになった。中田さんはもともと「あまとりあ」をやってらっしゃったから、セックスをわりと趣味的に考えたい人なんですね。時期的な問題もあったろうと思うんですけど、『ファニー・ヒル』ってポルノ小説がありますでしょ。あれが1966年にアメリカの連邦裁判所で解禁になった。それがきっかけであの手のものがバァーッと出はじめたんですね。

　これはぼくなりに真面目な話で、ハードボイルドがそうなんだけど、大衆小説ってのは、もちろんスーパーマンみたいなヒーローが出てきたりするんだけど、どっかでリアリティを出さなきゃいけないでしょ。それも大衆的な意味でのリアリティをね。カフカみたいなリアリティじゃなくて。だから小物なんかにわりと現実のものを使うんですよ。ジョニイ・リデルが必ずバーボン飲んだりね。そういうことで文化比較みたいなことができたらおもしろいかなと思ってて、だからわりと大衆小説はちょこちょこ読んでたんですね。そしたらそれがどんどんどんポルノっぽくなって、果てはSFまでそうなっていった。ちょうどそんな頃に中田さんの話があって、趣味的な「あまとりあ」路線からちょっと離れて、ちょっとアカデミックな路線をやってやろうということになった。幸い編集長になったから、全体を三つにわけて、三分の一はわりあいアカデミックなものにして、これは俺がやる。それからあとの三分の一はポルノをやろう。これは作品を選ぶということにした。残りの三分の一を、若手の編集者がその頃二、三人いたんで、お前ら好きなライターを探して、これに書かせろ、俺のOKはとってもらわないと困るけど、自由に選んでいいからって言った。それでお芝居の方の別役実さんとか、ああいう連中が「えろちか」にどんどん登場してきた。

ぼくはアカデミズムの方を小松左京さんに相談したんです。そしたら小松さんが、「おもろい、やろうや」って。その頃ちょっと知ってた石毛直道っていう文化人類学者がいたんです。それと、石毛さんよりもちょっと上で京都大学で文化人類学を教えてた米山俊直さん。この米山さん、石毛さんとぼくはわりと親しかったんで、小松さんをホストにして誌上シンポジウムをやろうってことになった。で、ちょっと大物引っぱってこようやってことになって、第一回目に出てもらったのが、会田雄次さん。

鏡　『アーロン収容所』とかの著者。相当大物ですね。というか、畑違いですよね。

山下　当時会田さんの『日本人の意識構造』だったかな、これが爆発的に売れてた。それから、日本史の奈良本辰也さんとかにも出てもらいました。梅棹忠夫さんはついに引っぱりだせなかったんですけど、お偉いさんをずらっと並べて、これがけっこう受けた。他の堅気な雑誌が一目置くようになった。中田さんはあんまり好みじゃなかったんだろうなと思うけど。

鏡　そういう感じでしょうね（笑）。

山下　それでも売上はわりと伸びて、一番多い頃は三万五、六千刷りましたから。

鏡　その数字はすごいですね。値段の高い雑誌でしたものね。

山下　でも中田さん好みの路線からはだいぶはずれちゃったんです。ポルノの方では大いにふざけたんですけどね。

＊

鏡　山下さんの文体は、「マンハント」の感じのものが多かったんですか？　少しくだけた感じというか。あ、早川書房のでもそういうものはありますよね。

山下　ぼくの文章そのものがあんなふうになっちゃってたから。早川のカーター・ブラウンなんかでも、やたらと「お女性」が出てきますね。

鏡　さっき中田耕治さんが、わりと近いというか、競う感じであったとおっしゃってましたけども、「マンハント」の中では他の翻訳者の方にも、影響があった。そんな感じがしてたんですけど。

山下　うつったかどうかはわかりませんけど、小実昌さんのは小実昌節と言ってもいいような感じですからね。ただ、ずっとあとの方になってからだけど、大久保康雄さんに、「たいていの翻訳ものというのは原文が頭に浮かぶんだけど、コミちゃんと君のは浮かばんなあ」って言われました（笑）。

鏡　田中小実昌さんもそうなんだ！　あの人、チャンドラーの『高い窓』を訳してますけれども、清水俊二ファンからはずいぶん否定的な評判がありましたね。具体的に、文章を照らし合わせていないけど、原文を読んだ感じで言うと、小実昌さんの訳の方がちゃんとチャンドラーをしていたように思った。そんなにウエットではない。アメリカ人的な感性からすると、充分にウエットなんでしょうが。

山下　それでおそらくコミさんの方が誤訳は少ないはずです。

鏡　そうだと思います。

山下　コミさんはほんとに英語がよくできたから。あの人、駐留軍に勤めてたでしょ。引っかかるといちいちアメリカ兵をつかまえて訊くんですよ。だからコミさんの翻訳はかなり信用できますね。

鏡　清水俊二さんは、映画の字幕出身なので、ものすごく切り詰めて短くしてしまうところがあった。ぼくの後輩で、どの作品だか覚えてませんが、一ページ毎にチェックした奴がいて、見ると全ページにやたらに赤い線が引いてある。「ここ省略されてるところです」って言ってた（笑）。でも、あれは清水俊二さんの文章の独特の気分なんだろうなあ。チャンドラーは清水俊二が一番いいっていう人、けっこういますもんね。

山下　チャンドラーは稲葉が熱をあげてて、あれは荘重にやらんといかんって言ってました。あれは重厚なもんだからって。

鏡　シェル・スコットとかはどうだったんですか？　山下さんはいくつもお訳しになってますよね。

山下　講談社の『ユーモアミステリ傑作選』（１９８０）にも入れてもらった「ストリップ戦術」というのがあって、再録の電話があるまでぼくは完全に忘れてたんだけど、あれが「エラリイ・クイーンズ・ミステリ・マガジン」にシェル・スコットが出た最初じゃないかな。あれは「マンハント」のものよりおとなしく訳してるはずです。多少意識して。

＊

鏡　今日は『マンハント総目次・索引』を持ってきたんです。

山下　（『総目次・索引』を見ながら）タイトルは中田さんがつけてたんじゃないかな。ぼくがだいたいこんな話だって、二つか三つくらい候補を挙げてたような記憶がありますが、最終的には中田さんが決めてました。

鏡　御自分では何もしてませんって言ってたんですが、相当入り込んでますよね。

山下　そうなんですよ。だって毎日机並べてたわけですから。

鏡　「マンハント」の山下さんの翻訳では、フランク・ケーンが多かったですよね。あれは特に理由があったんですか。

山下　わりとやってますね。フランク・ケーンがやりやすかったのかなあ。フランク・ケーンの方があんまり日本では有名じゃなかったから。ヘンリー・ケーンは中田耕治さんがずっとやってました。

鏡　ヘンリー・ケーンは中田耕治さんの持ちネタという感じでしたね。クランシー・ロスは「日本版」を山下さんが書いてましたよね。あれ？　書いてませんでしたっけ？　山下さんの曽根達也シリーズの方になってたんでしたっけ？

山下　曽根達也の「陶器を思わせるあまり光らない目」というのは、クランシー・ロスのパクリです。だから参考にはしたかもわからないけど。

鏡　クランシー・ロスは翻訳だけでしたっけ？

山下　翻訳だけです。クランシー・ロスは早川さんが単行本にしてくれましたから、けっこう訳してますね。

鏡　クランシー・ロスの設定、めずらしいですよね。どっちかと言うとヤクザ側の人間じゃないですか。博奕場のオーナーで。ふつうは悪役の設定で、あんまりないパターン。探偵でさえない。

山下　平気で人を殺すしね。

鏡　めずらしいですよね。ほんとに。

山下　この、すぐに殺すというところは曽根達也くんに引き継いでもらったんだけど。

鏡　ハードボイルドの流行ってる感じって、どういうふうだったんですか。トリオ・ザ・パンチ以前は（笑）。

山下　「ハードボイルド、ハードボイルド」って言いだしたのはトリオ・ザ・パンチあたりじゃないですか。

鏡　ちょっとあとですよね。「マンハント」が出たのはハードボイルド・ブームみたいのがあって出てきたと思ってたんですけど、そうじゃなかったんですか？　創刊号にそういうことが書いてあったんですが、あれってどういうことなのかって思ってたんです。

山下　ハードボイルドっていう言葉はヘミングウェイあたりの作品を紹介するのに使われだしたでしょう。それからハメットになるのかな。ヘミングウェイみたいなもの、長い単語を使わずに短い単語をポンポンとちりばめたようなものに使われた。短篇で

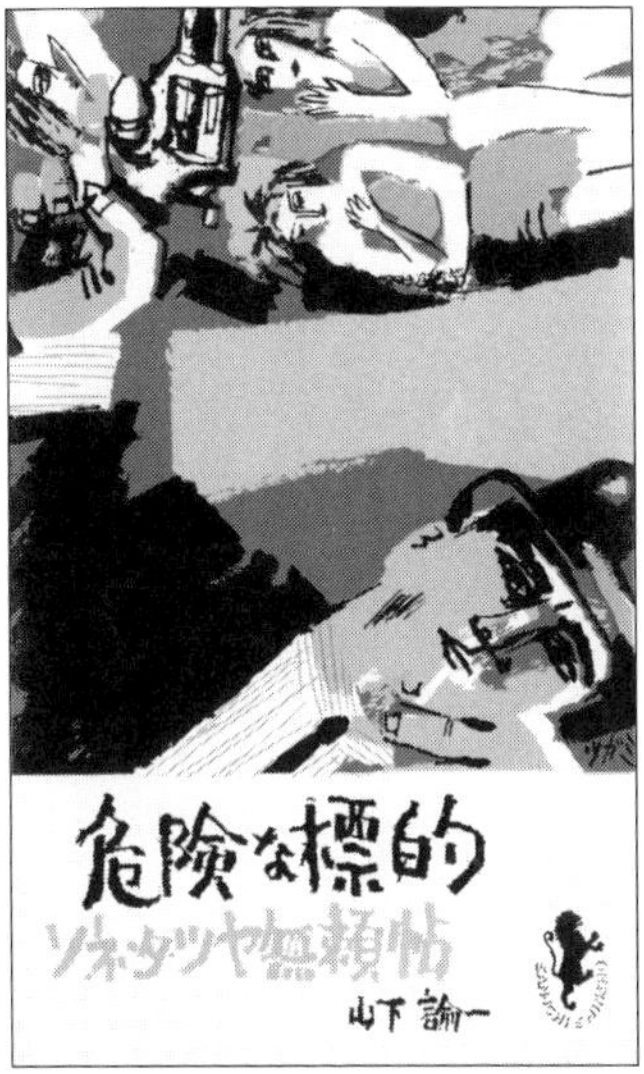

山下諭一
『危険な標的　ソネ・タツヤ無頼帖』

「Killers」（「殺人者」）があるじゃないですか。ほとんど会話だけで運ぶ……。

鏡　山下さんは、本格ミステリから始まってハードボイルドにずっと入っていきますが、これは「マンハント」のせいなんですか？　それとも逆にそれが山下さんに合ったという感じもあるんですか。

山下　好きだったんでしょうね、ああいう刺激のあるのが。

鏡　最初に読んだのが何だったか覚えてらっしゃいますか。

山下　ハードボイルドですか？

鏡　普通はハメットとかチャンドラーとかが主流という感じですけど、「マンハント」はどちらかというとそうではない方ですよね。

山下　ぼくはハメットはむしろあとで読んだんじゃないかな。チャンドラーはわりと早く読んでますね。『Big Sleep』（『大いなる眠り』）。チャンドラーで何が好きかって言われたら、いまでも『Long Goodbye』（『長いお別れ』）が好きですね。まじめに読んだのがロスマク（ロス・マクドナルド）。

鏡　え、ロスマクですか？　意外と言えば意外な感じがするなあ。

山下　ロスマクの、あれは途中でタイトルが変わるんですが、元のタイトルが『Ivory Grin』っていうんです。『象牙色の嘲笑』って訳されてます。あれがなんか妙に好きでね。たぶん『アイボリー・グリン』に出てくるんだと思うけど、「俺の心の中は星と星のあいだみたいに何もなかった」、というのが妙に残ってて、ひと頃、真似しましたね、曽根達也なんかでも。あと、階段をヒョコヒョコと影がうしろを追っかけていく、影が追っていくみたいな描写とか、うまいなあと思って感心した記憶がある。

鏡　なるほど。ハードボイルドって文体ですよね。

山下　会話もあるんじゃないですか。キザぁな会話。あの会話の調子は完全にうつってしまいましたね（笑）。

鏡　最近は全然書かないんですが、ぼくも昔はちょっと小説を書いてた時期があって、それにやっぱり「マンハント」のやつがうつってます。女の子の描写なんかはほとんど「マンハント」じゃないかな。

山下　「砂時計みたいなおしり」とかね。

鏡　そうそうそう（笑）。ああいうのってそういう感じがしますよね。おっぱいも、「メロンが二ついてる」みたいのってあった。うつってますよね、完全に（笑）。

山下　あれをぼくは勝手に「通俗ハードボイルド」って呼んでたんだけど。

鏡　あれ、一番最初に言いだしたのは山下さんなんですか！

山下　たぶんぼくだと思います。カーター・ブラウンみたいなのをね。ぼくも含めてだけど。基本的にぼくは女好きなんだろうと思うんですよ。ハードボイルドって女の描写がセクシーでしょう。

鏡　そうですよね。本国では、「マンハント」は発禁になったりしてましたから。

山下　ミッキー・スピレーンなんか、やたらと女が出てくるじゃないですか。それに惹かれてたのかもしれません。

鏡　スピレーンはほとんど翻訳前にお読みになってたんですか？

山下　だいたい翻訳より先でしたね。『I, the Jury』（『裁くのは俺だ』）とかも。引越を何回かしたんで処分しちゃいましたけどね。

鏡　最近、小鷹さんがゴールド・メダルの完全揃いを達成したのかな。異常ですよ（笑）。

山下　ゴールド・メダルにはひどいのが入ってましたね。「こんなん小説にならんよ」っていうのがちょくちょくあった。

鏡　あの頃で言うとシグネットの方がゴールド・メダルより若干上なんですか。

山下　どうなんでしょう。ゴールド・メダルが一番大衆っぽいですよね。

鏡　絵も派手だし、本の感じも綺麗ですよね。ゴールド・メダルとクレストって、ちょっとやっぱり良かった感じがします。

山下　「マンハント」では何回かウエスタンをやってみたけど、あんまりうけなかったですね。

鏡　60年代くらいに、ウエスタンとSFは絶対日本では当たらないって言われてましたが、SFは立派に成功した。でもウエスタンはずっと駄目ですね。俺、けっこうウエスタン好きなんだけど。

山下　やっぱり股旅ものの方がうけるんですかね。木枯紋次郎の方が（笑）。

鏡　50年代の日本では、やっぱりアメリカ文化の存在がすごく大きかったんだと思うんだけど、どういう感じだったんですか？　田中小実昌さんも米軍ですよね。

山下　常盤新平がやたらにアメリカに憧れたってなんかに書いてましたね。ぼくはそれほどの憧れはなかった。ぼくの父親が、もちろんぼくが生まれる前の話だけど、若い頃、しばらくイギリスにいたことがあるんです。会社からの命令か何かで留学したのかなあ。そのときの留学の資格として助教授かなんかの肩書きを早稲田が出してくれたというのをオヤジから聞いたことがあります。

鏡　戦前ですよね。大正とかそんな頃ですか？

山下　そうだと思います。

鏡　その時代、イギリスには、あんまり行ってなかったはずですよね。

山下　オヤジからいろいろ話を聞いてたので、イギリスには行ってみたいと思ってたけど。それこそディクスン・カーとかね。アメリカはなんとなく安っぽいような気がしてた。だけどアメリカの軽ハードボイルドは好きでしたね。あれは「男のための浪花節」だっていうのをなんかに書いたことがあります。

＊

鏡　実際に「マンハント」の編集をやってらしたときにはカルチャー・マガジンという意識はほとんどなかったんですか？　やっぱりミステリ系の雑誌というふうにおやりになったんですか。
山下　娯楽雑誌やと思ってましたね。
鏡　エンターテインメントみたいな。
山下　ええ。だから「笑の泉」みたいなところに短篇書くのと同じ感覚で書いてました。
鏡　それは、素晴らしい。じつはですね、「笑の泉」のことがわからないんですよ。「100万人のよる」はだんだんわかってきているんですけれども、「笑の泉」って、どういうものだったんですか？　どういうものっていうのも変なんだけど（笑）、「100万人のよる」はあきらかにポルノを目指してましたよね。ただ、「笑の泉」ってそうでもなかったじゃないですか。
山下　うーん、それでもかなりエロを意識してたんじゃないかなあ。「笑の泉」にもずいぶん書きましたが。
鏡　編集の感じがちょっと「文藝春秋」を真似てる感じがありますね。巻頭にエッセイが入っててみたいなとことか。「笑の泉」って当時では二流の上、一流ではなかったですよね？

山下　二流の中ぐらいじゃないかな（笑）。

鏡　「笑の泉」を出していた一水社って、その当時はけっこう大きかったんですか？　新橋ですよね。

山下　わりに大きかったですよ。新橋のビルの二階かなんかのフロアを借り切ってましたね。

鏡　いまはアダルト系のマンガの専門出版みたいな感じで、そのマンガが「いずみコミックス」っていうんですけど、ここに「笑の泉」の泉が唯一残ってる。あれがなんで「笑の泉」になったかっていうのはご存じですか。

山下　不思議ですよね。

鏡　なんで「笑の泉」の話になったのかわかんないんですけど（笑）、「笑の泉」って当時「エロだ」って思ったけど、いま読むと全然エロじゃないですね。

山下　（笑）

鏡　「マンハント」ってずっと折り込みでヌードを入れてたでしょ。あれは誰のアイディアなんですか。あれも中田さん？

山下　中田さんでしょうね。

鏡　あれはなんで入れたんですか。

山下　「プレイボーイ」かなにかの真似したんじゃないですか。ネームはぼくが書いてましたけどね。それから折り込みの裏にホームバーの話かなんか出てましたが、あれも全部ぼく。

鏡　ぼくが「マンハント」を最初に手にしたきっかけはあのヌード写真なんですよ。友達に言われて中学時代に、本屋に飛んで行った。そういえば、「マンハント」の表紙って、撮影したやつもありますよね。途中にあった、女の子たちが出ている表紙、あれは編集部で撮影したのかと思ってたんですけど。

山下 小説の中のカットにもヌード写真を使ったことがありました。あれはぼくが撮ってきたんです。ヌードスタジオで。

鏡 後半はニューヨークかどこかの街みたいなものなので、ありネガかと思ってたんですけど。

山下 古い街並なんかを表紙に使ったことがありますね。

鏡 中のピンナップはどこかの——

山下 たぶんオリオンプレスかなんかからです。中田さんが選んでたんだと思います。

鏡 あのヌード・グラビアは不思議でした。唯一のカラーだし、ものすごい不思議な編集方針(笑)。

山下 「マンハント」が中田さんの思惑以上に売れて、編集費に余裕があったんでしょう。単純にそれが理由だと思う。もうちょっとお金を使っていいという。最初はグラビアページなんか考えもしなかった。

鏡 最初の一年ぐらいはモノクロページだけですもんね。でも中田さんは雑誌としては全部のアートディレクションが必要なんだとおっしゃってましたね。それはすごく新しいなと思った。欧米の雑誌、特にアメリカの雑誌にそういうところがあったので、それを学んでたんでしょうね。

山下 そうでしょうね。

鏡 その頃、編集部には「プレイボーイ」とか「エスクァイア」とかのアメリカの雑誌があったんですか？ 「マンハント」以外に。

山下 いくつかはあったでしょうね。ぼくが買ってきたのもあるし。

鏡　山下さんはどういう雑誌を買ってたんですか？

山下　「プレイボーイ」かなあ。「プレイボーイ」の中にパーティジョークがあったんですよ。あれをいくつかいただいたことがある（笑）。

*

初めてお目にかかったんですが、なんだか、前から知っている人と話をしているような気がした。もちろん、ぼくの方は昔からファンだったわけだから、当然だけれども、山下さんがよく付き合ってくれたと思う。感謝したい。

山下さんは、ぼくが訊きたいと思っていたことを尋ねる前から話をしてくれた。こうなると、話の接ぎ穂がなくなって、沈黙の時間が生まれてくるものだけれども、ほとんど、会話が途切れることはなかった。途中から、雑談めいた話が多くなったけれども、「裏窓」やら、「笑の泉」の話まで出てきて、ぼくとしては、なんだか、得をしたような気分になった。

世間て、思ったよりも狭いと感じる瞬間だ。当時は、雑誌というメディアの量に比して、ライターの絶対数が少なかったのかもしれない。そうした中で、「マンハント」に新しい書き手を集めようとした中田雅久という編集者の意欲と努力の話が聞けたのは、収穫だったと思う。

けれども、逆に中田さんに訊きたいことが、いろいろ出てきた。山下さんに話を聞いて、そのあとで、中田さんの話を聞くというのが正しい順序だったように思う。小鷹信光さんも、そういうアドバイスをしてくれていた。リサーチする人間としては、ぼくは失格ということなんだろう。また、山下さんの話の中で、年齢的に符合しないように思える個所もあるのだけれども、これも、そのままにしてある。ぼくが目指したのは、創刊当時の「マンハント」の編集部の空気であったり、どのようにそのカラーが出来てきたかというようなことだからだし、その目的は果たされたと思っているからだ。「マンハント」の時代というのは、なんだか、なんでもありで、しかも、それをかたちにできる、そんな時代だったように思う。そして、みんなとても若かったんだ。それを感じてくれたら、と思う。

テディ片岡という不思議な人物

「マンハント」のライターでぼくが好きだったのは、小鷹信光、山下諭一、テディ片岡、そして植草甚一だった。極端なことを言えば、この四人のライターのことを書けば、ぼくの「マンハント」の話は充分なのではないかと思っていた。もちろん、実際にはそんな簡単なことではなかったわけだが、いまでも、この四人のライターに編集長の中田雅久の名前を加えれば、ぼくにとっての「マンハント」の核は出来上がると思っている。

植草甚一と話すことはもうできないが、小鷹信光、山下諭一、中田雅久の三人の方の話を聞くことができたのは、とても幸運なことだった。問題は、テディ片岡なんだけれども、この名前は片岡義男の初期のペンネームの一つであったことは、よく知られたことだと思う。でも、いま、片岡義男という人と話しても、テディ片岡と話したことにはならないだろうという気がしている。いや、本当のところはわからないよ。ぼくが勝手にそう思っているだけだ。

とても言い方が難しいのだけれども、テディ片岡と片岡義男は、別人、いや別人格なのではないか、そんな気がしている。1970年代の初めの頃から、片岡義男さんには、何度か会ったことがある。そのときのぼくは、たぶん、テディ片岡という人に会っていた気分だったように思う。

ぼくの友人と二人で、片岡さんに会ったときのことだ。場所は渋谷。いまは建て替えられて、ヒカリエなんて奇妙な名前になっているが、プラネタリウムが屋上にあったビルの喫茶店だった。どんな話をしたのか、まったく覚えていないけれども、別れ際にぼくと友人がこれからビリヤードに行くんです、と言ったら、プール？　と尋ねられて、意味がわからないままに、四つ玉です、と答えたら、ぼくはプールしかやらないんだ、と言われたことを思いだす。プールというのは、ぼくたちがポケットと呼んでいたゲームのことだったんだけれども、ものすごくアメリカンな感じがした。もっとも、四つ玉が流行っていたのは、東京周辺だけで、当時でも関西はポケットが中心だったように思う。京都で、やっと四つ玉の台を見つけて突きはじめたら、まわりの人にものすごく奇異なものを見るような目で見つめられて、やっと一本突けるようになった程度の腕前だったぼくたちは、妙に緊張してしまったことを思いだす。東京でも、プール・バーが流行った頃から、ポケットの方が主流になってしまった。それはみんなあとの話。あのとき、プールしかやらない、そう言った片岡さんは、やっぱりテディ片岡だったんだと思う。

もちろん、それは本人の気分よりはぼく自身の気分の問題かもしれない。片岡義男の小説でぼくが最初に読んだのは、1974年の「野性時代」に載った「友よ、また逢おう」だった。ビリー・ザ・キッドを扱ったウエスタンであったのだけれども、けっこうな衝撃を受けた。大きく言えば、二つあって、一つはウエスタンという題材そのものだった。74年といえば、60年代のウエスタンの映画や、それに端を発する拳銃ブームを経験したにもかかわらず、小説としては結局日本には受け入れられないということが、常識化していた時期だったはずだ。ウエスタン小説と同じように日本には受け入れられないと言われていたSFが、小松左京をはじめとする日本人作家、そして矢野徹、伊藤典夫といった翻訳家たちの力によって、しっかりとしたポジションを確立していたのとは対照的な状況にあった。

それまで、ぼくはなんとなくだけれども、片岡義男が小説を書くとしたらハードボイルド探偵の物語を書くはずだと思い込んでいた。ところが、ウエスタンだった。そのことに本当にビックリするとともに、売れるはずがないと言われていたウエスタンを書いた、その勇気に衝撃を受けたのだ。実は、この時点で片岡義男は、すでに何本かのウエスタンの短篇を書いていたのだけれども、ぼくはそのことにまったく気がついていなかった。

もう一つは、この小説の誌面がものすごく白かったことだ。妙な言い方かもしれないけれども、ページが白く見えたというのは、文章に漢字が少なく、カタカナと読点、句読点が多かったということなのだが、いまにして思えば、それは片岡義男のハードボイルドに対する考えが出ていたということだろうし、ウエスタンを取り上げたのも、それが最もアメリカ的であるという理由からだったのだろうと思う。

そして、ぼくにとって最も重要に思えたことは、この小説から、おふざけとか、ユーモアの要素が消えていた、ということだ。

つまりぼくが思っていたテディ片岡の要素が消えていた、ということになる。片岡義男という作家とテディ片岡というライターは別人だというのは、ぼくの思い込みであるけれども、そういう理由だ。

先ほど書いたけれども、テディ片岡が片岡義男のペンネームであることは、早い時点からオープンになっていた。片岡義男の名前で最初に出た本は、1971年の『ぼくはプレスリーが大好き』だけれども、その奥付の著者紹介に〈「テディ・片岡」のペンネームで、週刊誌あるいは月刊誌に評論・ルポ等を執筆、社会風俗を独特の文体で描いて好評を博している〉と、ちゃんと書いてある。

ぼくはこの本のタイトルが大好きだった。ぼく自身、プレスリーが大好きだったからだ。

片岡義男『ぼくはプレスリーが大好き』

実を言えば、ぼくが音楽と出会ったのは、けっこう遅い。十歳くらいまでは、まじめに音楽を聴いた記憶はない。というより、好きになれる音楽がなかったのだ。それまでにいわゆるクラシックを聴かされたりしていたけれども、なんだか他人の音楽のように思えたし、学校の音楽の時間は、ただ苦痛だった。ラジオから流れてくる音楽は、例えば「粋な黒塀、見越の松に」というようなものばかりだった。よく空耳の典型のように言われる、この歌詞は、たしかにぼくには「粋な黒兵衛、神輿の松に」としか聞こえなかった。メロディはピンとこないし、歌詞は意味不明、というようなものを好きになれるわけがない。しかも、ラジオは一台しかなかった。その時代では、普通のことだったと思う。

小学生の男の子には、聴きたい番組を選ぶ権利などなかった。ぼくが自分用のラジオを持ったのは、それから二年ほどしてからだと思う。不思議なのだが、そのときにはぼくは、プレスリーのことを知っていたように思う。「ハートブレイク・ホテル」は、ぼくを夢中にさせていた。もちろん、ぼくはそれがロックン・ロールと呼ばれるものだなんて知らなかった。ただ、深いエコーの中から聞こえてくるプレスリーのしゃっくりするような独特の歌い方に、ドキドキしたことを覚えている。それは、本当にいままで一度も聴いたことがない音楽だった。けれども、本当に体が熱くなってくる感じがしたのは、「ハウンド・ドッグ」であり「監獄ロック」だった。叫んでいるのだけれども、すべてを吐きだしているのではなく、その叫びの中にまだ何か、語りえないものが残っている。なんて言ったらいいんだろう、自分にぴったりする音楽がこの世にはあるのだということに気がついたという感じだった。

そこから、ぼくはいわゆる洋楽というものにどっぷりと浸るようになった。プレスリーの次に発見したのはブレンダ・リーだったし、ワンダ・ジャクソンだったりコニー・フランシスだったりしたわけだ。特にブレンダ・リーの「ダイナマイト」と「スウィート・ナッシンズ」は、それがかかるたびにラジオにかじりつくようにして聴いた。どちらかと言えば、「スウィート・ナッシンズ」の方が多くかかっていたように思う。そのおかげだろう、そのささやくように歌われるこの曲は、ぼくの大好きなものの一つになった。女性歌手の名前しか挙げなかったが、男性ではプレスリーに匹敵すると思える歌手はいなかったからだ。もちろん、ニール・セダカとか、ポール・アンカは好きだったけれども、プレスリーは別格だった。いや、実は一人だけ、ぼくがのめり込んだ男性歌手がいた。どの番組で聴いたのか、これまた記憶にないのだが、「泣きたいほどの淋しさだ」と「ユア・チーティン・ハート」という曲が何度もかかっていた。ハンク・ウイリアムスというウエスタンのシンガーがいると気がついたのは、やっぱりラジオのおかげだ。

ぼくが、お年玉のほぼすべてを吐きだして、ポータブルのプレイヤーを手に入れたのは中学に入った頃で、最初に買ったシングルはプレスリーの「監獄ロック」だったし、プレスリーのデビュー・アルバムの縮小版である25センチ盤は、最初に買ったLPだった。そして最初の30センチのLPは、ハンク・ウイリアムスのベスト。しかも二枚組という、その頃の中学生にとっては途方もない買い物だった。でも、ハンク・ウイリアムスのLPは、ぼくが持っていなければならないものの一つであると確信していたのだ。そして、プレスリーのフルアルバムを買わなかったことに対する反動ということもあったように思う。

だから、この時期には、プレスリーのアルバムの何倍もハンク・ウイリアムスを聴いた。いまでも、カントリー&ウエスタンを、突然聴きたくなるのは、この頃の後遺症なんだと思う。

ハンク・ウイリアムスの素晴らしさは、もちろん、歌詞にある。「ヒルビリーのシェイクスピア」と呼ばれていたように、ハンク・ウイリアムスの歌詞には常にドラマがあった。その多くは女に振り回される男の物語だったけれども、ただの甘いセンチメンタリズムではなく、リアリティがあったし、ユーモアがあった。ハンク・ウイリアムスの素晴らしさはユーモアのセンスとそれを音にする力だ。例えば「Howlin' At The Moon」や「Lonesome Whistle」のように言葉そのものは悲しいものなのに、ハンク・ウイリアムスの歌い方やサウンド・デザインがそこに奇妙な、ほとんど不条理なユーモアを持ち込んでいた。

80年代の終わりに、ハンク・ウイリアムスのコレクター・エディションと称するCD八枚組のセットが出たときには、ぼくはアメリカにいたのだけれども、すぐに手に入れた。そして、けっこうポエトリー・リーディングのようなものが多いことを初めて知った。「ヒルビリーのシェイクスピア」と呼ばれたのは、単なる比喩的なことではなかったのだ。

プレスリーの話から、少し脇道にそれすぎたかもしれない。けれども、実はそれほどでもないんですね。プレスリーが革命的だったのは、カントリー&ウエスタンとブルースやゴスペルを融合させたところにある。白人の文化と黒人の文化、それもアメリカ特有の文化の融合がたった一人の人間の中で行われたという奇跡のようなことが起こったのだ。ハンク・ウイリアムスにも、実は似たようなところがある。彼の音楽の最初の先生は、黒人のストリート・ミュージシャンだったのだ。もちろん、それはプレスリーのようにはっきりしたかたちをとらなかったけれども、革命的な新しさがそこにはある。


『ぼくはプレスリーが大好き』に話を戻すけれども、この本がおもしろいのは、タイトルから予想できるようなプレスリーに関する本ではなかったことだ。基本的には、60年代のアメリカで起きていたこと、政治的な背景を含めたカウンター・カルチャーについて音楽を軸にして語った本だ。あくまでも推測だけれども、この時代の「ローリング・ストーン」という雑誌が目指していたものと同じような感じがある。

テディ片岡の軽いのりの文章を期待したら、たぶん、ものすごく戸惑うだろう。

でもぼくはそんなふうには感じなかった。「ローリング・ストーン」をはじめとするアメリカのロック・カルチャー・マガジンを読み続けていたから、ここで取り上げられていた話題の多くにすでになじんでいたということもあったかもしれない。その当時でさえ、すでに侮蔑的な言葉として使われなくなっていたニグロという言葉が多く使われていたり、「ローリング・ストーン」の発行人で編集長だった、ヤン・ウェナーが、ジャン・ウエナーと表記されて、女言葉で話しているというような、不思議なところもあったが、例えば、ビートルズを評して、スタートは良かったのに、結局『サージェント・ペパーズ』みたいなものになっていくなんて、つまらないというような、最初からビートルズはつまらないと思っていたぼくのような人間には、思わず、そうだやっぱりプレスリーの方が上だ、と言いたくなるような文章があったりして、うれしくなった。

そして、カントリー&ウエスタン（C&W）に一章が割かれているのだけれども、これはいまだに、日本語で書かれたC&Wについての最良のものではないかと思っている。60年代の終わり頃のカントリー・ロックの評に、例えばC&Wを絡めて牧歌的とか自然回帰みたいな捉え方があることに対して、冗談ではない、C&Wは田園とか自然を扱っているのではなく、市井の普通の人間たちの感情を扱っているのだという主張から始まって、C&Wの歴史をまとめてくれている。釈然としない部分があるとすれば、ハンク・ウイリアムスについてほとんど触れられていないことで、どちらかと言えば、否定的な感じがしたことだ。そして、おもしろかったのは、アメリカにもC&Wを正当に理解して書かれたものが、ほとんどないと言い切っていたりするあたりで、どうしてそんなことをはっきりと言えるのか、ぼくは感心するとともに、少し不思議に思った。

片岡義男とテディ片岡は別人格のように思えたと書いたけれども、この時点までは、さほどの違和感はなかった。それは、アメリカ文化への思い入れが共通していると思えたからだ。この人はアメリカそれも西海岸あたりで育った人なんだろうと、なんとなく思っていた。テディ片岡は、ハワイ生まれの三世なんだよ、と、誰に聞いたのか覚えていないが、そんな話を聞かされたときにも、あ、そうなんだ、とまったく疑わなかった。というよりも、テディ片岡に関しては、どんな話でも、みんな本当のように思えたのだ。

でも、不思議なことに、片岡義男となると、いろいろなことが気になってくる。『一九六〇年、青年と拳銃』（毎日新聞社、2008）は、二十二歳の若さで、ゴーカートの事故というちょっと信じがたい事故で死んだ赤木圭一郎が1960年一年で世に送りだした四本の映画のことを、ほとんどそのストーリーだけで語った、とても不思議な本なのだけれども、そのあとがきで、片岡義男は、1960年には大学二年生だった、と書いている。何をするわけでもなく何の目的も持たないモラトリアムの先駆けだった、と言う。

日活のアクション映画については、ぼくは何も語ることはない。ハードボイルドというものについての一つの日本からの回答、そしてウエスタンについての日本的な回答という気もするが、夢中になったりはしなかった。小林旭と宍戸錠のものはわりと見たが、赤木圭一郎は、なんとなく鈍重な感じがして、あまり好きではなかった。

小西康陽との共著『僕らのヒットパレード』（国書刊行会、2012）は2009年の1月号から10年の12月号まで「芸術新潮」に二人で交互に書いた文章を中心に「フリースタイル」に掲載された対談を含めて、音楽に関わる文章をまとめた本だけれども、ここでも、1960年には二十歳で、60年代は自分の二十代と完全に重なっているというようなことが、何度か語られている。

1960年代は片岡義男にとって、自分自身の年代なんだと思う。こうした文章の一つで、1958年という年を彼にとっての50年代の終焉としている。それは、プレスリーが軍隊に入った年だ。つまり、プレスリーの入隊をもって一つの時代が終わったと感じたということだ。同じ年に片岡義男は大学に入る。そして、「マンハント」が創刊されたのも、この年だ。すべては偶然なのだけれども、なんだか意味があるように見えることが、起きるものだ。

そしてこういった文章の流れの中で、「1950年代のなかばから後半にかけてなら、ハワイの田舎町がどんな雰囲気だったか、多少は知っている」というような箇所に出会うと、ちょっと戸惑う。いや、本人と会って話を聞けば、それで済むようなことなのだが、このままの感じで言えば、ハワイで育った少年、その時点で言えば高校生ということになるが、彼が日本にやってきた、ということになるだろう。ところが、別の箇所では、高校時代には、米軍基地に出入りして、大量のLPを買っていた、というような話が出てきたりする。日本とハワイをしょっちゅう往復していたんだろうか？不思議でしょ。

『ぼくはプレスリーが大好き』にも、不思議なところがある。そこにはたくさんのミュージシャンや、アルバム、音楽のタイトルが出てくる。この表記が、ぼくらが知っていたものと明らかに異なっているのだ。例えば、ぼくが知っていたフランク・ザッパや、ジョーン・バエズ、ロビー・ロバートソンが、フランク・ザパ、ジョーン・バイエズ、ジェイミー・ロバートスンだったりするわけだ。どうしてこんなことになったのだろう。71年当時だって、日本の音楽誌やレコードそのものにも、これらの名前はぼくが記憶していたとおりに記載されていたはずだ。

おそらく、当時の片岡義男は、日本の音楽雑誌をはじめとする音楽ジャーナリズムにほとんど接触していなかったのだろう。いや、こういったことはすべて、ご本人に確かめれば済むことなんだけれども、すまんね、こういうことを考えていくのは、ぼくにとってとても、おもしろいことなんだ。

この60年代のアメリカのロックとカウンター・カルチャーの情報や知識を大量に含んだ『ぼくはプレスリーが大好き』のほぼすべては、アメリカの本や雑誌から得たものだと思う。ぼく自身これと似たようなことをしていたから、この気分はよくわかる。ぼくの場合、主に「ローリング・ストーン」と「フュージョン」だったけれども、それらのレコード評や記事を頼りにして気になるものがあれば、東京中の洋盤を扱っているレコード屋を探しまわったものだ。

それと、FEN。いわゆる米軍放送だけれども、それも貴重な情報源だった。

片岡義男は1950年代の終わり、つまり十代の終わりにFENを聴き続けていたという。ぼくがFENを聴きはじめたのは、60年代の初めだったから、若干のズレがあるけれども、それが未知の音楽の宝庫であったという印象は変わらない。

ぼくが二十代になって同世代の音楽関係者や音楽評論家たちと知り合いになったとき、音楽の好みが、彼らとは少しだけれども、異なっていることに気づいた。例えば、ぼくはビートルズやローリング・ストーンズよりも、キンクス、ボー・ブランメルズに夢中だったわけだけれども、彼らの多くは、十代にそれらの音に接触した体験がなかった。理由は簡単だった。FENを聴いていたかどうか、それだけの違いだった。それまで、ぼくはFENが全国放送されていると思っていたのだが、どうやら米軍基地のある地域だけに放送されていたのだ。ぼくは東京にいて、幸運だった。

FENの素晴らしかった点は、その情報の速さだった。ぼくが愛聴していた「アメリカントップ

40」は、金曜日にアメリカでオンエアされた番組が、ぼくの記憶によれば、翌週の水曜日にはFENで放送されていたように思う。米軍の輸送機が毎週、ラジオ番組のテープを運んでくる、という話を聞かされたときには、妙に感動した覚えがある。軍用機がロックを運んでくる。アメリカは、すごい。そう思ったのだ。

愛聴していたなんて、書いたけれども、中学生だったぼくは、あのかなりのスピードで話される英語のほとんどはわからなかった。曲名とミュージシャンの名前さえ、わからないものが多かった。それでも、聴き続けていたのは、そこには何か新しいものがあると思ったからだろう。こうした年齢のときの慣れというのは恐ろしいもので、いまでもアメリカン・イングリッシュの方が、ブリティッシュ・イングリッシュよりも聞き取りやすい。そういう耳になってしまったのだ。

また、マイナーなミュージシャンとその音楽に妙に惹かれるのも、この頃のFENのおかげだと思っている。音楽雑誌に書くようになったとき、海外のミュージシャンのインタビューの仕事も来るようになったが、ぼくのところにやってくるのは、いつも、どこかエキセントリックなものを持った人たちだった。活字になった自分の文章にはなんの愛着もないので、ほとんど手元には残っていない。記憶だけで書いておくと、フランク・ザッパ、ジョニー・ロットン、クラッシュ、トム・ペティ、トム・ロビンソン、オジー・オズボーン、アラーム、デヴィッド・ボウイ、ジム・モリスンのいないドアーズ。もっと何人もいたと思うけれども、思いだせない。主にパンクやニュー・ウェーヴ系のミュージシャンが多かった。ほとんどが、ニュー・アルバムのプロモーションのツアーでやってきたわけだけれども、そんな話を、ぼくはしなかった。もっと大事な話があるはずだからだ。誰だったか、忘れたが、途中で新作のことを訊かないのか、と、催促されたことがあったが、そんなことを言ったのは、その一人だけで、あとは、ぼくとの雑談に付き合ってくれた。ドアーズのレイ・マンザレクは、ぼくがロサンゼルスによく行くよ、というようなことを言ったら、遊びにこいよ、とアドレスを教えてくれた。数か月して、ロサンゼルスに行く用が出来たので、そのアドレスの紙を探したんだけれど、見つからなかった。ちょっと残念だった。

テディ片岡の話にそろそろ戻らなければならない。

テディ片岡の名前が「マンハント」に現れたのは、62年の2月号だった。記念すべき「もだん・めりけん珍本市」の第一回だ。(義)とだけしてあった。同じ号にリチャード・デミングの翻訳も載せている。手元にこの号がないので確認していないが、こちらは片岡義男名義だったように思う。

この時点ですでにこの二つの名前を使い分けていたのかもしれない。ただね、どちらにしろ、この時点のテディ片岡は、二十二歳。大学在学中だったわけだ。「もだん・めりけん珍本市」の文章からすると、どう考えても、三十以上のおじさんだと、思えたんだけれども、びっくりするしかない。同じ62年の7月号から、小説の空きスペースに「現代有用語辞典」を書きはじめている。本当に埋め草として書かれたこのコラムは、63年の2月に、テディ片岡の最初の単行本『C調英語教室』(三一書房)にまとめられている。いや、実際には、ほとんどが書き下ろされたものだというが、この本のきっかけは、「現代有用語辞典」にあったとテディ片岡自身が、あとがきに書いている。

本書の原型は、ほんやく訳ミステリー雑誌『マンハント』に、62年7月号から「現代有用語辞典」として、いともささやかに連載中の記事です。そのうちのいくつかが編集部の若い有能なエディターの眼にとまり、もっと数多く書いて一冊の本にしてみないか、とさそわれたのがきっかけで、ここにめでたくこの本ができあがることになりました。

書きつつある時の態度としては、なにはさておいても、読んでおもしろいことに気をくばるようにしました。すこしふざけすぎたところがあるかもしれませんが、おもしろくするために、また、頭をやわらかくしていただくために、このような書き方も効果があるかもしれない、と思ったからです。

ここに出てきたエディターとは、最も信頼できるミステリ評論家の一人だった井家上隆幸。いま手元には裸本しかないが、カバーデザインは真鍋博だった。

「すこしふざけすぎ」というのは、内容も下半身ネタが多いので、それも含めてのことかもしれないが、ここでは、やはり文体のことではないかと思う。けれども、ぼくが読んだ感じで言えば、たしかにおふざけという感じはあるが、「マンハント」のテディ片岡の文体に比べれば、はるかに真っ当だと思う。何度も、同じことを言っているが、そうした文体を容認していた「マンハント」のあり方は、きわめて特異なものだったということが、ここでも、示されている。

『C調英語教室』のC調という言葉は、いまでは死語だろうが、ジャズミュージシャン用語だったもので、調子のいい奴、要領のいい奴、という程度の意味だったが、それをたしかクレージーキャッツだったと思うが、彼らが使って、流行語になったものだ。けれども、この本は、そうした書名や、文体とは違って、意外なほどまじめな目的を持って書かれている。俗語はほとんど出てこないし、くだけた表現で、英語らしい英語を学んでもらいたいという意図で書かれているわけだ。片岡義男は自分の60年代の仕事について、遊ぶための金が必要だったからやっていた、と、どこかで述べていたが、それは彼一流の衒いかもしれないとも思う。

あとになって、片岡義男は『日本語の外へ』(筑摩書房、1997)をはじめとして、英語との関係性から、日本語そして日本について語ることが増えてきた。レベルは違うにしろ、テディ片岡の時代から、この最初の本が一つの例だが、そうした日本語と英語の関係性に対して関心を持っていたということだろう。

そういえば、テディ片岡を「マンハント」に紹介した小鷹信光も、英語というか、米語に関する文章をいくつも書いている。『アメリカ語を愛した男たち』(研究社出版、1985)はその典型的な著作だが、ハードボイルドの語源から始めて、ダシール・ハメットの二つの中篇、約四万語から、百以上のスラングを書きだして、その意味を調べ直すという話、そして、私立探偵という言葉の変遷、あるいはハードボイルド探偵たちの形容句である「タフ」という言葉の意味についての一章があったり、ぼくのようないい加減な人間には考えられないほどの時間とエネルギーを使って、ミステリの中のアメリカ語について語っている。

小鷹信光は1936年生まれだから、テディ片岡よりも年上になるが、ほぼ同じような時期に「マンハント」でデビューしたこの二人が、ともに、アメリカの言葉にこだわっていくようになったというのは、翻訳家、そして作家という経歴がもたらすものなのかもしれないが、それ以上に「マンハント」という雑誌に関わったことが、影響しているのではないか。いや、そのようにぼくは思いたい。

繰り返しになるけれども、「マンハント」は、ミステリ雑誌であるよりも、カルチャー・マガジンであったと思っている。その背後にあるのは、膨大なアメリカン・カルチャーの堆積だと考えている。

ハードボイルド・ミステリそのものも、きわめてアメリカ的なものだけれども、その雑誌にテディ片岡というライターが書いていたものは、そうしたアメリカン・カルチャーの一つの表出したかたちだったのではないか。

ぼく自身、アメリカ的なものに強い関心を抱くようになったのは、一方にはSFと音楽というものがあるが、それと同じほど、強烈に「マンハント」があったからだと思っている。

大判の「マンハント」

これまで、話し忘れていたことの補遺です。

ここまで書いてきたことそのものが、「マンハント」の補遺みたいなものだから、何も違わないかもしれないが。

まず、サイズの話をしよう。

サイズというのは、女の子にとっては、とても重要なことだと思うが、雑誌にとっては、それ以上に大事なことかもしれない。「マンハント」は、一度サイズを変えたことがあった。創刊以来A５判だったのだが、B５判の「マンハント」が存在するのだ。

A５判というのは、「ヒッチコック・マガジン」や「ミュージック・マガジン」と同じような小型判、B５判は、ま、週刊誌のサイズ。大変な違いがある。

そんなことを、なんでいま持ちだすのか？

そのとおりですね、一言もない。実はちょっと前に、とあるところに保管してある、雑誌の詰まった段ボールの箱をあさったわけ。資料を探すつもりではあったのだが、別に「マンハント」のバックナンバーを探していたのではない。「EVERGREEN REVIEW」と「メンズクラブ」のバックナンバーを探していたわけ。

「メンズクラブ」に関しては、前にも話したとおり、男性用の雑誌としては最も古いものの一つ。初期の男性服飾誌から、男性雑誌的になったのはいつ頃なんだろう、と思ったからで、具体的に言えば、小説やら文化やらファッション以外のページを持ちはじめたのはいつ頃だったのか、気になったからだ。ぼくの持っている最も古いのは、10号台だったかな、その頃、すでに、アメリカ文化に関する記事がいくつも載っていた。あきらかにカルチャー・マガジン的な方向にあった。ぼくが「メンズクラブ」を集めはじめたのは、大学に入ってからだったから60年代の後半、古本屋に行けば、バックナンバーはいくらでも転がっていた。本気で集める気はなかったけれども、いまから集めようとしたら大変なことになる。ちょっと、もったいないことをした。で、大体110号ぐらいまでは、まあまあ、あるという感じ。70年代で、ぼくの「メンズクラブ」熱は醒めていたということになる。

「EVERGREEN REVIEW」は、60年代のアメリカの雑誌のことに触れることになったらどうしても書いておきたい雑誌の一つ。で、これまた適当に探しはじめたのだけれども、突然、Michael O'Donoghue のことを思いだしたんですね。ぼくがずっと気になっていた彼の戯曲のタイトルが、思いだせない。あれ、なんだったっけ。こうなると、急に本気になってしまう。ところが、今回発掘した中にはなかった。また再発掘しに行かねばならない。けっこう重労働なんですがね。段ボールの箱、三百以上あるからね。

で、その雑誌の山の中から、なんということか、大判、B5判の「マンハント」が二冊出てきたのだ。待てよ、たしか三冊あったはずだが、と探したのだが、もう一冊が見つからない。「マンハント」のインデックスで確認したが、やっぱり三冊。1961年の10月号から12月号まで。そのうちの10月号が欠けているが、これを探すとなると、何年後になるか、わからない。とりあえず、話を進めよう。

と言いながら、マイケル・オドノヒューのことを、もう少し。実は彼はもう死んでいる。1994年。ところが、何年かに一度、マイケル・オドノヒューのことを思いだす。いま、どんなことをしているんだろう。ぼくの頭の中では、まだ生きている人なんです。で、調べはじめて、すぐ、あ、死んでいたんだ、と、思いだす。こんなこと前にもあったよな。同じことを何度も繰り返している。どうしてなんだろうね、他の人でそんなこと起こらないのにね、自分でもよくわからない。彼は「ナショナル・ランプーン」の前身である「ハーバード・ランプーン」の編集者の一人、「ナショナル・ランプーン」でも編集とライターをやっていた。その後、「サタデイ・ナイト・ライブ」のライター、そして出演者として知られるようになった。でも、彼が最も才能を発揮したのは、劇作家としての活動だったんだろうと思う。反体制的な演劇を上演したことで物議をかもしたこともある。そして、ぼくが最も気に入っていたのは、彼の戯曲だったのだ。なんて言ったらいいんだろう、不条理さとロマンチシズムが同居している。うろ覚えだけれども、そんな感じだった。ぼくにとってのあこがれのライターの一人だ。

どれくらい素敵なライターだったのか。例えば、ここに『ザ・ベスト・オブ・ナショナル・ランプーン』の第一集がある。1970年から72年までのあいだのベスト。全部で三十二篇、集められているけれども、その中の十五本にマイケル・オドノヒューの名前が入っている。ほぼ同じ時期に出たセックス・ネタのユーモアのベストのタイトル『The Breast of NATIONAL LAMPOON』のおやじギャグセンスは、どうかと思うが、こちらにも、五本、入っている。「ナショナル・ランプーン」時代の彼の作品は、パロディ的なものが多かったように思う。もちろんそれが彼の本質ではない。オドノヒューが目指していたのは、ヴィジュアルとの融合、つまり視覚と、文章の融合の実験だったのだと思う。「エヴァグリーン・レヴュー」に、彼が登場するようになったのも、そうした実験的な作家の一人としてだったように思う。例えば、1968年の4月号に載ったオドノヒューの「Fish Waif Pictorial」は、Eric Bach の写真との合作だった。その写真はスキューバ・ダイビングをしている裸の女の子と熱帯魚を撮ったシリーズ。で、オドノヒューが書いたのは、魚に取り憑かれた女の子のアパートに行ったら、なんとリビングルームが海の水で満たされていて、その中で女の子が魚とセックスをしていました、というような話。その号の「エヴァグリーン・レヴュー」で唯一のカラー・ページでやることか、と思うけれども、逆にそうした無茶が許される程度には、オドノヒューの才能が認められていたということでもあるだろう。でも、本当にぼくがいいなと思ったのは、やっぱり彼の戯曲だった。「エヴァグリーン・レヴュー」を集めだしたきっかけは、彼の戯曲だったんだ。でも、そのタイトルが思いだせない。情けないよね。でも、どうしても思いだせないんだ。

さてと、B5判の「マンハント」。いやぁ、これが雑誌の山の中から出てきたときには、本当に焦った。恥ずかしくなった。中田雅久さんに訊くべきことは、この大判の「マンハント」のことだったんだ。中田さんが「マンハント」でやりたかったのは、この大判の「マンハント」じゃなかったんじゃないかと思ったからだ。しかも、この大判のことを知らなかったわけではない。あれは、いったいなんだったんだろう、ずっと不思議に思っていたのだ。それなのに、「マンハント」のことを書きだした瞬間から、すっかり忘れてしまった。

マイケル・オドノヒューのことも同じなんだけれども、人間の脳というのは妙なものだ。なんだか、いつも一番大事なことを忘れてしまう。


この大判の「マンハント」には、特別の意味があった。

雑誌が判型を変えるというのは、とても大きなことだ。様々な理由があるのだろうが、それは常に危険をはらんでいる。極端な言い方になるけれども、これまでの読者を捨てて、新たな読者を獲得するということに近い。あとで、触れるけれども、大判の「マンハント」に起きたことは、まさしくそれだった。

それはとても危険なことなんだけれども、いくつもの雑誌が、途中で判型を変えている。例えば、アメリカの「エスクァイア」が、71年に「ライフ」や「サタデイ・イヴニング・ポスト」と同じ大きなサイズだったものを、「タイム」と同じサイズに縮小した。なんだかアメリカの車と似ているんだけれども、大きなサイズそのものが時代遅れになったということだと思う。けれども、ぼくのようにそれまでの「エスクァイア」のアートディレクションが大好きだった読者にとっては、なんだか大事なものが失われたように思えた。なんで読んだのか、まったく覚えていないのだが、この判型の変化を評して「編集部がみんなチビになったのが理由だ」というように茶化した記事があった。もしかしたら「ナショナル・ランプーン」だったかもしれない。その理由はともかく「エスクァイア」の変化は他の雑誌で取り上げられるほどの出来事であったことは確かだ。

ちょっと皮肉なことなんだが、ぼくは、この変更を気に入らないと思った人間の一人なんだけれども、「エスクァイア」の記事をちゃんと読むようになったのは、この変更以降だった。それまでは、例えば小説が載っていたりしても大きくて重くて、読むのが面倒くさかったりした。もっぱら眺めて楽しむという感じだったのだ。判型を変えてから、内容が明らかにジャーナリスティックなものに変わっていったのも、読むようになった理由の一つだった。ジャーナリスティックな方向性は、1978年の3月から始まったバイマンスリー、月二回刊で頂点に達したように思う。ただ、これは、やっぱり無謀だったのではないか。内容的に言えば、明らかにレベルが落ちた。これならば、なにも「エスクァイア」でなくてもいいだろう、という気がしたわけです。ま、出版元が変わったというような理由があったのかもしれないが、翌年の6月から、月刊誌に戻った。

サイズの変化に話を戻すけれども、それは雑誌にとって、外形の変化以上に、中身の変化を伴うということだ。もう一つ例を挙げると、「ローリング・ストーン」。初期はいかにも新聞というサイズで、日本では二つに折られて、売られていたように思う。それがタブロイドぐらいのサイズに変わった。明らかに新聞であるよりも、雑誌、しかも大人向けになっていたように思う。いかにもロック・ペーパーという同時代の感覚がなくなったのだ。編集者のヤン・ウェナー自身がそれなりの年齢になっていたということもあるだろうし、なによりも、「ローリング・ストーン」の読者たちの年齢が上がっていたのだから、当然の変更だったのだろう。ぼく自身はそれから何年も定期購読していたけれども、結局、読みたい記事が減っていったこともあって、解約した。おもしろそうな特集のときには、まだ買いますけどね。

あ、それから、「ローリング・ストーン」の日本版を目指した「宝島」も、サイズを縮小していったよね。雑誌がサイズを変更するのは、その雑誌にとっては、大きなことだけれども、そんなに珍しいことでもない。ただ、大きな判型から縮小していくというのが、普通の流れだったと思う。経済的な問題が雑誌のサイズの変更の背後に常にあるわけだから当然ですが。

「マンハント」の大判化は、そうした流れの逆を行ったわけだ。なぜ、このような変更が行われたのか？　ここから先は、ぼくの推測でしかない。

「新青年」の現代版を作りたかったのだ。中田雅久は、インタビューの中で「マンハント」創刊時の思いをそのように話してくれた。それが例えば本国版にはないコラムを取り入れたり、自由度の高い翻訳の文体というかたちで現れたわけだ。けれども、同時にライバル誌の「ヒッチコック・マガジン」と比較すると「マンハント」は、あきらかにセンスが古いという認識にもつながっていた。

B5版になった「マンハント」は、中田雅久の考えるモダンな「新青年」、いや、もっと言えば現代的な雑誌そのものだったのではないかと思う。それは、目次を見ると、はっきりとわかる。61年の10月号の目次で特徴的なのは、小説の数がほぼ半減していることだ。それまでは常に八篇前後、掲載されていたのに10月号では四篇。その代わりに、日本人の書き手による読み物が十八篇も入っている。しかも、目次上では小説とそれらの読み物は同等に扱われている。読み物という言い方はそれこそ古風な感じで、コラムとでも言いたいところだが、「マンハント」には、様々なページに、そのページの中身とは関係なく囲み記事が投げ込まれていて、それが正しい意味でコラムと呼ぶべきものだろうから、ここでは読み物としておく。

これらの読み物記事で特筆すべきものは、車関連のものが登場したこと、そしてファッション系の記事が増えたことだろう。実は分量的にはウエスタンやガン関連のものがけっこう入っているのだが、これは当時のウエスタン・ブーム、ガン・ブームの結果だ。

表紙も凝っていてね、裏表紙と連動するストーリー構成になっていたりする。裏表紙は普通、広告スペースとして売り物になるわけだけれども、「マンハント」の場合、入っているのは、ほとんど自社広告ばかりだからね、広告メディアとしては評価されていなかったんだろう。逆に言えば、この時点では、広告収入に頼らなくても、雑誌の本体の売り上げだけで、ビジネスとして成立していたということだ。考えようによっては夢みたいな時代だった。

B5判になったことの変化はヴィジュアル面にも現れた。「マンハント」史上初めてグラビアページが入った。グラビアとくれば、当然、女の子を期待するわけだけれども、残念でした、車とガンとファッション、それに西部劇。その上、綴じ込みのカラー・ヌード・ピンナップは、リアル・ウエスタン・ポスターと称するものになってしまっていた。鉄道のポスターとか、バッファロー・ビルの興行ポスターだったりするんですね。ちゃんと裏側に、翻訳と解説がつくという親切なものなんですが、うーん、がっかりする。

ただ、この変更が目指していたものが、カルチャー・マガジン的なものであったとすると、これはこれで正しい。最初の頃にぼくは「マンハント」はカルチャー・マガジンであったということを話していたように思うが、それがかたちとなって現れたのがこの三冊のB5版の「マンハント」だと言っていい。車やファッションという、それまで「マンハント」に欠けていた部分が補われているし、音楽や映画もちゃんとフォローされている。

でも、ぼくが不思議に思っていたのは、この新しい「マンハント」は、何をモデルにしていたんだろう、ということだ。いや、もちろん「新青年」はモデルの一つだったんだろうが、それは内容的なことで、外見上はまったく違う。海外の雑誌かと言えば、そうでもなくて、少なくとも、アメリカの

「エスクァイア」や「プレイボーイ」ではない。山下諭一さんがインタビューで話してくれていたように、編集部にはアメリカの雑誌なんてほとんどなかったようだし、参考にした形跡はない。いまの感覚で言えば、週刊誌的な編集の感じがする。もしかすると、グラビアは、当時の代表的な雑誌である総合誌的なものをモデルにしていたんじゃないか。「文藝春秋」とかさ、あれを、もう少し視覚的にした感じなのだ。

ヌード・ピンナップのことに戻るけれど、実を言うと、それがなくなり、かわりにリアル・ウエスタン・ポスターになったのは、このB5判化の直前の61年の9月号からなのだ。一言で言えば、残念です。なんたって、あのカラー・ヌードが、ぼくを「マンハント」に導いてくれたんだからね。それは置いておくとして、この61年の9月号は、次の新たな「マンハント」への準備号というものだったのかもしれない。いや、この折り込みポスターの一件からすると、実はこの9月号から大判にしようという企画があったのではないかという気もする。日本人的な気分からすると、10月号からの変更よりも9月号という方が切りがいいような気がするということだけなんだけれども。

さてと、この変更は、読者にとってどういうものだったのか。

きわめて厳しい反応だったのではないか。最初の大判「マンハント」の10月号に対する読者の反応が、11月号の読者欄「ハント・コーナー」に出ている。

小説を減らして読み物を増やしたことを評価したり、全体のデザインがスマートになったという評価があったり、「とにかく、すみずみまで、しゃれたセンスの目がいきとどき、愛撫したくなるような雑誌です」というような絶賛の声の中に「大型判《マンハント》に反対。持ちあつかいが手軽にいかず、読みにくい」とか、「大判になったとたんにミステリィ小説がガタンと減ったのは、どういうことだ。〈世界的ハードボイルド・ミステリィ雑誌〉という副題に対して申しわけなくないか」という批判的な投書が入っている。ま、賛否両論ということを示したのだろう。ただ常識的に考えると、賛成の方を多くして、反対は少なく扱うのが普通だと思う。でも、両方をこのように紹介するというそのことが実は、批判的な意見が圧倒的に多かったということを示しているように読める。

　こうした批判に対して、編集部はどう答えたのか。

「ハント・コーナー」では、読者からの投書に編集部がコメントをつけるというかたちを取っていた。それを読むと、サイズの変更に対するクレームよりも、翻訳作品の量が減ったことに対する批判を深刻に受け取っていたようで、大判の誌面で、活字の量が多いと重苦しくなる。そこで、絵やコラムを増やしたために翻訳が減った、というようなちょっと苦しい説明をした上で、次号では改善します、と結んでいる。

　では大判三号目の12月号では、それがどのように反映されたかというと、

　単純に翻訳の数が六篇に増えた。が、その中でハル・エルスンとアート・クロケットは、ショート・ストーリー。リチャード・デミングも短めの単発もの。粘着質のギル・ブルワーは、やっぱりブルワーらしく、ものすごく読後感が悪い。とりあえず、数は合わせたが、過去の「マンハント」の楽しい感じはなかったというところだろう。

　いや、昔はよかったというようなことを言っているのではない。これらの作品は、新たな「マンハント」が目指していたはずの方向とはズレているんじゃないか、ということだ。つまりですね、この新たな判型が目的としていたモダンさ、都会的な感じの小説ではないということなんだ。もっと言えば、翻訳の素材を本国版の「マンハント」に限定した時点で、限界があるということだ。そのことは、

編集サイドも当然気がついていたと思う。日本人の書き手による読み物が増えていったのも、それが理由の一つだったはずだ。

そして読者もそれを受け入れてくれると確信したことが、この大判の「マンハント」につながっていると、ぼくは考えている。が、現実には「マンハント」の読者は、ミステリ・ファンだったわけだ。その読者を捨てて新たな読者の獲得に向かうというのは、あまりにも、冒険的に過ぎる。おそらくそうした結論に達したのだろう。62年の1月号から、元のA5判のサイズに戻ることになった。

この再度の変更についてこの1月号の「ハント・コーナー」に編集部からの説明が載っている。長くなるが、そのまま引用する。


今月号から判型を、もとどおりA5判にもどすことにいたしました。10月号いらい、皆様からの御意見をたくさんいただきましたが、〝よくなった〟という声にくらべて、〝大きいのは持ちあつかいに不便だ。通勤電車の中で読みにくい〟という声が圧倒的に多く、なかには〝自動車のグラヴ・コンパートメントに入らない〟というかたも現れるしまつ。そこへもってきて、小売り書店の店頭で、置いてある場所がヘンなのですね。婦人雑誌や住宅雑誌、そうかと思うと戦記雑誌なんてのと同じトコへならべてあったりするものですから、〈マンハント〉でも読もうというような人の目につかない。気がつくかぎり、置き場所を変えてもらうようたのんではいたのですが、こういうことは、なかなか徹底しないものです。それや・これやで、大判は本誌の性格に適当でない——という結論が出ましたので、急遽、旧に復することにしました。朝令暮改みたいで、ミットモヨクない話ですが、メンツにこだわって改めない——なんてのは、もっともヨロシクないことですから、あえて〝君子豹変〟しましたしだい。なにとぞ御諒承のほどを――

クレジットは（編集部）としてあるが、この文体は中田編集長のものだろう。でも、けっこう、腹を立てている感じがする。車のコンパートメントに入らないというクダリは、白眉。ただの難癖としか思えない。「マンハント」を車に持ち込んで、そんなところに入れるやつなんて、いるわけないだろう。

本屋の置き場所のことは、これは八つ当たりのように思う。だってそれは、基本的な確認事項のように思うからだ。かつて「SFマガジン」が「SMマガジン」の隣に置かれているのを見て、なんだか恥ずかしい気分になったことを思いだした。いまでは、本屋の雑誌のコーナーは、カテゴリー別になっているのが普通だけれども、かつてはサイズ別になっている本屋も少なくなかったように思う。

この文章の中で、ぼくが一番気になったのは、大判は「本誌の性格に適当ではない」というところだ。これは事実上の敗北宣言のように思う。ミステリを核にしてはいるけれども、その周辺に拡大していくようなカルチャー・マガジンの試みは失敗だったということだ。あるいは脱ミステリを目指そうとしたのかもしれない。が、結局「マンハント」の読者は、ミステリのファンでしかなかった、ということが明らかになったわけだ。

考えてみるまでもなく、それは当然のことだと思う。ぼくのように、条件付きではあるけれども、B5判の「マンハント」がいいと思う読者はきわめて少なかったように思う。そのぼくにしても、70年代以降の雑誌を山のように見ているからね、その目で見るから、すごいなぁ、と思えるわけで、「マンハント」をミステリ雑誌として読んできた人にとっては、大判の「マンハント」は、何を考えているのかわからないだろう。

「本誌の性格に適当でない」というのは、まさしくそのあたりのことを言っているように思う。既存の読者を捨てて、新たな読者を探すというのは、あまりにも危険だったということだ。何か新しいことをやろうとするときには、必ず、直面する問題だ。「マンハント」を創刊するときにも、おそらく同じような問題があったのだと思う。ハードボイルドの専門誌なんてありうるのか？　それはやっぱり冒険だったはずだ。ただ、明らかに違うのは、そのときには新しい読者だけを考えていればよかったわけで、失うものはなかった。ところが、それなりの数の読者がついていたとなると、状況は違ってくる。

惜しいな、と思う。この大判の「マンハント」が何万部刷られたのか、知らないが、せめて一年続けることができたら、状況は変わっていたかもしれない。あるいは、十年とは言わない、五年後にこのかたちになっていたら、それなりの読者がついてきたのではないか。翻訳ミステリ雑誌の時代はほぼ終わりかけていたからだ。生き残るためには変わらなければならない。

大判の「マンハント」は、早すぎたのだ。いや、そう言うことは簡単だ。それはなんの慰めにもならない。売れなければ、何を言っても仕方がないと思う。それでもね、この大きな「マンハント」を見ていると、惜しいな、そう思えてならない。男性誌というカテゴリーを作りだした「平凡パンチ」が生まれるのは、このわずか三年後なのだ。車、ファッション、そしてセックスという日本の60年代の男性誌の要素が、この大判の「マンハント」には揃っていたのだ。もう少しがんばることができれば、と思う。

A5判に戻った62年の1月号を見ると、B5判で始まったウエスタンとファッション、車の連載は残っているが、このうち、ウエスタンは翌月には姿を消し、車のページもやがて消え、最後にファッションもその年の後半には消えてしまった。視覚的なバックアップがないと苦しい素材だったわけだ。リアル・ウエスタン・ポスターも消えていた。

でも、うらべまことの「やじうま・ファッション史」は読み物としてもおもしろかったんだけどなぁ。例えば当時、サラリーマンの月収の半分、八千円もするロンソンのガスライターが普通のサラリーマンのあいだで流行ったのは、アメ横でその半額ぐらいで買えるようになったからだとか、美智子皇后が初めて皇居を訪問したときのファッションから、ミッチー・スタイルというものが生まれたのだけれども、そのデザイナーはほとんど無名の女性で、ファッション界からぼろくそに言われたとか、で、その間隙を縫うように、伊勢丹がピエール・カルダンを持ち込もうとしたら、三越が日本のデザイナーを起用してそれをひっくり返そうとしたとかね、ほとんどゴシップネタのようなものだけれども、つい読んでしまう。ま、ファッションの本筋ではない。でもこのときの競争相手同士がいまでは仲間になってしまったことを考えると、やっぱりおもしろいよね。

ついでにどうでもいいことなんだけれども、うらべまことが書いている、61年のカルダン来日時の裏話もおもしろかった。カルダンを呼ぶために使った電報代が五十万だったとか、カルダン本人が技術の公開講座を開いたのだけれども、その参加費が一万円なのに、希望者が殺到したとかね、その頃の日本の業界の雰囲気がわかる。いや、わかったからって、どうでもいいんだけれどさ、本当に。

こうして、１９６２年の終わりには、「マンハント」は、もとのようなハードボイルドの翻訳を中心にしたミステリ雑誌に戻っていった。いや、それは言い過ぎかもしれない。様々なかたちで、大判の経験が反映されていたように思う。例えば、車の話も出てきたりする。でも、中古車の買い方だったりするんだ。ポルシェやベンツの話だったものが、中古車。ジャズばかりではなく、クラシックの話の連載があったりしたし、田中小実昌のストリップの話、野坂昭如のオリンピックの話とかね、やっぱり「マンハント」は「マンハント」なんだと思うけれども、そこに新しさがプラスされていた。

アメリカで特徴的なことなんだけれども、ローカル・マガジンというメディアがある。各州の首都には、その都市の雑誌があるわけだ。これがなかなかおもしろくて、アメリカのいろいろな街に行くと、その都市のシティ・マガジンに手をのばすことになる。実は東京にも、過去、60年代から70年代にかけて、その手のローカル・シティ・マガジンを作ろうという試みが何度かなされている。それらのほとんどは失敗した。いまでは、アメリカのシティ・マガジンの持つ機能を分化するかたちで、例えば、グルメだったり、町歩きだったり、というスタイルの東京のシティ・マガジンは存在しているし、「東京人」のようなある種の総合的な東京研究誌があったりする。

この「東京人」が創刊されたときに、ぼくが思いだしたのは、まったく同じ名前の雑誌のことだった。それも「東京人」という名前だったのだが、それは「ニューヨーカー」の東京版を作ろうという感じの企画だった。このあたりの記憶はまったくあやふやなのだけれども、創刊号の告知の広告や、パンフレットのようなものを見た覚えはあるのだが、実物は見た記憶はない。だから、本当に出たのかどうか、それがいつ頃のことだったのか、まるで記憶の外にある。調べればわかるのだろうが、そこまでやる気がない。

あるいは、それが「エド・マクベイン・ブック」の日本版として企画されたというような話も聞いたことがあるが、「エド・マクベイン・ブック」そのものは、60年にアメリカで創刊されたけれども、創刊号だけで終わってしまったはずだ。幻の「東京人」は60年代の後半だったように思うので、時期的に無理がある。

また関係のない話をしているようでしょうが、ぼくは、「マンハント」の一つの最終形は、東京のシティ・マガジンという可能性もあったんじゃないか、と思ったりしているわけです。

逃した魚は大きい、というクリーシェがあるけれども、こうして大判の「マンハント」を手にしてみると、様々な可能性を感じてしまう。

それはもちろん「マンハント」という一つの雑誌にとっての失敗だったかもしれないが、それ以上にぼくたち自身が失ったものも大きかったんじゃないか。そんな気がする。

幸せな雑誌

１９６３年は特別な年だった。

初めて衛星放送が実用化された年だった。その最初の放送はケネディ暗殺のニュースだった。人類史上初めての女性の宇宙飛行士が、地球のまわりを回った。ビートルズが世界を席巻し、東京の街角ではアイビールックが氾濫していた。

そしてこれらの個別の事象以上に、何かが大きく変わろうとしているという奇妙な実感がぼくたちの中に生まれていた。

ぼくたちが１９６０年代と呼んでいるものは、狭義で言えば、この63年から68年のことなのではないかと思うことがある。より広く捉えるなら、63年から73年ぐらいまでの十年間ということになるだろう。ま、こうした年代論というのは、どうでもいいことの一つだと思うけれども、どちらにしろ、実際の年代とは二、三年のズレが常にあると思っている。１９６３年が特別な年だと思うのは、ぼくたちが、50年代が終わり、新しい時代に入ったのだと実感した年だと思うからだ。

そして「マンハント」が終わったのは、この特別な年の7月号だった。

ライバル誌であった「ヒッチコック・マガジン」が終刊になったのも、同じ63年の7月号だった。もっとも、すでにその年の3月号で、中原弓彦は「ヒッチコック・マガジン」を去っていたから、この雑誌がそれ以上続くのは、難しかっただろう。中原弓彦のセンスがこの雑誌のすべてだと思えるからだ。ぼく自身は、何度も話したとおり、「ヒッチコック・マガジン」の熱心な読者ではなかったから、はっきりとは言えないが、目次はほとんど変わらなかったけれども、中原弓彦以後の同誌からは大きなもの、ソフィスティケーションとでも言うべきものが、欠けてしまったように思える。

この二つの雑誌の終刊が意味していたことは、はっきりしている。翻訳ミステリ雑誌のマーケットが収縮したということだ。結局残ったのは、最先発の「エラリイ・クイーンズ・ミステリ・マガジン」ということになる。もっとも、このことがはっきりするのは、1964年になってからだ。なぜならば、1963年の時点では、「マンハント」は、「ハードボイルド・ミステリィ・マガジン」として存続することになっていたからだ。

この「マンハント」のケースは、特別だった。というのは、雑誌が休刊する、あるいは終刊するときは、ほとんどの場合、唐突にやってくるからだ。読者がそのことを知らされるのは、最終ページの編集部からのお知らせによることが多い。そしてびっくりするか、がっかりする。その瞬間まで何も知らされていないからだ。たぶん、ちょっと裏切られたという気分になる。

いまなら、わかるけれども、それはその雑誌をなんとか続けていきたいと思う人たちのぎりぎりの努力がそこにあったことの証なのだ。

ところが、「マンハント」の場合、この年の4月号で、誌名変更の知らせが掲載されていた。同時に新誌名の募集が告知されていたわけだ。理由ははっきりしていて、もはや「マンハント」から訳出すべき作品がなくなってきた。そのために、より広く作品を集めるために、「マンハント」日本版という制約を外す。発展的な新雑誌創刊であるということだった。

ぼくがそのことを知ったのは、行きつけの古本屋で、4月号を買ったときだったと思う。新刊で立ち読みはしていたが、そのことには気がつかなかった。

数か月ずれて、それを読んだぼくは文字通りに、それを信じていた。いまにして思えば、単純に経営が悪化して「マンハント」の版権を維持できなくなったということなんだろうが、高校に入ったばかりのぼくには、到底わかるはずのないことだった。

最終号の7月号も、ぼくはたぶん古本屋で買っている。たぶん、というのはこの7月号にはシェル・スコットの長篇「おあついフィルム」四百五十枚が、田中小実昌訳で一挙掲載されているからだ。シェル・スコットは、ぼくの最も好きだった主人公だったから、もしかしたら新刊で買った可能性もあると思ったわけ。でもね、当時のぼくの小遣いは月五百円だったからさ、「マンハント」の百八十円は、ちょっと手が出ない値段だった。やっぱり古本屋に出るまで待ったんだろうなあ。五百円の中には、週何回かのラグビーの練習のあとで食べるあんパンの費用も入っていたからね。古本屋で買えば、あんパン一つか二つ、我慢すればなんとかなった。

だから、ぼくにとっては、63年の7月号は、「マンハント」の最終号であるよりも、シェル・スコットの長篇の雑誌であったわけだ。そして読者欄の「ハント・コーナー」に、新誌名が「ハードボイルド・ミステリィ・マガジン」になった経緯が書かれている。読者応募で決めるという仕組みであったのだが、応募総数は千百五通だったという。これが多いのか少ないのか、ぼくにはわからないのだが、賞金は一万円。けれども、「ハードボイルド・ミステリィ・マガジン」という応募はなく、「ハードボイルド・マガジン」とした応募者が二人、それぞれ五千円を手にすることになった。新誌名募集というよりも、これは新誌名懸賞クイズみたいなものだったわけだ。

ぼくが、この新たな誌名を知ったのは、この号の次号予告、なにしろそこには大きく「マンハント改題ハードボイルド・ミステリィ・マガジン」と出ていたわけでいやでも目に入る。そしてもう一つ、小鷹信光が「行動派ミステリィ作法」の最終回「マンハントのサムライたち」の締めくくりの部分で、新しい「ハードボイルド・ミステリィ・マガジン」のことに触れていた。たぶんこれをぼくは最初に読んでいたはずだ。

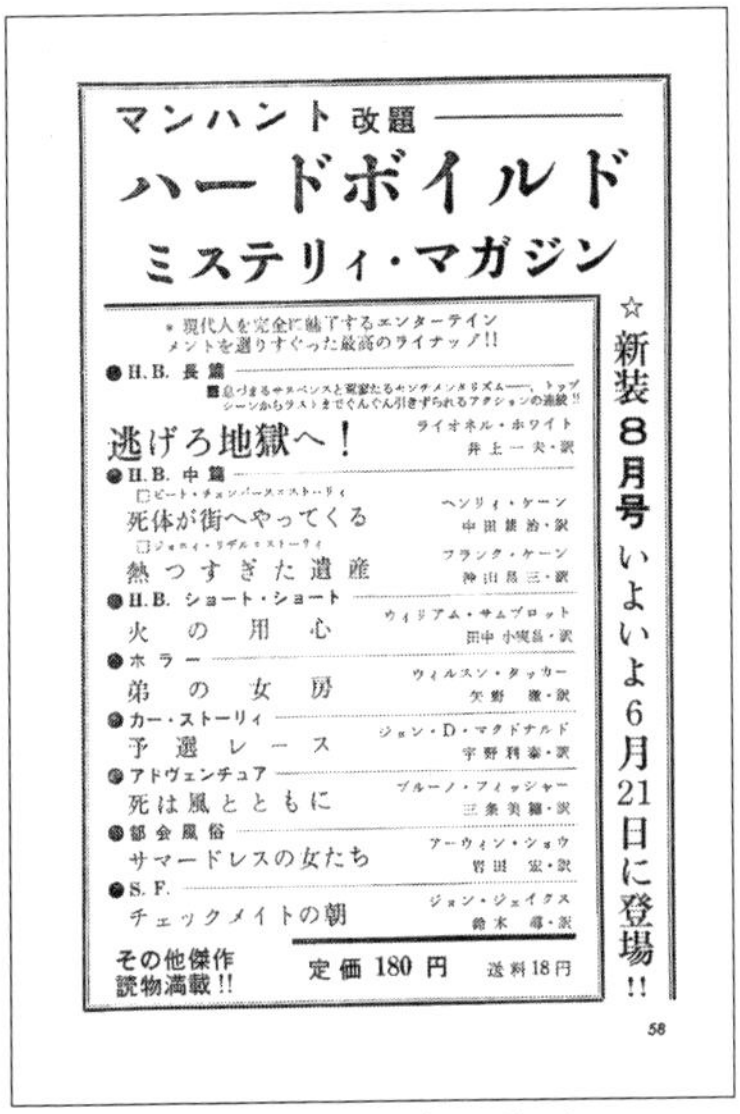

「マンハント」1963年7月号より

そしてこの「マンハントのサムライたち」は、「マンハント」について書かれた最良の文章ではないかと思っている。本国版の「マンハント」は、63年の時点で創刊十年目に入っていたが、この十年における「マンハント」の位置づけ、そして功績について語りはじめ、それから日本版との関係、翻訳された作品の量的なデータ、そして日本版のライターたち、そして編集部への言及、「ハードボイルド・ミステリィ・マガジン」の紹介というかたちで、全体と、細部が見事なバランスで書かれていた。

ぼくは、「マンハント」は幸せな雑誌だと思っている。その一つの理由はこのような総括的な文章を最終号に載せることができたということだ。

「マンハント」の最終号は、そういう意味では、明るい。最終号らしい雰囲気はない。表紙の感じも影響しているんだろう。実は、この表紙は、海外の海辺の写真で、なんとなくカリフォルニアあたりの浜辺なんだろうと思っていたのだが、今回、見直してみたら、「リュベックの海浜」なんていう説明がついていることに気がついた。リュベック？ なんだ、それ。

いまではリューベックと表記するのが正しいのだが、かつてのハンザ同盟の中心の都市。バルト海の真珠と呼ばれる都市の写真だった。アメリカじゃないのか！

しばし、呆然。

それまで、この表紙を見るたびに「カリフォルニアの青い空」みたいなものが、頭をよぎったのだけれども、それがヨーロッパの北部の都市の写真とわかってからは、ちょっと暗い感じの光景に見えてしまう。前号の6月号も、やっぱりリューベック。63年はヨーロッパのシリーズかと思ったら、5月号はメキシコの写真。脈絡がない。もしも中田さんに訊くことができたとしても、いや、特に意味はないですよ、適当に選んだだけです、という答えになるんだろうな。

「ハードボイルド・ミステリィ・マガジン」は、63年の8月号から、64年の1月号まで、六冊出ている。8月号の発売はその発行予告からすると、63年の6月21日だったらしい。発売日が月ズレするというのは、当然のことだが、これからすると、「ハードボイルド・ミステリィ・マガジン」の最終号、64年の1月号は、63年の11月に発売されたことになる。つまり、63年で終わったことになる。

「ハードボイルド・ミステリィ・マガジン」の表紙は、7月号まではまったく変わって、勝本冨士雄によるどこかネイティブ・アメリカンのクラフトを感じさせる抽象的なものになった。勝本冨士雄は、日本のモダン・アートをリードしたアーティストの一人で、この63年の時点でもすでにそれなりの評価を得ていたはずだ。彼に表紙を依頼するというのは、双方にとってかなりの冒険だったと思うのだが、このあたりの決断は、常にモダンなものを持ち続けていた中田雅久らしいと思える。

この新装8月号の巻頭で、中田雅久は、「思いおこせば5年前、《マンハント》創刊号の巻頭に、お粗末なる〝ハードボイルド論〟をブッたことでしたが、殷鑑・遠からず、いまこれを新たなる誌名として冠しようとは……ウタタ感・無量なるものがあるのであります」とまあ、ちょっと照れくさそうに書きはじめ、ハードボイルドの名にふさわしい作家は、いまではロス・マクドナルドしかいないと極端なことを書いて、だからもう堅苦しいことは抜きにして、とにかくジャンルとは関わりなくおもしろい小説を集めることにした、という趣旨のことを書いている。もちろん、それは簡単なことではない。海外のミステリやそれ以外のジャンルの小説に詳しい人間が必要であることは、自明のことだ。五年前に「マンハント」を立ち上げたときには、例えば都筑道夫がブレーンの一人であったように、必ずしも海外のミステリ事情に詳しいとは言えない中田雅久には、ブレーンが必要であった。

そこで、中田雅久が起用したのは、当時まだ二十代の後半であった小鷹信光だった。

いままでのように、原作をもっぱら一誌に依存するシステムとはことかわり、広範囲にあらゆる作品を渉猟して、独自の編集をほどこすのですから、わがＨＢファンの嗜好にぴったりの傑作・秀作ばかりのラインナップで、毎号じゅうぶんにお楽しみいただけること確実です。（略）

とはいえ、これは実にヤッカイにしてメンドウ、しかもタイヘンきわまる仕事であります。そこで我が誌は、すでに皆さま《マンハント》時代からおなじみの、アメリカ・ミステリィ評論家にして書誌学者、新進気鋭、学識・スタミナともにあふれる小鷹信光氏を慫慂して、編集面に参画してもらうことになりました。

中田雅久は、巻頭でこう述べている。

ミステリィ評論家ねえ。小鷹信光は「マンハントのサムライたち」の中で、こんなふうに言っている。

讃えるにたる作品が数少ないといって、評論家は嘆いたり、視点の異なる立場からけなしたりしますが、この問題に関する限り、文章ひとつ書けぬ評論家の発言など何の役にもたたないことは明らかです。

「マンハントのサムライたち」を優れた「マンハント」論と言ったけれども、それとともに、当時の小鷹信光のハードボイルド・ミステリの状況に対する認識がはっきりと出ていて、ハードボイルド・ミステリの創始者の一人であるハメットを高く評価しながらも、時代の変化、社会の変化を考えていけば、いまさら過去の作家がすべてであるような捉え方そのものが無意味で、新たな方向を目指さなければならないという趣旨のことを主張していた。その流れの中で、いま挙げた文章が出てくる。

若干、唐突という感じもあるが、その当時のハードボイルド的な作品が駄目だという評論家たちに対する反論であったのだと思う。それとともに、評論家という存在そのものに対する違和感を表明したものであった。

最後まで、小鷹さんは自分のことを評論家と言われるのを嫌っていたはずだ。では自分のことをなんと呼んでいたかと言えば、解説屋、だったと思う。それは、評論家というものが、非生産的な存在であるという認識から来ている。ぼく自身、評論家という呼称が、何か、エラそうでどうでもいいことしか言わないもののように思えて、そう呼ばれたくないと思っていたことがある。もしかすると、この小鷹さんの文章の影響だったかもしれない。いまは、なんとでもしてくれ、という気分だから、こだわらないようになったけれども。

「ハードボイルド・ミステリィ・マガジン」
創刊号（1963年8月号）

小鷹信光は１９３６年生まれだから、この時点では二十七歳か。中原弓彦が、江戸川乱歩から「ヒッチコック・マガジン」の編集をまかされたのは、二十六歳だったというから、若すぎるということはなかったのかもしれない。どちらにしろ、作品のセレクトのすべてをまかされたようなものだ。

実質的な編集長ということか。では、小鷹信光はどんな作品を選んだのか。

最初の8月号を見てみると、まず、ブック・ボーナスということで、ライオネル・ホワイトの処女作「逃げろ地獄へ!」、「マンハント」の人気者、ヘンリー・ケーンのピート・チャンバースもの「死体だけが知っている」。オリジナルは「エスクァイア」らしいが、ここではピート・チャンバースものの短篇集から取っている。そしてやはり「マンハント」の人気シリーズ、フランク・ケーンのジョニイ・リデルもので「熱すぎた遺産」。これは「モブスター」から。いや、こういう雑誌があったとは知らなかった。モブスターは、ギャングスターとほぼ同義だから、クライム系の雑誌だったんでしょうね。

他の作品の詳細は省くが、「コリアーズ」や「ニューヨーカー」といった高級誌から、「メン・トゥ・メン」というようなアダルト・アドヴェンチャー系まで、「マンハント」の枠を超えて、作品をセレクトするという意図が反映されている。「マンハント」的なものと、それ以外の良質なエンタテインメントを組み合わせようとしているのが、そのラインナップから、よくわかる。それを示しているのは、目次に作品一つごとに、そのジャンルを示す言葉が、英語ではあるけれども、つけられていることでもわかる。例えば、「アドヴェンチャー」であったり、「カー・ストーリー」であったり「サイエンス・フィクション」といった具合だ。アーウィン・ショウの「サマードレスの女たち」には「ソフィスティケイテッド」なんて言葉がつけられているわけだ。

この傾向は、号を重ねるたびに極端になっていく。例えば、「ハードボイルド・ミステリィ・マガジン」の二号目にあたる9月号では、売り物のブック・ボーナスはミッキー・スピレーンの「うじ虫に愛されろ!」、ピート・チャンバースものに、シェル・スコットものという大サービスなのだけれども、それ以外は、SF的なものが増えていたりする。カート・ヴォネガットJrの「エジソンのむく犬」には「フォーリー・ストーリー」なんて言葉がつけられていたりするけれども、要はひねりの利いた作品を集めた結果が、SF的なものが増えることになったのだという。

小説を充実させるというのは、おそらく、1961年の大判化の失敗から得た教訓なのだろう。つまり「マンハント」の読者が望んでいたのは、しゃれた読み物ではなく、小説なのだ。だから、新生「マンハント」も、小説雑誌になったのだと思う。もちろんだからといって、エッセイやコラムがなくなったわけではない。「ハードボイルド・ミステリィ・マガジン」の第一号の日本人ライターを見ると、これがすごい。植草甚一、田中小実昌、野坂昭如、小鷹信光、テディ片岡、紀田順一郎といったこれまでも書いていたライターたちが新連載を始めているし、都筑道夫、田中潤司らが新たに加わっている。扱っている分野も、映画や車、ヌードやブルーフィルムといったエロ、ギャンブル、芸能ネタ、ビジネスや、人物論と、大きく範囲を広げている。ファッション、音楽が欠けているが、フランク・シナトラの伝記が11月号から始まったりしたから、そうした欠落した部分は埋められていくことになっていたのだろう。「マンハント」に比べれば、小説、読み物ともにバラエティに富み、明らかにパワーアップしていたように思う。全体の印象は「エラリイ・クイーンズ・ミステリ・マガジン」に近い感じだが、内容的には「ヒッチコック・マガジン」という感じがした。その頃のぼくの印象で言えば、なんだか贅沢な雑誌という感じだった。それにもかかわらず、「ハードボイルド・ミステリィ・マガジン」は六号で終刊することになった。

やはりその大きな原因は、当然のことながら、翻訳ミステリ雑誌の時代が終わりつつあったということだろう。誌名にミステリィという言葉を入れたことが、間違いだったのかもしれないとも思う。

あの大判の「マンハント」でやろうとしたことに、新たなかたちで再挑戦するという方法はあったのではないか。少なくとも、掲載された小説の半分ぐらいは、ハードボイルドどころか、ミステリでさえなかった。それは、小鷹信光というよりも、やはり中田雅久の好みではなかったかと思う。よりモダンで、ソフィスティケートされた雑誌を目指していたように見えるのだ。１９６０年代の「新青年」であろうとしたのかもしれない。だとしたら、そのままに追求していってくれたら、また違う局面が生まれたのではないか。

　ぼくは「ハードボイルド・ミステリィ・マガジン」には「マンハント」に対するような思い入れをついに持てなかった。どうしてなんだろう。よくわからなかったのだが、その理由は、いまならわかる。贅沢で、よくできた雑誌だと思うのだが、「マンハント」そしてたぶん「新青年」に比べると、決定的に欠けていたものがある。それは海外の情報に対する視点だった。

「新青年」に対して、ぼくは欧米の文化の輸入ということに大きな価値があるというようなことを最初の頃に言ったと思うけれども、「ハードボイルド・ミステリィ・マガジン」には、それがなかった。それは、日本の書き手の書くものにはっきりと現れていた。野坂昭如、田中小実昌、紀田順一郎、大伴秀司といった書き手のエッセイやコラムは優れたものであったように思うが、その頃のぼくは最初だけ読んだが、すぐに読まなくなった。都筑道夫や、植草甚一、そして小鷹信光、テディ片岡の方が、ぼくにはしっくり読めたのだ。その理由は、それらのコラムには、欧米の文化の香りがあったからだ。とまぁ、こう言うと、我ながら欧米崇拝みたいな感じがして、情けないけれども、どこかにそういう気分があったことは否定できないが、もっと単純なものだった。それはぼくに新しい刺激をもたらしてくれるような、何かだったのだ。

そしてこうした書き手たちのもたらしてくれたものは、ぼくのかなりの部分を形成したのだと思う。ただ、そうではあっても、時代性という意味ではそれらの情報は、遅れていた。例えば、ビートルズ。そしてユース・カルチャー。それらに代表される新しい波は、世界中を、そして明らかに日本を巻き込んでいたはずなのに、「ハードボイルド・ミステリィ・マガジン」には、まったく関わりのない世界の話のように見えた。もちろん、それに関しては「マンハント」も同様だったけれども、時代の背景が違っていた。

それはそれで良いのだという意見はあっていい。世界の現状から切り離されていることに、その存在の意味があるということなのだし、それはいまのぼくにはよくわかる意見だ。新しいことだけが正しいわけではない。けれども、米軍放送を聴いていたぼくは、日本のラジオの音楽番組を聴くたびにそのアメリカの音楽に関するリソースの狭さと遅さにいらだっていた。もっとも、その当時の日本の洋楽は、アメリカだけではなく、イタリアやフランスまでその範囲に含んでいた。そのことは、逆に米軍放送だけしか聴いていなかったら、知らないことも、また、多くあったということだ。それでも、新しいことが、当時のぼくの判断基準の中心にあったのだ。そして、新しいことが最優先されるという風潮は、この60年代に形成されたものだと、ぼくは思っている。そして、もちろんそれはアメリカ的なマーケティングの産物であったし、その後の何十年間のこの国の判断基準になっていったように思う。

新しいことが、最高の価値であるという思考は、この世紀に入ってから力を失いつつある。それは良いことだと思う。ただし、エコというような理由で新しいことを否定するというのは、なんだか間違っているように感じる。それは結局一つの流行に過ぎないかもしれないからだ。新しいということの本質は、時間的なことではなく、これまで存在しなかったものということだからだし、それを否定することは、よくて停滞、ともすれば退化につながると思う。

この文章を書きはじめたとき、最後の章は「ハードボイルド・ミステリィ・マガジン」のことを語ろうと決めていた。全部で六冊しかないしね、各号について語っていこうと思っていたのだけれども、たぶんぼく以外の人にとっては、退屈なものになってしまうと思ったので、最終号について触れるだけにしよう。

この号のブック・ボーナスは正統的なハードボイルドの書き手の一人と言われていたジョン・エヴァンスのポール・パインものの三作目「天使よ光輪をとれ」。第一作の「血まみれの栄光」は、63年の「マンハント」4月号で訳されていたから、一年足らずのあいだに二作が訳されていたことになる。それだけ評価が高かったのだろう。

けれども、この長篇以外には、ハードボイルド的な作品の翻訳はなかった。この傾向は前号からはっきりしていたのだけれども、「マンハント」の売り物だったシェル・スコットやピート・チャンバース、ジョニイ・リデルといった人気シリーズが姿を消し、奇妙な味と呼ばれるような短篇が増えていた。不思議だと思うのだが、カー・ストーリーと称する車を扱った短篇だけはコンスタントに訳されていた。

この最終号でも、ウイリアム・キャンベル・ゴールトの「わが生涯の大レース」が載っている。ひどいタイトルだよね。原題は Dirt-Track Thunder。いまなら「ダートレースの稲妻」みたいなことになるんだろうが、自動車レースについての知識がいまとは比べものにならない時代だからね、仕方がない。若いドライバーを一人抱えただけのチームを持つ自動車工あがりの男が、レースで勝つというだけの話。でも、ここまでのカー・ストーリーの中では、ぼくは一番気に入っている。あとは、そうだな、チャールズ・アインスタインの「ヘンな写真家ものがたり」かな。これ相当ヘンな話でさ。写真の素材のためにアザラシを飼ってみたり、小人を集めてみたり、売れそうもない写真を撮ってばかりいる写真家が、女の写真で初めて成功したのに、大手のプロダクションにモデルの彼女を引き抜かれて、がっかり。でも、最後には彼女が戻ってきて、ハッピー・エンドというたわいもない話なんだけれども、なんだか、本当はまったく違う話なんじゃないかという妙な読後感がある。ヘンだよね。

山下諭一の「おれだけの点鬼簿」は、前号から始まった読み切りシリーズの二作目。主人公の仕事が、死体を捨てるという商売という設定がうまい。

あとは、そうだな、都筑道夫の「このあいだのツヅキです」の六回目。実は、これ、読み直してみたら、思いだした。そうか、アール・ノーマンのことを知ったのは、このページからだったんだ。この作家は、『Kill Me In Tokyo』から始まって、『Kill Me In Shinbashi』とかさ、東京の地名を入れ込んだタイトルのシリーズを63年の時点で七冊。66年と67年に新作を出したから、全部で九冊出している。中には、横浜とか熱海とか、東京ではない地名も出てくるが、ま、ご愛嬌ということで。

主人公のバーンズ・バニオン君はGI上がりの私立探偵。柔道だか空手だかの達人で東京を舞台にして大暴れをするという、どうしたらいいのかわからない怪シリーズです。ところがね、都筑道夫は、外国人が日本を舞台にして書いたミステリの中では抜群の出来と評価して、この連載で第一作の『キル・ミー・イン・トウキョー』を紹介している。おもしろいことに、第一回の最後にアール・ノーマンをやるぞ、と予告してから、なんとこの六回目まで五回を使って、紹介を終えた。だから、この

「このあいだのツヅキです」は、アール・ノーマンだけのために書かれたことになる。ここまで、アール・ノーマンに入れ込んだ理由として、都筑道夫はアメリカの作家が日本を舞台にしたミステリを書いたものを翻訳したというかたちの小説を書きたいと思っていたんだそうだ。相当ねじれているよね。でもそこがぼくが都筑道夫という作家が好きな理由でもある。アール・ノーマンのこのシリーズはまさにそうした嗜好を満たしてくれたものということなんだそうだ。で、ぼくとしては、このシリーズを買い続けることになったわけ。でも、全部は揃わなかったんじゃないかな。

でね、この連載のタイトル、第一回は「来月もツヅキが出ます」。最初だから「このあいだのツヅキです」はおかしいだろうということで、こうしたというのだけれども、この手のこだわりは、妙に都筑道夫らしい。やっぱり、都筑道夫、好きだなぁ。でも、都筑道夫だったら、ここで、やっぱり、はおかしいというだろうね。何がやっぱりなのかわからないもの。好きということと、ちゃんと学ぶということは違うものです。

これで「ハードボイルド・ミステリィ・マガジン」の最終号について話したいことは全部かな。

そうだ、もう一つあった。終刊のお知らせ。それが載っていたのは読者欄「エッグ・スタンド」の片隅にあった次号予告の欄だった。

はなはだ突然ですが、本誌は今月号をもって終刊させていただくことになりました。

わたしたちも、できれば終刊号としての内容をととのえ、連載ものなども、ちゃんと終りをまっとうしたかたちにしてから、お別れしたかったのですが、なにぶんにも本号の校了まぎわに急に方針が決定したため、時日を仮すことができなかったことが、残念でもあり、また、読者のみなさまや執筆いただいてきた諸先生がたに対し、まことに申しわけなく、深くおわび申し上げます。いずれ、近い将来に、想を新たにし、より充実したかたちで、ふたたびお目にかかることを期しております。

ながらく御愛読・御支援をいただきましたことを、あつくお礼もうしあげます。

ありがとうございました。

署名は編集部としてあった。いくつかの言葉遣いから、中田雅久の文章という気もするが、違う気もする。魚の小骨がのどにつかえたような違和感がある。この連載を始めたときの目的の一つは中田さんにインタビューしたいということだった。その後も、何度かアドバイスをいただいたりしたのだが、最後に補遺というかたちで、もう一度中田さんにインタビューできればと思うようになった。残念なことに、中田さんにお話を伺う機会は永遠に失われた。残念だと思う。訊きたいことが、まだいくつもある。本当に残念だと思う。

「ハードボイルド・ミステリィ・マガジン」はこうして唐突に、そして雑誌の終刊としては、普通のかたちをとって終わった。

「マンハント」は、繰り返しになるが、幸せな雑誌だったのだと思う。その幸せな気分はまだぼくの中にたくさん残っている。うれしいと思う。

あとがき

初めて「マンハント」を手にしてから、もう半世紀以上が経っている。

全巻を揃えるまでには、それから、七、八年かかったように思う。古本屋に行くとまず「マンハント」を探した。それほど苦労した記憶はない。簡単に手に入る雑誌の一つだったように思う。読んだ号はだいたい覚えていたから、重複することはなかった。一冊三十円から五十円、時には十五円ということもあった。最初から全揃いを目指したのではない。それでも最後の十冊ぐらいになったときには、少々高くても、買うようになった。高いといっても、八十円とかそんな程度だ。

その頃のわたしにとって、本を買うというのは、読むということでもあった。だから「マンハント」は、全揃いというだけではなく、全ページを読んだ唯一の雑誌ということになる。

「マンハント」のことを書いておきたいと思ったのは、三十年ほど前だったと思う。ヒーロー論を書きはじめた頃だ。わたしの中のヒーロー像のある部分は「マンハント」に影響を受けているように思えたからだ。その時点でも、「マンハント」なんて雑誌のことは、ミステリ・ファンを除けば、忘れられていたように思う。「マンハント」のことを書いたとしても、誰が読んでくれるだろう。どこが載せてくれるだろう。半ば諦めてはいたけれども、頭のどこかに、この雑誌のことが残っていた。だから「フリースタイル」から「マンハント」のことを書いてもいいと言われたときには、とてもうれしかった。

「マンハント」は日本のミステリの歴史の中では、1950年代後半に「エラリイ・クイーンズ・ミステリ・マガジン」「ヒッチコック・マガジン」とともに翻訳ミステリの黄金時代を形成した雑誌ということになるだろう。けれども、その文脈の中で「マンハント」を語れば、わたしの言いたいことの十分の一も語れずに、終わってしまうだろう。だからわたしはミステリ雑誌という側面をあえて語らないようにした。

では何を語るのか。

「マンハント」に触発されたこと、「マンハント」のバックナンバーを探す過程で古本屋で巡り会った本や雑誌のこと、言ってみれば「マンハント」を核にして、そこから派生して広がっていったことを、わたしなりに書いたわけだ。時には「マンハント」から大きく離れてしまったように思えることもあったが、その中心には常に「マンハント」があった。結果としてはわたしが予想していたよりもたくさんのことを書くことになった。これまであまり語られなかったことを多く語れたように思う。

その過程で、例えばわたしが知りたいと思っている雑誌についての資料が極端に少ないことに途方に暮れたことがあった。たしかに「100万人のよる」や「笑の泉」なんて雑誌を誰も本気になって調べようとはしないだろう。前者については再録本が三冊ほど出ているが、データ的には物足りないものだし、後者に関しては1947年創刊というようなことしかわからない。これがアメリカなら、詳細な書誌が出ているような気がする。日本では国会図書館のデータベースにも、「別冊笑の泉」のことしか出てない。ポピュラー・カルチャーの位置づけが違うのだろう。早くやらないと、人も資料も消えていってしまうような気がする。

ミステリ雑誌としての「マンハント」にあまり触れることがなかったのは、最初から決めていたことなのだが、連載中にも何度か迷った。ただ、ミステリ雑誌としての「マンハント」を語るとしたらアンソロジーというかたちを取るべきだと思う。でも、ベスト集成というようなかたちではなく、好きな作品を選ぶというかたちが正しいだろう。例えばわたしが選ぶとすれば、シェル・スコットとピート・チャンバース、クランシー・ロスのシリーズから一作ずつ、いや、シェル・スコットは二作は入れたい。ジョニイ・リデルのシリーズも入れておきたい。ハル・エルスンとエヴァン・ハンターの非行少年ものも入れるかなぁ。それとフレッチャー・フローラの短篇も入れたい。小鷹信光、植草甚一、テディ片岡の文章も絶対逃してはならない。野田開作も入れておきたい。

とまぁ、こんな感じになるだろうが、いずれも半世紀以上も前の作品ばかりだ。わたしの記憶の中にとどめておくのが正しいやり方だろう。みんなものすごくおもしろかったのだ、その頃のわたしには。

中田雅久さん、小鷹信光さん、山下諭一さんにお話を聞くことができたのは、とても贅沢な経験だった。「マンハント」の読者だった頃、憧れた方々だった。中田さんは連載中に、小鷹さんは連載終了後に、山下さんは2018年の10月に亡くなられてしまった。聞き逃がしたことがいくつもあった。残念だったと思う。それ以上に残念なのは、誰よりもまず読んでいただきたかったこの三人の方にこの本をお届けできなかったことだ。

でも、思い残すことはなるべくたくさんあった方がいい。完璧なものは存在しないのだし、あれもこれもと思いを残すから、次がある。その意味では、この本はわたしにとって、十分満足できるものになったと思う。

マガジンライターでありたいと思っているわたしがこの本を出すことができたのは、フリースタイルの吉田保さんのおかげだ。吉田さんとの共同作業であったようにも思う。最後になったが、謝意を表したいと思う。

ヒ

フ

ヘ

ホ

エ

オ

カ

キ

人名・グループ名 索引

マ

ミ

メ

モ

ヤ

ユ

ヒ

フ

ヘ

ホ

サ

シ

ス

セ

書名・雑誌・シリーズ・映画・番組名
索引

初出――「フリースタイル」第三号～二十一号に「マンハントとその時代」として連載

著者について

鏡明（かがみ・あきら）

一九四八年山形県に生まれる。早稲田大学第一文学部卒。一九七一年電通入社。広告ディレクターとして様々なCMを送り出すため世界各地を飛び回る会社員生活の傍ら、評論家、作家、翻訳家として精力的に活躍。世界三大広告賞と呼ばれる「カンヌライオン」「クリオ」「ワン・ショウ」を始め、受賞多数。二〇一二年、アジア太平洋広告祭で「ロータス・レジェンド」として表彰、二〇一三年には第三十三回東京広告協会白川忍賞を受賞している。

著書―『不死を狩る者』『不確定世界の探偵物語』『二十世紀から出てきたところだけれども、なんだか似たような気分』

訳書―A・メリット『蜃気楼の戦士』、ロバート・E・ハワード『風雲児コナン』、ピーター・S・ビーグル『最後のユニコーン』、『ドアーズ詩集』など

ずっとこの雑誌のことを書こうと思っていた

二〇一九年六月十八日印刷
二〇一九年七月十五日発行
著　者　鏡明
発行者　吉田保
発行所　株式会社フリースタイル
東京都世田谷区北沢二‐十‐一八
電話　（〇三）六四一六‐八五一八
振替　〇〇一五〇‐〇‐一八一一〇七
印刷・製本　株式会社シナノ

定価はカヴァーに表記してあります。
乱丁・落丁本は本社または
お買い求めの書店にてお取替えいたします。
ISBN978-4-939138-96-6